Eva-Maria Neumann
Sie nahmen mir nicht nur die Freiheit

PIPER

Zu diesem Buch

1977 an der deutsch-deutschen Grenze: Eine junge Violinistin
versucht, mit ihrem Mann und ihrer dreijährigen Tochter in
einem Kofferraum aus der DDR in den Westen zu fliehen. Doch
sie werden verraten und an der Grenze gefasst. Es folgt der Abtransport in die Untersuchungshaftanstalt der Staatsicherheit in
Leipzig und die Verurteilung: drei Jahre für Eva-Maria Neumann, dreieinhalb Jahre für ihren Mann, die kleine Tochter
kommt bei den Großeltern unter. Im berüchtigtsten Frauengefängnis der DDR erlebt sie die Härte der entwürdigenden Haftbedingungen, und die schmerzvolle Trennung von ihrem Mann
und ihrer Tochter ist kaum zu ertragen. Nach vielen Monaten
die Befreiung: Das Ehepaar wird von der Bundesregierung freigekauft und gelangt in den Westen, sechs Monate später endlich auch die Tochter. Doch die vergangenen Ereignisse haben
tiefe Spuren hinterlassen. Bereits kurz nach ihrer Haftentlassung hat Eva-Maria Neumann versucht, die tragischen Geschehnisse zu protokollieren, aber erst dreißig Jahre später war
es ihr möglich, dieses Buch zu schreiben.

Eva-Maria Neumann, geboren 1951 in Leipzig, war nach Been-
digung ihres Musikstudiums Geigenlehrerin beim Kabinett für
Instrumentalerziehung des Rates der Stadt Leipzig. Seit 1982
unterrichtet sie an der Städtischen Musikschule in Aachen, ist
Mitglied des »Aachener Kammerorchesters« und veröffentlichte
2007 eine »Geigenschule«, ausgezeichnet mit dem Preis »Best
Edition 2008«.

Eva-Maria Neumann
unter Mitarbeit von Regina Carstensen

Sie nahmen mir nicht nur die Freiheit

Die Geschichte einer gescheiterten Republikflucht

Mit 29 Fotos

Piper München Zürich

Mehr über unsere Autoren und Bücher:
www.piper.de

Für meine Familie

Ungekürzte Taschenbuchausgabe
1. Auflage November 2008
3. Auflage Februar 2012
© 2008 Piper Verlag GmbH, München,
erschienen 2007 im Verlagsprogramm Pendo
Umschlag: semper smile, München
Umschlagfoto: privat/Hauptmann & Kompanie
Satz: Fotosatz Reinhard Amann, Aichstetten
Gesetzt aus der RotisSerif
Papier: Munken Print von Arctic Paper Munkedals AB, Schweden
Druck und Bindung: CPI – Clausen & Bosse, Leck
Printed in Germany   ISBN 978-3-492-25151-8

Inhalt

Verhaftung an der Grenze 7

Zum Lügen erzogen 19

Gemeinsames Leben 47

Ausweg: Flucht? 63

»Wir haben unser Reiseziel geändert« 74

Aktion Kofferraum 83

Aussage eines Schleusers 100

Zelle Nr. 42 108

Leidensgefährtinnen 122

In den Mühlen der Stasi 135

»Die Partei, die Partei, die hat immer Recht...« 155

Das »Haus der Tränen« 163

Eine Familie, zwei Diktaturen 186

Wiedersehen mit Rudolf 193

Ein Händedruck für eine Strafgefangene 206

Zurück nach Hoheneck 231

Transport Richtung Westen 238

Endlich frei! 250

Warten auf unsere Tochter 263

Aus dem Dunkel ins Licht 271

Warum ich dieses Buch schrieb 293

Anhang:

Dokumente: Entlassungsscheine aus dem Gefängnis 296

Urkunden zur Entlassung aus der Staatsbürgerschaft der DDR 297

Verwendete Literatur 299

Danksagung 301

1

Verhaftung an der Grenze

Es ist 20 Uhr. Langsam kommt ein Wagen auf uns zu, der in der Dunkelheit durch seine großen Scheinwerfer auffällt: der blaue Mercedes! Kennzeichen: B – ML 363. Eine Stunde Verspätung, mein Herz schlägt bis zum Hals. Ich hatte schon gedacht, dass es wieder nichts werden würde. Sollte heute, am 19. Februar 1977, endlich die Entscheidung fallen?

Dann werde ich nie mehr unsere Wohnung in der Landsberger Straße sehen, nie wieder das Quietschen der Straßenbahn hören, das mich immer so gestört hat und nach dem ich jetzt schon Heimweh habe.

Schon lange stehen wir hier in Wiederitzsch, im Norden von Leipzig, lange vor der vereinbarten Zeit.

Ich habe unsere fast vierjährige Tochter Constanze auf dem Arm, sie wird von Minute zu Minute schwerer. Es ist dunkel und spät für so ein kleines Kind, Schlafenszeit. Eben bin ich mit ihr noch einmal zu dem Tapetengeschäft auf der anderen Straßenseite gegangen; dort suchten wir uns Muster für ein Kinderzimmer aus, ein Schlafzimmer und ein Wohnzimmer. Als sie genug davon hatte, spielten Rudolf und ich mit ihr kleine Ratespiele und erzählten ihr Gute-Nacht-Geschichten. Nun lehnt sie müde an meiner Schulter und nuckelt an ihrem kleinen weichen Kissen.

Die Türen des Mercedes öffnen sich mit einem heftigen Ruck. Hinter dem Steuer sitzt ein Mann, vielleicht Mitte zwanzig, in Jeans und kurzer, heller Jacke, auf dem Beifahrersitz eine dunkelhaarige hübsche Frau in einem langen schwarzen, taillierten Mantel, die zwei, drei Jahre jünger sein mag. Nervös erklärt sie, dass sie nur mitgekommen sei, weil ein harmloses Pärchen sicher weniger auffalle.

»Los, steigen Sie ein, wir sind spät dran. Ich habe mich verfahren.« Die Stimme des Mannes überschlägt sich fast.

Wir zögern, denn wir warten auf das Losungswort. Der Schleuser sollte sagen: »Ich bin der Otto.« Unsere Antwort: »Das hat der Hassan mir gesagt.« Doch der Typ macht keine Anstalten. Entnervt murmelt Rudolf:

»Der Hassan hat mir gesagt, dass du der Otto bist.«

»Quatsch nicht so lange, rein mit euch ins Auto, schnell!«

Constanze klettert zuerst in den Mercedes. Ohne Scheu, fast abenteuerlustig lässt sie ihre Füße von der ledernen Rückbank baumeln und wartet darauf, dass wir uns zu ihr setzen. Bevor wir einsteigen, verstauen wir hastig die wenigen Dinge, die wir mitnehmen dürfen: eine Tasche mit unseren Zeugnissen und Unterlagen sowie meine Geige. Dann fahren wir los.

An der Autobahnauffahrt, die wir hätten nehmen müssen, rast der Mann, von dem ich später erfahre, dass er Manfred Kowalski heißt, vorbei, ehe wir etwas sagen können. Als wir ihn auf seinen Fehler aufmerksam machen, flucht er laut vor sich hin. Also wieder zurück. Endlich erwischt er die richtige Abzweigung, doch bevor wir auf der Autobahn sind, hält er an.

»Los, umsteigen!«, ruft er uns zu.

Erschreckt sehe ich ihn an. Mitten in der Auffahrt? Und das wollen Profis sein!? Ich kann es nicht fassen.

»Schneller, bewegt euch mal ein bisschen!«

Wir tun unser Möglichstes, aber so rasch geht das mit dem fast schlafenden Kind nicht. Trotz der nächtlichen Schwärze nehme ich wahr, dass ein Auto hinter uns hält. Mein Adrenalinspiegel steigt. Stasi! Jetzt werden wir verhaftet!

»Das ist nur unser Begleitfahrzeug«, beruhigt uns Kowalski. »Kümmern Sie sich nicht darum. Beeilen Sie sich, jede Minute zählt.«

Ein Begleitfahrzeug? Wozu denn das? Fallen wir in einem Konvoi nicht noch mehr auf? Dieses Vorgehen erscheint mir seltsam. Später, bei den Vernehmungen, erfahre ich, dass dieser Wagen von uns ablenken sollte.

Rudolf klettert zuerst in den Kofferraum. Er quetscht sich an die hintere Wand, mit dem Kopf zur Fahrerseite, die Beine angewinkelt. Der Ersatzreifen lässt ihm kaum Platz für die Füße. Vorsichtig rückt er seine Brille zurecht. Bevor er Constanze entgegennimmt, breitet er einen Teil seines dunkelblauen Mantels über dem Boden des Kofferraums aus. Er presst sie fest an sich. Die Kleine ist voller Vertrauen: Sie legt sich in den nach Motoröl stinkenden Kofferraum, als sei dies die selbstverständlichste Sache der Welt. Aber wie sollte es auch anders sein? Schlechte Erfahrungen hat sie in ihrem Leben bislang noch nicht gemacht.

Kowalski hilft mir. Ich stelle mich ungeschickt an, weil ich fürchte, Constanze mit einer unglücklichen Bewegung wehzutun. Die Hände des Schleusers sind schweißnass, während er gleichzeitig am ganzen Leib zittert. Ob auch er Angst hat? Er, der Experte auf diesem Gebiet?

Es gibt kaum einen Zentimeter, der nicht mit uns dreien und dem Ersatzreifen ausgefüllt ist. Ich muss mich regelrecht zusammenfalten. Meine Geige passt nicht mehr in den Kofferraum, wir müssen sie auf dem Rücksitz liegen lassen. Die junge Frau hat unsere Tasche und eine Tüte mit Äpfeln derart darüber gelegt, dass man das Instrument nicht auf den ersten Blick sieht, alles soll Normalität vortäuschen. Aber wenn die Grenzer die Geige doch bemerken, was dann? Wir hätten das mit dem Fluchthelfer besprechen sollen, aber alles ging so schnell.

»Werden wir auch wirklich genug Luft zum Atmen haben?«, fragt Rudolf besorgt.

»Es gibt einen Luftschlauch und kleine Löcher im Kofferraumdeckel, Sie werden nicht ersticken« sagt der Mann, von dem unsere Zukunft abhängt, bevor er die Klappe mit einem lauten Knall zuschlägt.

Constanze zuckt ein wenig zusammen, kuschelt sich dann aber an mich und schläft nach kurzer Zeit fest ein. Ich spüre ihren ruhigen Atem an meinem Hals. Wir haben ihr, bevor wir ins Auto stiegen, ein leichtes Schlafmittel verabreicht, das uns eine Kinderärztin mitgegeben hat. Es zeigt jetzt seine Wirkung. Ständig fühlen Rudolf und ich ihren Puls: Er schlägt normal.

In mir steigt Panik auf. Die Enge und die Dunkelheit um mich herum sind schwer zu ertragen. Mein Herz rast, ich habe plötzlich das Gefühl, die Luft wird knapp, aber ich weiß, dass ich mich in den Griff bekommen muss. Bis zum Ende unserer Reise wird es noch Stunden dauern, ich darf sie durch meine Angstattacken nicht gefährden.

Was hatte Kowalski gesagt? Ich versuche, mich mit praktischen Gedanken zu beruhigen. Er will zunächst Richtung Thüringen fahren, zum Hermsdorfer Kreuz. Von dort aus führt die Transitstrecke über den Grenzübergang Hirschberg nach Hof – in die Bundesrepublik Deutschland, unser Ziel. Werden wir es schaffen? Vor drei Jahren ist Rudolfs Schwester Helga und ihrem Mann die Flucht gelungen! Warum soll es bei uns anders sein? Auch unsere Unternehmung wird Erfolg haben, rede ich mir gut zu. Sonst hätten wir sie niemals gestartet, schon gar nicht mit Constanze. Dennoch: ein Risiko bleibt. Ich muss die düsteren Ahnungen vertreiben, die sich immer wieder in meine Zuversicht mischen. Als lebendes Gepäckstück in einem Kofferraum ist das nicht leicht.

Ich werde das Gefühl einfach nicht los, dass irgendetwas nicht in Ordnung ist. Der Fluchthelfer fährt, als hätte er gerade eine Zechtour hinter sich, mehr als einmal fürchte ich, der Wagen würde im nächsten Moment umkippen. Was ist los? Hat er sich schon wieder verfahren und wendet auf der Autobahn? Und das Begleitfahrzeug? Hat es auch gedreht? Es muss doch auffallen, wenn zwei Westautos derartige Kapriolen schlagen. Oder werden wir schon verfolgt?

Meine Gedanken überschlagen sich, ich bebe vor Furcht und Kälte. Rudolf nimmt meine Hand, ich werde ruhiger, auch Kowalski hat zu einem weniger chaotischen Fahrstil zurückgefunden. Ich höre Tanzmusik, hin und wieder fallen ein paar Worte, die ich nicht verstehe, sosehr ich mich auch anstrenge. Es ist für mich nahezu unerträglich, wildfremden Menschen ausgeliefert zu sein. Ich versuche, mich zu konzentrieren. Wie war noch die Vereinbarung? Wenn wir an der Grenze sind, wird das Radio ausgestellt. So wissen wir, dass wir uns nun absolut ruhig verhalten müssen. Ich lausche immer wieder auf Constanzes Atem: Er geht tief und regelmäßig, ebenso ihr Pulsschlag. Wenn sie nur nicht im Augenblick der Passkontrolle aufwacht und zu husten oder zu weinen anfängt. Kein Laut darf aus diesem Kofferraum nach außen dringen, wenn die Grenzer unsere Fluchthelfer ins Visier nehmen.

Wir fahren und fahren. Die Reise scheint eine Ewigkeit zu dauern. Ich schätze, dass wir schon zwei bis drei Stunden unterwegs sind. Rudolf trägt eine Uhr mit Leuchtziffern, aber ich wage nicht, ihn zu fragen, wie spät es ist; die Kleine könnte davon wach werden.

Immer wieder muss ich an meine Tante denken, die wir gestern noch einmal besucht hatten. Ihre letzten Worte waren: »Kommt bald wieder! Ihr kommt doch bald wieder?« Das hatte so ängstlich geklungen, dass es mir kalt den Rücken hinunterlief.

Niemandem hatten wir gesagt, dass wir seit langem nur noch ein Ziel haben: »Republikflucht«, wie es im Sprachgebrauch unserer sozialistischen Heimat, der Deutschen Demokratischen Republik, heißt. Mitwisser einer Flucht sind aufs Höchste gefährdet, da schon die Kenntnis über die Vorbereitung einer solchen »kriminellen Handlung« strafbar ist. Es sei denn, man zeigt diejenigen an ...

Plötzlich wird es still, ich höre keine Musik mehr, der Wagen fährt langsamer. Die Grenze! Nach einem kurzen Halt setzt sich der Mercedes erneut in Bewegung. Dann folgt wieder ein Stopp. Sich unendlich dahinziehende Minuten nehmen mir fast den Atem. Rudolf und ich halten uns noch immer an den Händen, ich kann meine vor lauter Anspannung kaum noch fühlen.

Was ist los? Warum dauert das so lange? Als Kind habe ich mir oft gewünscht, dass die Zeit ganz schnell vorbeisausen möge, weil ich meinen Geburtstag oder das Weihnachtsfest kaum erwarten konnte. Aber Kinderwünsche werden manchmal ebenso wenig wahr wie die von Erwachsenen.

Oder doch? Der Mercedes fährt wieder an. Ich bin grenzenlos erleichtert. Es ist geschafft! Nur, warum holt man uns nicht aus dem Kofferraum? Wieder tauchen meine dunklen Vorahnungen auf. Ich habe das Gefühl, der Fluchthelfer übt sich im Slalomfahren. Plötzlich hält er an, abrupt. Ich höre, wie etwas unter das Auto geschoben wird, Türen schlagen zu, Schritte entfernen sich. Erneut ist es still, geradezu unheimlich still. Ich versuche, mir Mut zu machen, rede mir ein: Gleich kannst du aus dem Kofferraum aussteigen. Du wirst deinen Mann und deine Tochter umarmen, deinen Fuß auf bundesdeutschen Boden setzen – und Constanze wird in einer Welt aufwachsen, in der sie über ihren Weg selbst entscheiden kann. Doch ganz tief im Inneren spüre ich: Es ist vorbei, alles ist aus.

Die Kleine wird munter. Hoffentlich plappert sie nicht gleich los, wie sie es sonst gern macht, wenn sie aus dem Schlaf erwacht. Rudolf flüstert ihr zu, dass wir zur Oma in den Westen fahren, sie müsse nur ganz leise sein.

»Aber Papi, wir sind doch noch nicht alt genug«, antwortet Constanze schlaftrunken. Obwohl das Kind noch so klein ist, weiß es, dass wir drei viel zu jung sind, um in die Bundesrepublik reisen zu dürfen. Rudolfs Mutter Erna war 1976 übergesiedelt, ganz offiziell, als Rentnerin. Oft genug haben wir Constanze davon erzählt. Jetzt sagt sie nichts mehr, rührt sich auch nicht. Bewegungslos wie eine Puppe liegt sie da, als ahne sie, dass wir uns in einer Extremsituation befinden.

Es bleibt weiterhin ruhig. Wir warten eine halbe Stunde, vielleicht auch länger. Schließlich vernehmen wir Schritte und einen Befehl, der nicht zu überhören ist: »Machense mah denn Gofferraum off!«

Der Fluchthelfer versucht es auf die ganz dumme Tour: »Ich kann den Schlüssel nicht finden.« So ein Idiot, fällt ihm denn nichts Besseres ein?

Noch immer hoffe ich auf ein Wunder. Vergeblich. Hunde nähern sich, wahrscheinlich Schäferhunde, springen auf den Kofferraum, kratzen, geifern, bellen. Ich kann durch die kleinen Deckellöcher ihren heißen Atem spüren. Kurz darauf wird der Kofferraum einen Spalt breit geöffnet, seltsamerweise aber gleich wieder zugeschlagen.

Als die Klappe das nächste Mal aufgeht, bleibt sie oben.

Wir sind umringt von schwer bewaffneten Grenzsoldaten. Ihre Karabiner sind auf uns gerichtet. Die Schäferhunde stehen daneben, sprungbereit. Sie hecheln.

Das Unvorstellbare ist Wirklichkeit geworden: Wir werden verhaftet.

»Liegen bleiben!«, herrscht uns einer der Männer an. Als ich versuche, ein wenig meinen Kopf zu heben, brüllt er, dass ich das unterlassen solle. An diesen Umgangston werde ich mich nun gewöhnen müssen.

Jetzt tritt ein Mann mit einer Kamera an den Kofferraum und fotografiert uns. Anschließend sollen wir aussteigen. Das ist mühsam, weil meine Glieder vom langen Liegen ganz steif sind. Ich höre das erneute Klicken des Fotoapparats, dann wird die letzte Aufnahme gemacht, dazu müssen wir uns vor dem Wagen aufstellen. Endlich haben wir wieder Boden unter den Füßen, nur ist es der falsche.

Der »Fototermin« ist vorbei. Meine Beine kribbeln, sie sind eingeschlafen. Ich habe Constanze auf dem Arm, die mich verschreckt anschaut. Sie ist mucksmäuschenstill. Kowalski steht mit erhobenen Händen an der Wand einer Baracke, die Beine gespreizt. Die Frau hat man offensichtlich schon abgeführt.

»Euch wollte ich eigentlich nicht wiedersehen«, sagt Rudolf zu den Grenzern, die ihre Waffen immer noch auf uns gerichtet haben. Er zittert vor hilflosem Zorn.

Ich kann mich kaum aufrecht halten. Die Angst, was nun mit uns geschieht, lastet zentnerschwer auf mir, rasende Kopfschmerzen bringen mich fast um den Verstand. Nur noch wenige Augenblicke, und man wird uns auseinanderreißen, mir das Kind wegnehmen.

Natürlich wusste ich, dass dies alles passieren könnte. Doch schlagartig wird mir klar, dass ich zwar oft davon gesprochen, aber nie zugelassen habe, dass diese Gedanken mich wirklich erreichen. Und ich mache zum ersten Mal die Erfahrung, dass die erlebte Realität viel schrecklicher ist als alles, was ich mir vorstellen konnte.

Wir werden in die Baracke abgeführt. Constanze hat ihren Kopf, der von einer weißen Mütze mit roten Stickereien bedeckt ist, zwischen meiner Hals- und Schulterpartie vergraben. Ich streiche ihr über den Rücken. Was wird sie später von dieser Festnahme in Erinnerung behalten? Was ihrem Vater und mir in einigen Jahren vielleicht vorwerfen? Diese Situation wird mit Sicherheit Spuren bei ihr hinterlassen.

Zwei bewaffnete Frauen betreten den Raum.

»Setzen Sie das Kind auf den Stuhl!«, herrscht mich eine der beiden an. Während ich ihrer Anweisung Folge leiste, überlege ich, ob ich Constanze den roten Anorak ausziehen soll. Wenn es lange dauert, wovon auszugehen ist, wird sie darin schwitzen.

Bevor ich eine Entscheidung treffen kann, werde ich von den Frauen in einen Nebenraum geführt, Rudolf bleibt bei unserer Tochter. Ich darf kein Wort mehr mit ihm wechseln.

»Alles ausziehen«, sagt die ältere der beiden Frauen in typischem DDR-Kommando-Ton. »Auch die Unterwäsche.«

In dem grellen Licht lege ich wie benommen ein Kleidungsstück nach dem anderen ab: Erst meinen grünen Bouclé-Mantel – ich hatte ihn in einem »Exquisit-Laden« für 600 DDR-Mark erstanden –, dann meine schwarzen Stiefel, den blauen Rock, die rosafarbene Bluse und mehrere Lagen Unterwäsche. Ich wusste, dass Slips und Hemden in der Bundesrepublik teuer sind.

Jedes Teil wird gewendet, geschüttelt, abgesucht. Vollkommen nackt stehe ich vor den beiden Frauen, die mich mit ausdruckslosem Gesicht von oben bis unten befühlen und beklopfen. Zum Abschluss zwingen sie mich dazu, eine Kniebeuge zu machen, damit sie auch meinen Unterleib kontrollieren und abtasten können. Endlich kann ich mich wieder anziehen. Als ich darum bitte, auf die Toilette gehen zu dürfen, begleitet mich eine der beiden Grenzerinnen.

»Die Tür bleibt offen«, instruiert sie mich barsch. Danach bringen mich die Frauen wieder in den Barackenraum, in dem ich Constanze zurücklassen musste. Ich sehe gerade noch, wie Rudolf in Handschellen abgeführt wird. Das ist also das Ende unserer Flucht, denke ich. Schützend lege ich meinen Arm um die Kleine, die immer noch hellwach ist. Wie ich später aus dem Festnahmeprotokoll entnehme, sind wir um 22.15 Uhr verhaftet worden.

»Der Papi hat sich nackt ausgezogen«, sagt Constanze.

Mit ruhigen Worten versuche ich ihr zu erklären, was geschehen ist. Vor allem aber muss ich sie auf die Trennung vorbereiten. Ich drücke sie fest an mich.

»Wir werden uns lange nicht sehen.«

»Wie lange denn, Mami? Drei Stunden oder drei Tage?«

»Viel länger.«

»Dann eben drei Jahre.«

Drei Jahre. Vielleicht sind es auch mehr, denke ich im Stillen. Eine Kollegin von Rudolf, die wie er in der Hochschule für Musik in Dresden tätig war, wurde wegen des gleichen Delikts zu vier Jahren verurteilt. Sie kam zwar relativ schnell in die Bundesrepublik, aber können wir damit rechnen, ein ähnlich großes Glück zu haben? Dass politische Gefangene im großen Stil von Westdeutschland freigekauft werden und die DDR die harte Währung jedes Jahr fest einplant, das weiß ich zu diesem Zeitpunkt noch nicht.

Constanze schlingt ihre kleinen Arme um meinen Hals, ich kämpfe gegen aufsteigende Tränen. Nur jetzt nicht weinen, hämmert es in meinem Kopf, das würde ihr den Abschied noch schwerer machen.

Ich werde sie viele Jahre nicht sehen – eine Vorstellung, die alles übersteigt, was ich begreifen kann.

Ein blutjunger, sehr blasser Grenzsoldat betritt den Raum, er stellt ein Tablett mit einer Apfelsine, belegten Broten und einer Flasche Milch auf den Tisch. Ob die Grenzsoldaten Extrazuteilungen erhalten?

»Möchten Sie etwas essen?«

Diese Frage kommt für mich vollkommen überraschend. Auch die anderen Grenzer scheinen erstaunt zu sein, und meine Bewacherinnen wechseln unmissverständliche Blicke. Doch keiner sagt etwas. Für den jungen Soldaten wird das ein Nachspiel haben, fürchte ich.

»Nehmen Sie doch«, sagt er mit einem mitleidigen Lächeln. »So etwas werden Sie lange nicht mehr sehen.«

Davon bin ich überzeugt, aber ich kann nichts essen, nicht einen einzigen Bissen würde ich herunterbekommen.

Der Soldat wendet sich Constanze zu: »Und du, willst du nicht wenigstens eine Apfelsine?«

»Lieber einen Apfel.« Ich überlege, ob unsere Kleine überhaupt Apfelsinen kennt, denn ich habe ihr nie eine geben können.

»Einen Apfel habe ich nicht, eine Apfelsine schmeckt doch viel besser.«

»Ich will aber einen Apfel.«

Fast tut es mir leid, wie enttäuscht der junge Mann mit seinem vollen Tablett wieder abzieht. Jetzt hat er sich umsonst in Gefahr gebracht. Ob er einen Verweis erhält oder von der Grenze versetzt wird? Vielleicht wollte er das sogar? Es ist schon seltsam, was einem in den schlimmsten Stunden seines Lebens durch den Kopf geht.

Wenig später betritt ein fetter Mann den Raum. Seine Augen sind einzig als Schlitze in dem feisten Gesicht zu erkennen. Derb packt er Constanze am Arm. Ich springe auf, will schreien. Dieser grässliche Mensch darf meine Tochter nicht anfassen! Eine meiner Bewacherinnen reißt mich brutal zurück. Hasserfüllt schleudert sie mir ins Gesicht: »Der Genosse bringt Ihre Tochter in ein Kinderheim.«

Die Kleine sieht mich an, ängstlich, fragend, jedoch immer noch voller Vertrauen.

»Oma und Opa werden dich bald holen«, verspreche ich ihr, nun doch unter Tränen.

Der Genosse hat es eilig. Ich darf Constanze nicht noch einmal in den Arm nehmen. Als sich die Tür hinter ihr schließt, habe ich das Gefühl, dass etwas in mir zerbricht.

2

Zum Lügen erzogen

1958 kam ich in die 59. Zehnklassige Polytechnische Oberschule (POS) in der Jonny-Scheer-Straße im Leipziger Norden. Wir waren zweiundvierzig Kinder in der Klasse und wurden in sechs »Brigaden« eingeteilt. Die jeweiligen Brigadeleiter mussten jeden Morgen den Lehrern melden, dass ihre Brigade angetreten sei, mitteilen, wer fehlte und wer sein blaues Pionierhalstuch vergessen hatte. Neben den Brigaden gab es in jeder Klasse einen »Gruppenrat«, dessen stellvertretender Vorsitzender wiederum im »Freundschaftsrat« der Schule vertreten war. Der Schultag begann mit dem Gruß der Jungpioniere: »Für Frieden und Sozialismus – seid bereit! Immer bereit!«, dabei wurde die rechte Hand vertikal an den Haaransatz gelegt.

Klassenfoto 1958, Eva-Maria Neumann, 3. Reihe von vorn, links

In diesem Alter wollen Kinder nicht auffallen, sondern in der Gruppe mitschwimmen. Auch ich hätte das gern getan. Aber ich hatte keine Chance. Meine Eltern waren gegen diesen Staat, also auch gegen seine Pionierorganisation. Es war mutig und ehrlich, mich nicht zu den Jungpionieren zu schicken, für mich als Sechsjährige aber eine Katastrophe. Wie hieß es unter anderem in den Geboten der Jungpioniere: »Wir Jungpioniere lieben unsere Deutsche Demokratische Republik. Wir lernen fleißig, sind ordentlich und diszipliniert. Wir Jungpioniere treiben Sport und halten unseren Körper sauber und gesund.« Außerdem hatten sie Gruppen- und Bastelnachmittage, sangen Pionierlieder, und einmal im Jahr, am 13. Dezember, wurde Pioniergeburtstag gefeiert. Sogar eine Pionierzeitung namens *Frösi* (Fröhlich sein und Singen) gab es, mit wunderbaren Bastelbögen und bunten Bildern. Ich fand das alles überaus erstrebenswert und begriff natürlich nicht, in welcher Zwickmühle meine Eltern waren, denn in den Pioniergeboten stand auch, dass Junge Pioniere sich darauf vorbereiten, Thälmann-Pioniere zu werden. Und danach folgte der Eintritt in die FDJ, die »Kampfreserve der SED«.

Meine Eltern waren kurz nach dem Krieg in die LDP eingetreten. Sie sahen in dieser Partei ihre Vorstellungen von einem freiheitlichen Deutschland am ehesten verwirklicht. Dann aber mussten sie erleben, wie die LDP – ebenso wie die CDU – mit Hilfe der Besatzungsmacht in ein von der KPD dominiertes Blocksystem eingebunden wurde. Nach der Zwangsvereinigung von KPD und SPD zur SED führten die bürgerlichen Parteien nur noch ein Schattendasein und fungierten als demokratische Aushängeschilder. Enttäuscht traten meine Eltern aus der LDP wieder aus. Mit der SED wollten sie nichts zu tun haben.

Ich litt unsäglich unter diesem Ausgeschlossensein, aber da mein Vater ein strenger Mann war, wusste ich aus Erfahrung, dass es ratsam war, die direkte Konfrontation mit ihm zu vermeiden. Also versuchte ich es bei meiner viel nachgiebigeren Mutter. Aber auch das nützte nichts. Freundlich und liebevoll wie immer, bat sie mich, das zu tun, was sie als Eltern für richtig hielten. Doch ich sah das überhaupt nicht ein und verlegte mich nun aufs Quengeln. Nach einem halben Jahr hatte meine Mutter die Geduld verloren, und ich merkte, dass sie mit meinem Vater über dieses Problem sprach. Wenig später gab auch er seinen Widerstand auf, und ich durfte endlich in die Pionierorganisation eintreten. Stolz trug ich nun mein blaues Halstuch und schmetterte aus voller Kehle mit den anderen Pionieren: »Wir lieben das Leben, das Leben ist schön!«

Doch es gab ein zweites Problem: Ich ging zur Christenlehre. Ein Unding in den Augen der Partei. Der Unterricht wurde in einem kirchlichen Gebäude erteilt, das zu meinem größten Leidwesen ganz in der Nähe der Schule lag. Alle Schüler liefen täglich daran vorbei. Es war nur eine Frage der Zeit, bis sie mitbekamen, wie ich einmal in der Woche unauffällig in diesem Haus zu verschwinden versuchte. Wie befürchtet, wurde ich bald dabei entdeckt und mit dem Schimpfwort »katholische Eva« bedacht.

Manche meiner Lehrer fragten gezielt, wer aus der Klasse den Religionsunterricht besuche. Sie machten abschätzige Bemerkungen über gläubige Menschen, und alle lachten. Nein, ich wollte nicht mehr an der Christenlehre teilnehmen und ärgerte den Katecheten, wo ich nur konnte. Mehr als einmal beschwerte sich der arme Mann bei meinen Eltern – doch in diesem Fall blieben sie mir gegenüber hart, und sogar meine Mutter schimpfte mich aus.

Ich war fast immer Klassenbeste. Jedes Jahr zur Zeugnisausgabe im Sommer versammelten sich alle Lehrer und Schüler in der Aula, und es wurden aus jeder Klasse die drei Besten mit Büchern und Urkunden ausgezeichnet. Mit erwartungsvoll klopfendem Herzen stand ich dann zwischen den anderen, aber immer schlich ich nach der Veranstaltung – ohne Auszeichnung – enttäuscht nach Hause. Ich verstand die Welt nicht mehr. Ich war besser als die Ausgezeichneten, dennoch wurden sie vorgezogen.

Von Anfang an wurden wir in der Schule politisch unterwiesen und zu guten Staatsbürgern erzogen: Wir hörten von der »ruhmreichen Sowjetarmee« und der Nationalen Volksarmee (NVA), in der unsere besten jungen Männer ihren Ehrendienst leisteten. Wir erfuhren, dass sie die »Retter und Garanten des Friedens« seien, und sahen viele Dokumentationen über dieses Thema. Ebenso waren Filme über kommunistische Vorbilder wie Ernst Thälmann für uns Pflichtveranstaltungen. Ich fand das alles spannend, bewunderte unsere Soldaten und litt aus tiefstem Herzen mit den jeweiligen Helden mit. Als wir älter waren, folgten Filme wie *Das russische Wunder*, ein Dokumentarfilm über die Entwicklung der Sowjetunion seit der Revolution.

Aber zugleich wurden wir auch zum Hass erzogen. Wir hassten den »Klassenfeind« im eigenen Land genauso wie die Kriegstreiber in der Bundesrepublik. Wir lernten, dass es gerechte und ungerechte Kriege gäbe, dass es das Endziel der sozialistischen Verbündeten sei, alle Menschen auf der Welt – wenn nötig, auch mit Gewalt – vom Joch des Kapitalismus zu befreien und den Kommunismus aufzubauen. Die Worte »Kampf« und »Krieg« wurden so oft gebraucht, dass mir eine gewaltsame Auseinandersetzung zum Greifen nahe schien. Ich träumte nachts von Panzern und Bomben, und vor lauter Angst konnte ich oft nicht schlafen.

Im Kommunismus könne dann jeder nach seinen Bedürfnissen leben, das Geld wäre abgeschafft. Das stellte ich mir herrlich vor. Ich malte mir aus, wie ich in den kostbarsten Kleidern herumspazieren und die feinsten Süßigkeiten aus dem Regal des Konsums mitnehmen würde, einfach so. Dann könnte ich Schokolade essen, so viel ich mochte, und meine Eltern würden es noch nicht einmal merken. Ich hatte nur eine Sorge: Hoffentlich wollten nicht alle dieselben schönen Sachen haben!

Den Menschen in der Bundesrepublik gehe es schlecht, wurde uns von den Lehrern erzählt, vor allem den Arbeitern, die die Errungenschaften des Sozialismus aus tiefstem Herzen herbeisehnten. Einmal führten wir anlässlich eines Elternabends ein Theaterstück auf, in dem es um eine westdeutsche Rentnerin ging, die ohne Lebensmittelpakete aus der DDR beinahe verhungert wäre. Ich war voller Mitgefühl mit dieser Frau und sehr froh, dass wir offensichtlich viel besser dran waren.

Doch auch ein Kind merkt irgendwann, dass die selbstverständlichsten Dinge fehlen, von Ofenrohren über Zahnbürsten bis hin zum Toilettenpapier. Das Kontrastprogramm dazu boten die Messebesucher aus dem Westen, die zweimal im Jahr nach Leipzig kamen. Viele von ihnen nutzten die Ausstellung für Privatbesuche, so auch meine Tante Lisa aus dem Siegerland, die 1950 die DDR illegal verlassen hatte. Es dauerte lange, bis sie sich das erste Mal wieder nach Leipzig wagte, denn sie hatte große Angst, verhaftet zu werden. Nachdem es aber einmal gut gegangen war, besuchte sie uns oft. Da sie kein Auto besaß, suchte sie sich immer jemanden, der sie zu uns brachte. Ich staunte: Auch »normale« Menschen und nicht nur Großkapitalisten besaßen Autos – und was für welche! Zudem waren diese vollgestopft mit »Wunderdingen«, die ich nur vom Hörensagen kannte. Später wurden die so genannten Intershops eröffnet, staatliche Verkaufsstellen für Westwaren, in denen zunächst nur Westbürger mit freikonvertierbarer Währung einkaufen durften.

Als ich das erste Mal mit Tante Lisa in einem solchen Geschäft stand, verschlug es mir angesichts des Warenangebots die Sprache. Doch das Problem war nicht in erster Linie, dass bei uns ein solcher Mangel herrschte, sondern dass dieser geleugnet wurde.

Wir Schüler hörten immer wieder, wie gut doch die DDR-Wirtschaft funktioniere. Als mir allmählich klar wurde, dass die Lehrer logen, war das für mich ein großes Problem. Wem sollte man noch glauben, wenn nicht einmal sie die Wahrheit sagten? Das Allerschlimmste aber war, dass ich bald genauso gut zu lügen verstand.

Besondere Ereignisse und größere politische oder wirtschaftliche Aktionen wurden mit von der Partei bestellten Liedern besungen, die schnell wieder in Vergessenheit gerieten, sobald die Angelegenheit nicht mehr opportun war. So waren zum Beispiel in den fünfziger Jahren die kostengünstigen »Rinderoffenställe« aktuell, die überdies noch Baumaterial – in der DDR stets Mangelware – sparen halfen. Überall wurden nun derartige Ställe gebaut, und sogleich war auch der entsprechende Gesang zu hören: »Rinder steh'n im Offenstall, und sauber ist es überall.« Das Problem war nur, dass die armen Tiere im Winter in diesen wenig geschützten Unterständen reihenweise eingingen, sodass auch das Lied ganz besonders schnell passé war.

Es wurde der sowjetische Kosmonaut Juri Gagarin besungen, der als erster Mensch im All war, ebenso priesen wir den Mais, den »strammen Bengel«, und selbst der hoch begabte Dichter Johannes R. Becher – einer der Hoffnungsträger des Expressionismus – huldigte dem neuen »Schöpfergott« Stalin 1953 mit seiner unsäglichen Stalin-Hymne.

»Danksagung« (Auszug)

Einst wird ganz Deutschland Stalin danken.
In jeder Stadt steht Stalins Monument.
Dort wird er sein, wo Reben ranken,
Und dort in Kiel erkennt ihn ein Student.

Dort wirst du, Stalin, stehn, in voller Blüte
Der Apfelbäume an dem Bodensee,
Und durch den Schwarzwald wandert seine Güte
Und winkt zu sich heran ein scheues Reh.

Mit Marx und Engels geht er durch Stralsund,
Bei Rostock überprüft er die Traktoren,
Und über einen dunklen Wiesengrund
Blickt in die Weite er, wie traumverloren.

Mit Lenin sitzt er abends auf der Bank,
Ernst Thälmann setzt sich nieder zu den beiden.
Und eine Ziehharmonika singt Dank.
Da lächeln sie, selbst dankbar und bescheiden.

13. August 1961: Praktisch über Nacht war die Mauer errichtet worden, ein Aufschrei des Entsetzens ging durch das Land. Damit hatte niemand gerechnet. Wie häufig waren doch unsere Leute vorher »drüben« gewesen und hatten sich mit lebenswichtigen Dingen eingedeckt, beispielsweise mit Medikamenten, die bei uns nicht zu haben waren. Und wie viele waren vor dem Mauerbau ohne großes Risiko »abgehauen«, ein Ausweg, der nun für immer versperrt schien. Ich hörte manche Leute sagen, der Westen würde uns sicher helfen, andere wiederum fürchteten einen neuen Krieg. Die Atmosphäre war angespannt, die Menschen waren aufgewühlt, doch es gab keine offiziellen Proteste. Der Staat hatte seine Bevölkerung fest im Griff.

Der Wohnungsmangel verschärfte sich dramatisch, aber das war das kleinste Problem. Ich höre meinen Vater heute noch sagen: »Jetzt sind wir alle in einem großen Gefängnis eingesperrt.« Meine Mutter als Mitglied des Leipziger Universitätschores traf es besonders hart: Mit den Westreisen dieses Ensembles war es nun schlagartig vorbei. Ich hatte meine Eltern noch nie so niedergeschlagen erlebt. Eines verstand ich allerdings schon damals nicht: Warum mauerte ein Staat ganz offensichtlich seine eigene Bevölkerung ein? Warum richtete er die Waffen gegen die eigenen Leute? Waren Mauern und Waffen nicht zum Schutz vor äußeren Feinden gedacht?

Nach dem Bau der Mauer gab es in ideologischer Hinsicht viele Verschärfungen. Der Empfang von Westfernsehen – bisher nicht erwünscht – wurde jetzt als »staatsfeindliches Verhalten« registriert, was allerdings viele, auch meine Eltern, nicht davon abhielt, die Antenne ab und zu erneut in Richtung Westen zu drehen. Die SED-Genossen nahmen auch sehr genau zur Kenntnis, wer an Staatsfeiertagen nicht flaggte, wer am Wahlsonntag *wann* zur Wahl ging – nur Einzelne verweigerten damals diesen Besuch an der Urne – und wie das »gesellschaftliche Engagement« im Allgemeinen war. Meine Eltern schnitten bei all dem schlecht ab, und das war der große Auftritt für den so genannten Hausbeauftragten. Diese ehrenamtlichen Vertrauensleute wurden in den obligatorischen Hausversammlungen gewählt und wachten darüber, dass alles seinen sozialistischen Gang ging. Der Hausbeauftragte unseres Mietshauses in der Gohliser Krochsiedlung, ein Major der Nationalen Volksarmee, führte mehrere ernsthafte Gespräche mit meiner Mutter wegen der »unzureichenden sozialistischen Erziehung« ihres Kindes. Sie und Vater seien schlechte Vorbilder für mich. Meine Eltern regten sich maßlos darüber auf, weil der rote Major früher ein begeistertes Mitglied der NSDAP gewesen war.

Im Laufe der sechziger Jahre gaben meine Eltern mir gegenüber ihre Vorsicht in politischen Dingen mehr und mehr auf. Hatten sie sich bisher gehütet, in meiner Gegenwart über politische Fragen zu diskutieren, so hörte ich nun zum ersten Mal vom 17. Juni 1953, dem Ungarnaufstand 1956, dem stalinistischen

Terror, und für mich brach eine Welt zusammen. Hier ging es nicht um irgendwelche materiellen Dinge, hier eröffneten sich ganz andere Dimensionen. Alles in mir sträubte sich gegen diese Berichte.

»Das glaube ich einfach nicht«, sagte ich zu meinem Vater. »Wir haben doch in der Schule gelernt, dass der Sozialismus menschenfreundlich ist, und Menschenfreunde machen so etwas nicht.«

Die dunklen Augen meines Vaters funkelten zornig. Er lachte bitter auf: »Dann wird es langsam Zeit, dass du erfährst, wie die Wirklichkeit bei uns aussieht. Am 17. Juni beispielsweise rollten in vielen Städten der DDR die sowjetischen Panzer ein und schlugen den Aufstand der Arbeiter brutal nieder.«

»Woher weißt du das? Warst du dabei?«

»An den Demonstrationen habe ich nicht teilgenommen, aber ich habe alles im Westradio gehört, und viele Augenzeugen, auch Freunde und Arbeitskollegen von mir, haben es bestätigt.«

»Unsere Lehrerin war dabei, und die hat von den Panzern überhaupt nicht gesprochen. Außerdem waren die Demonstranten ja Klassenfeinde, die von westlichen Agenten unterstützt und aufgewiegelt wurden.«

An diesem Punkt ging mein Vater im wahrsten Sinne des Wortes in die Luft. Der eher mittelgroße Mann erschien mir plötzlich riesengroß, sein Gesicht färbte sich dunkelrot vor Wut.

»Hast du nicht selbst schon gesagt, dass die Lehrer auch manchmal lügen? Die lügen nicht manchmal, die lügen oft. Klassenfeinde! Dass ich nicht lache. Die Arbeitsnorm wurde immer wieder erhöht, und kein Mensch konnte sie mehr erfüllen. Deswegen protestierten die Werktätigen, dazu brauchten sie keine westlichen Agenten.«

Vater war nun ziemlich laut geworden, und ich brach in Tränen aus. Meine Mutter mischte sich begütigend ein.

»Das Kind kann doch nichts dafür, Heinz«, sagte sie zu meinem Vater und schüttelte den Kopf. Dabei lächelte sie mir aufmunternd zu.

»Eva wird sicher bald lernen, auch damit umzugehen.«

Das tat ich zwar, aber es dauerte eine ganze Weile, bis mir dies gelang. Seit diesem Gespräch bereitete es mir zunehmend Mühe, in der Schule den Mund zu halten und wider besseres Wissen die Klassenkampfparolen nachzubeten. Nicht, dass ich das nicht gekonnt hätte. Nur einmal machte ich einen Fehler, als ich in einem Aufsatz das Wort »Sowjets« verwendete. »Das ist ein westlicher Ausdruck«, vermerkte meine Lehrerin am Rand, und statt der üblichen Eins erhielt ich diesmal eine Drei.

In der fünften Klasse bekamen wir das Fach Geschichte. Wir hörten von Dinosauriern, Mammuten, den Urmenschen, von sämtlichen Hochkulturen bis hin zur industriellen Revolution – und das alles in einem Jahr. Ich liebte dieses Fach. Doch mit Beginn des sechsten Schuljahres ging es im Geschichtsunterricht nur noch um Klassenkämpfe. Und die Geschichte der Arbeiterbewegung sollte mich noch bis weit in mein Studium hinein verfolgen.

Ein Schuljahr weiter gab es erstmals das Fach ESP/UTP (Einführung in die sozialistische Produktion/Unterrichtstag in der sozialistischen Produktion). Wir arbeiteten im VEB Montan, einem volkseigenen, metallverarbeitenden Betrieb. Für mich war das ein einziges Desaster. Ich konnte, sosehr ich mich auch bemühte, keine geraden Metallkanten feilen oder Löcher in Metallstücke bohren, die nicht ausfransten. Ich hasste den Unterrichtstag in der Produktion und mich ebenso, weil ich so ungeschickt war.

Doch dafür spielte ich gut Geige. Meinen Mitschülern vermochte ich damit allerdings nicht zu imponieren, denn die meisten fanden die Musik, die ich machte, einfach doof. Auf der ganzen Schule gab es nur wenige Kinder, die ein Instrument erlernten. Aber keines von ihnen spielte Geige, die meisten hatten sich für Klavier oder Gitarre entschieden. Das wurde eher noch akzeptiert. Wer wie ich einen Geigenkasten durch die Gegend trug, machte sich geradezu lächerlich. Doch dieses Mal stand ich zu meinem Anderssein. Ich hatte die Musik für mich entdeckt und liebte sie über alles. Anfangs hatte ich Klavier spielen wollen, bestand aber die Aufnahmeprüfung an der Musikschule nicht. Ebenso fiel ich durch die Geigenprüfung. »Völlig ungeeignet«, lautete auch hier das Urteil, und man sagte zu meiner Mutter: »Lassen Sie Ihre Tochter doch Flöte spielen.« Das aber wollten weder sie noch ich, und nach langem Hin und Her durfte ich »auf Probe« als Geigenschülerin an der Musikschule anfangen. Meine sonst so sanftmütige Mutter achtete streng darauf, dass ich täglich eine Stunde übte, und so machte ich schnell Fortschritte.

Eines Tages – ich war dreizehn – fiel mir ein Prospekt der Spezialschule der Hochschule für Musik Weimar in die Hände. Diese Schule, auf der sich musikalisch begabte Kinder neben dem allgemeinbildenden Unterricht auf ein Musikstudium vorbereiten konnten, sollte im nächsten Schuljahr eröffnet werden. Das dazugehörige Internat, pries die Broschüre an, würde im Schloss Belvedere untergebracht werden, der ehemaligen Sommerresidenz der Weimarer Großherzöge, herrlich oberhalb der Stadt gelegen. Ich wollte unbedingt dorthin. An meiner Schule in Leipzig hing ich nicht, ich war abenteuerlustig, und als Einzelkind reizte mich natürlich das Internat. Wir waren gerade von einer Klassenfahrt zur Augustusburg zurückgekommen, die ich sehr genossen hatte, besonders die Nachtwanderungen, die Kissenschlachten und das endlose nächtliche Herumtoben. So ähnlich, meinte ich, müsse es auch in einem Internat zugehen.

Meine Enttäuschung war groß, als ich aus Weimar eine Absage erhielt. Wie in allen anderen Bereichen gab es auch hier in der DDR ein strenges Reglement, nach dem ich als Leipzigerin an die Spezialschule der Musikhochschule meiner Heimatstadt gehörte. An allen vier Musikhochschulen des Landes entstanden im Augenblick Spezialschulen. Nur in Leipzig fand man kein Gebäude, in dem Internat, Unterrichts- und Übungsräume Platz gehabt hätten, und so war man nach Halle ausgewichen. Dort aber herrschte »dicke Luft«, denn die Stadt war im Süden begrenzt von chemischen Großkombinaten, der »Chemieküche« des sozialistischen Lagers.

Nein, nach Halle wollte ich auf keinen Fall, und Musik studieren nun schon gar nicht mehr. Ich konnte unglaublich trotzig sein.

Eines Tages jedoch wurden die besten Schüler der Musikschule in Leipzig zusammengetrommelt, um zwei Lehrern der zukünftigen halleschen Spezialschule vorzuspielen, die auf der Suche nach geeigneten Schülern waren. Der eine der beiden Männer hieß Rudolf Neumann; er war der künftige stellvertretende Direktor, künstlerische Leiter und als einer der »Väter« der Spezialschulen maßgeblich an deren Aufbau beteiligt. Als ich ihm damals vorspielte, ahnte ich noch nicht, dass er später einmal mein Mann werden würde. Im Gegenteil – ich fand, er sah ziemlich streng aus, und außerdem störte mich, dass er nervös mit den Fingern auf der Tischplatte trommelte. Aber eins fiel mir schon damals auf: Er hatte ungewöhnlich ausdrucksvolle Hände.

Zusammen mit zwei anderen Schülern wurde ich ausgewählt, und im Hinblick auf mein gutes Vorspiel erließ man mir auch eine zusätzliche Aufnahmeprüfung. Ich war sehr stolz. Plötzlich interessierte mich Halle wieder. Warum sollte ich meinen Berufswunsch von der Schönheit eines Ortes wie Belvedere abhängig machen?

Am 1. September 1965 begann mein neues Leben in Halle. Nun gehörte ich also zu den »Hallensern, Halloren und Halunken«, wie sich die Bewohner der Stadt selbst liebevoll-spöttisch nannten. Auf die Halloren-Schokoladenfabrik, die älteste in Deutschland, waren sie mächtig stolz.

In der Spezialschule fühlte ich mich wesentlich wohler als auf der Leipziger POS. Alle machten Musik, und auch das Thema Christenlehre war erledigt, weil es diese an keiner staatlichen Schule gab.

Nicht nur in den musikalischen Fächern wurde Leistung verlangt, sondern auch in den allgemeinbildenden, denn schließlich sollten wir an dieser Schule das Abitur ablegen – ein unschätzbares Geschenk, denn es war durchaus nicht selbstverständlich, dass ich in Leipzig die Zulassung dafür bekommen hätte. Ich lebte in einer »Diktatur des Proletariats«, und da mussten »Arbeiterkinder« einen entsprechend hohen Anteil der begehrten Abi-Plätze erhalten, wobei natürlich der Begriff »Arbeiterkinder« auch auf den Nachwuchs von Parteifunktionären, Berufssoldaten und anderen staatstreuen Personen ausgedehnt wurde. Ich aber war ein »Intelligenzlerkind«. Besonders schwer war es für Kinder kirchlicher Mitarbeiter, diese schafften selten den Sprung in die Abiturklasse, selbst wenn sie leistungsmäßig noch so gut waren.

Der Tagesablauf in der Spezialschule war streng geregelt: 6.00 Uhr aufstehen, 7.30 Uhr Unterrichtsbeginn, Nachtruhe 21 Uhr. Zusätzlich zum allgemeinbildenden Unterricht hatte ich wöchentlich zwei Stunden Geigenunterricht, je eine Stunde Klavier- und Theorieunterricht sowie Orchester-, Chor- und Streichquartettproben. Auch die instrumentalen Übungszeiten waren genau festgelegt, etwa drei Stunden pro Tag, sodass ich auf etwa sechzig Unterrichts- und Übungsstunden pro Woche kam. Doch das war für mich kein Problem, ich liebte alle musikalischen Fächer und übte gern.

Untergebracht waren wir in einer wunderschönen, aber völlig heruntergekommenen Jugendstilvilla, sieben Mädchen auf einem

Zimmer. Wir arbeiteten, diskutierten, stritten, lachten und wurden gemeinsam erwachsen. Um abends ins Konzert oder Theater zu gehen, brauchten wir nur einen Urlaubsschein auszufüllen, eine Möglichkeit, die wir ausgiebig nutzten.

In Halle fand ich endlich eine richtige Freundin: die zarte Uschi mit dem kurzen, dunklen Haar und den großen braunen Augen. Wir waren bald unzertrennlich, auch wenn es so manche temperamentvolle Auseinandersetzung zwischen uns gab, etwa über die Frage, welcher Komponist der bessere sei: Tschaikowski oder Dvořák. Uschi war Tschaikowski-Verehrerin, und ich konnte mir damals nichts Schöneres vorstellen als Dvořáks 9. Sinfonie *Aus der Neuen Welt* oder seine *Slawischen Tänze*.

»Dvořák – so was Plebejisches«, warf mir Uschi eines Tages an den Kopf.

Mein geliebter Dvořák plebejisch? Das durfte ich nicht durchgehen lassen!

»Du alte Russentrine!«, erwiderte ich empört.

Vor der Maidemonstration 1966 in FDJ-Hemden
(rechts Eva-Maria, daneben Uschi)

Das wiederum brachte Uschi auf die Palme, und wir gingen aufeinander los. Das Resultat waren eine kaputte Halskette und abgerissene Knöpfe. Doch wie immer nach solchen Krächen vertrugen wir uns schnell wieder, wir waren eben unzertrennlich.

Wir lasen beide viel und gern, und meine Mutter, die inzwischen als Bibliothekarin arbeitete, versorgte uns mit Lesestoff. Alles, was sie uns mitbrachte, verschlangen wir mit Begeisterung, auch Werke wie *Das Glasperlenspiel* oder den *Steppenwolf* von Hermann Hesse, obwohl wir nur die Hälfte davon verstanden.

Uschi hatte bei Rudolf Neumann Klavierunterricht, worum ich sie glühend beneidete. Viele von uns schwärmten damals für »Dolfi«, inzwischen auch ich. Er war fünfunddreißig Jahre alt, groß, stattlich und sehr markant, fand ich. Seine Haare lockten sich ein bisschen, aber nur, wenn er längere Zeit nicht beim Friseur gewesen war. Mir gefielen seine temperamentvolle Art und sein Humor sehr. Manchmal konnte er aber auch richtig böse werden. Ich merkte immer sofort, wann es ernst wurde: Dann nannte er mich »Eva-Mariiia« statt wie sonst Eva.

Die Lerninhalte in den allgemeinbildenden Fächern waren in sämtlichen Schulen der DDR dieselben, da es *Präzisierte Lehrpläne* gab. Theoretisch hätte in jeder Schule im entsprechenden Fach derselben Jahrgangsstufe und Schuljahresstunde ausnahmslos das Gleiche gelehrt werden müssen. Unser Physiklehrer aber hatte die Idee, in einer Schule für angehende Musiker auf einige im Lehrplan stehende Aspekte der Mechanik zu verzichten und dafür den akustischen Bereich zu erweitern. Wegen seines eigenmächtigen Vorgehens bekam er die allergrößten Schwierigkeiten.

Ein neues Fach kam hinzu: Staatsbürgerkunde (Stabü). In diesem ging es vor allem um die Lehren des Marxismus-Leninismus. Bis dahin hatte ich immer gedacht, dass die Theorie dieses ideologischen Gebäudes in Ordnung sei, nur die Umsetzung in die Praxis, also der »real existierende Sozialismus«, nicht. Nun wurde mir klar, dass man durchaus auch die Lehre anzweifeln konnte. Besonders interessierte mich die »Grundfrage des Seins«, die Frage nach dem Ursprung allen Lebens. Wir lernten: Die Materie sei immer da gewesen, noch vor dem Geist. Ich fand, dass man an diese Vorstellung genauso glauben musste wie an einen geistigen Ursprung aller Dinge.

Aber auch vieles, was ich im Konfirmationsunterricht hörte, den ich an den Wochenenden zu Hause besuchte, leuchtete mir nicht ein. Doch ich glaubte an ein geistiges Schöpferprinzip, und mir war klar, dass ich ganz bestimmt nie in Richtung Materialismus tendieren würde. So wusste ich nur, was ich *nicht* wollte, aber irgendetwas, das mir Halt und meinem Leben einen Sinn geben könnte, hatte ich nicht.

Inzwischen war unsere Klasse geschlossen der Freien Deutschen Jugend (FDJ) beigetreten. Ich schämte mich dafür, weil ich diese Massenorganisation zwar ablehnte, aber trotzdem Mitglied geworden war. Auch an der Jugendweihe nahm ich – wie alle anderen – teil und gelobte dabei, für die große und edle Sache des Sozialismus zu kämpfen.

Jugendweihe 1966 in Leipzig, Eva-Maria ganz vorn

Wie schon in der Leipziger Schule, lasen wir auch in Halle Bücher über die Geschichte der Sowjetunion, etwa Galina Nikolajewas Buch *Schlacht unterwegs*, in dem ein Ingenieur um die Arbeitsproduktivität und -moral in einem Traktorenwerk kämpft, oder frühe Werke der sozialistisch-realistischen Sowjetliteratur wie *Timur und sein Trupp* von Arkadij Gajdar oder den autobiographischen Roman *Wie der Stahl gehärtet* wurde. In diesem Buch beschreibt der Autor, Nikolai Ostrowski, die Lebensgeschichte des Kommunisten Pavel Kortschagin, der für die Revolution und die Zerschlagung der Konterrevolution kämpft. Selbst als er blind und gelähmt ist, lässt er sich nicht unterkriegen, sondern wird zu einem großen Agitator des sozialistischen Aufbaus. Einmal malte ich Ostrowski, dessen Bild sich in unserem Russischbuch befand, aus Langeweile im Russischunterricht Zöpfchen mit Schleifen an den Kopf. Ich wollte eine Ostrowskaja aus ihm machen. Als mein Russischlehrer das sah, erhielt ich einen strengen Verweis. Ich hatte mir nichts dabei gedacht. Wenn ich Ulbricht auf diese Weise verschönt hätte, wären die Folgen sicher schlimmer gewesen.

Unser Internat platzte aus allen Nähten. Das war der Grund dafür, dass uns eines Tages eröffnet wurde, es sei leider doch nicht möglich, in Halle das Abi zu machen. Wir waren zutiefst enttäuscht; doch dann wurden extra für uns an der Leipziger Volkshochschule Abiturklassen eingerichtet, sodass wir neben dem Studium noch den begehrten Schein erwerben konnten.

Im Sommer 1968 begann unser Musikstudium: zuerst einmal mit einer einwöchigen »vormilitärischen Ausbildung«. Dass diese relativ zivil ausfiel, verdankten wir unserem Sportlehrer, der die ganze Sache leitete. Die ideologischen Unterweisungen hielten sich in Grenzen, wir wanderten viel, und abends gab es Tanz am Lagerfeuer.

Unsere Musikhochschule in Leipzig, eine Gründung Mendelssohn-Bartholdys, ist ein schönes und altehrwürdiges Gebäude.

Eva-Maria im Unterricht bei Klaus Hertel

Als ich zum ersten Mal diese »heiligen Hallen« betrat, war ich voller Ehrfurcht. Ich hatte in Klaus Hertel einen Lehrer gefunden, bei dem ich nicht nur das Geigenspiel auf höchstem Niveau erlernen konnte, sondern auch methodisch-didaktisch sehr viel mitbekam.

Das Studentenleben gefiel mir, ich lernte interessante Leute kennen, verliebte mich unsterblich in einen fantastisch aussehenden Sänger, entliebte mich wieder, und in den Orchesterpausen rauchte ich meine ersten Zigaretten, die man für ein paar Pfennige das Stück in einem kleinen Laden gegenüber erstehen konnte.

In den ersten beiden Studienjahren brauchten wir Abiturienten nur die musikalischen Fächer zu belegen, dann kamen die gesellschaftswissenschaftlichen hinzu: Geschichte der Arbeiterbewegung, Politische Ökonomie, Marxismus-Leninismus, daneben

Russisch und einige Fächer, die zwar vielversprechende Namen wie Ästhetik, Philosophie, Pädagogik und Psychologie trugen, aber im Grunde sämtlich den Zusatz »marxistisch« verdienten. Ich empfand diese Vorlesungen als vergeudete Zeit, aber man konnte ihnen unmöglich fernbleiben. Es gab Anwesenheitslisten, in die man sich persönlich eintragen musste.

Manchmal hatten wir »Rotlichtbestrahlungen«, wie der Volksmund die unfreiwillige Beschäftigung mit politischen Themen im Sinne des Staates nannte, einmal sogar eine ganze Woche am Stück. So wurden wir auch in dieser Hinsicht perfekt auf unser späteres Arbeitsleben vorbereitet.

Nicht nur die SED-Genossen hatten an ihren Arbeitsstellen regelmäßig Veranstaltungen im Rahmen des »Parteilehrjahres«, besonders an Bildungseinrichtungen erwartete man auch die Teilnahme von Nichtgenossen. Vielfach wurden normale Konferenzen oder Arbeitsbesprechungen dazu genutzt, um aktuelle politische Fragen zu diskutieren, wobei der Inhalt dieser Debatten nur in eine Richtung gehen durfte, in die offizielle.

Meine Mutter erzählte zu Hause oft voller Ärger von diesen »Arbeitsbesprechungen«, bei denen einmal im Monat politische Artikel aus dem *Neuen Deutschland*, dem Zentralorgan der SED, vorgestellt wurden. Im Anschluss daran war eine »Aussprache« angesagt, an der sich jeder beteiligen sollte. Ich erinnere mich noch heute daran, wie wütend sie war, als der Einmarsch sowjetischer und anderer Truppen in die Tschechoslowakei zur Debatte stand. Wir waren gerade zu dieser Zeit durch die Tschechoslowakei gefahren und hatten uns über die Unfreundlichkeit der Tschechen gewundert. Als wir dann zu Hause von dem Drama hörten, schämten wir uns: auch DDR-Truppen waren in dieses Land eingerückt. Während der »Arbeitsbesprechung« wollte sich dann auch keiner der Kollegen meiner Mutter zu diesen Ereignissen äußern. Prompt wurde das gemeldet.

Eva-Maria mit den Eltern, Sommer 1968

1969 zog Rudolf – damals für mich noch »Herr Neumann« – in unsere unmittelbare Nachbarschaft nach Gohlis, einem Stadtteil im Leipziger Norden. Seine Ehe war Ende 1967 geschieden worden; er musste aber noch eineinhalb Jahre warten, bis er eine eigene Wohnung erhielt, denn in der DDR herrschte strikte Wohnraum(*mangel*)bewirtschaftung. Schließlich wurden ihm anderthalb Zimmer bei einer älteren, allein lebenden Frau, die dem Alkohol äußerst zugetan war, zugewiesen. »Teilhauptmiete« nannte man das. Im »großen« Wohnraum (fünfzehn Quadratmeter) stand sein Flügel, viel mehr passte da nicht hinein. Das Schlafzimmer hatte acht Quadratmeter, Schlüssel zu den einzelnen Zimmern gab es nicht, Rudolfs Mitmieterin konnte also jederzeit seine Privaträume betreten. Trotz gemeinsamer Küchen-, Bad- und Balkonbenutzung war diese Unterkunft in der Beyerleinstraße für ihn ein großer Fortschritt.

Eines Tages lud Rudolf Uschi und mich zum Abendessen ein. Mein schöner Sänger war gerade passé und ich wieder frei für meinen Dauerschwarm Dolfi, wie ich ihn immer noch nannte. Ich verbrachte mindestens eine Stunde vor dem Spiegel, bis mein Äußeres meinen Vorstellungen wenigstens einigermaßen entsprach.

Rudolf begrüßte uns freundlich und warf lachend ein riesiges Wurstpaket auf den Tisch, mit der Bitte, doch mal ein anständiges Abendbrot zu zaubern. Voller Eifer machten wir uns an die Arbeit, während er eine Flasche Wein entkorkte. Es wurde eine lange und fröhliche Nacht, nur fand Uschi später rückblickend und nicht ganz zu Unrecht, sie habe eigentlich nur als »Anstandswauwau« fungiert. Dass es zu diesem Zeitpunkt zwischen Rudolf und mir schon gewaltig knisterte, wurde meiner arglosen Freundin erst viel später klar.

Nach der Scheidung hatte er mit den ersten Arbeiten an seiner Dissertation begonnen, und jetzt brauchte er jemanden, der Korrektur las. Dieser Jemand war ich, denn schließlich wohnte ich ganz in seiner Nähe. Schon bei den ersten Treffen bemerkte ich, dass auch ihn nicht vorrangig meine mit größter Sorgfalt angefertigten Korrekturen interessierten, und bald waren es nicht mehr nur Arbeitsbesuche, die mich in die Beyerleinstraße führten ...

Zunächst verrieten wir niemandem etwas von unserer Liaison, da wir nicht in die Kategorie »Lehrer hat was mit Schülerin« gesteckt werden wollten, aber bald überlegten wir es uns anders: In der Gerüchteküche würde es sowieso brodeln, dann war es doch besser, wir machten unser Zusammensein selbst publik.

Zuerst lud Rudolf seinen Freund, meinen Lehrer Klaus Hertel, zu einem vorgetäuschten fachlichen Gedankenaustausch ein, und nach kurzer Zeit erschien ich wie selbstverständlich mit Sekt und einem Abendessen. Klaus stockte nur ganz kurz und sprach dann in Ruhe seinen gerade begonnenen Satz zu Ende, bevor es das erwartete Hallo gab. Doch zu unserer großen Verwunderung war er gar nicht so überrascht und meinte, er hätte sich bereits so etwas gedacht. In der Hochschule verbreitete sich die Nachricht wie ein Lauffeuer.

Für Rudolf gab es zu dieser Zeit große Probleme in der halleschen Spezialschule. Er hatte sich für den Chorleiter stark gemacht, der die Bach-Motette »Jesu, meine Freude« aufführen wollte. Die Schülerinnen und Schüler übten fleißig ihre Partien, und überall im Gebäude waren die christlichen Texte zu hören: eine Provokation ohnegleichen! Das Ganze wurde abgesetzt, und Rudolf war der Einzige, der dagegen opponierte. Als er mir davon erzählte, warnte er mich: Er könne eines Tages wegen solcher Sachen sogar seine Stelle verlieren. Ich solle mir gut überlegen, ob ein unsicherer Kantonist wie er für mich akzeptabel sei. Da gab es nichts zu überlegen, Rudolf war der Richtige, ob mit oder ohne Stelle.

Von ihm erfuhr ich vieles, was ich bisher nicht gewusst hatte, etwa, welch hohen Stellenwert die soziale Herkunft bei der Aufnahme in die Spezialschule hatte. Ein einziges Mal gelang es ihm, die Aufnahme einer Pfarrerstochter trickreich gegen den Willen der Genossen durchzusetzen. Seitdem verweigerte man ihm – dem künstlerischen Leiter der Schule – bei Aufnahmeprüfungen die Einsicht in die Unterlagen der Prüfungskandidaten. Wenig später musste er ohne Begründung eine seiner besten Schülerinnen abgeben. Er galt als »ideologisch unzuverlässig« und war überdies auch noch christlich gebunden.

In dieser Zeit stürzte ihn die Ausarbeitung einer Marxismus-Leninismus-Arbeit, die für die Promotion unabdingbar war, in eine zusätzliche Krise. Mehr als einmal war er nahe dran, aufzugeben und das bisher Geschriebene zu zerreißen. Er konnte es nicht mit seinem Gewissen vereinbaren. Doch dann fand er zusammen mit seinem damaligen Seelsorger, einem evangelischen Pfarrer, eine elegante Lösung: Es wurden keine »Glaubensbekenntnisse« marxistischer Art abgelegt, sondern nur Fakten rezipiert, wie etwa »Der Marxismus lehrt« oder »Auf dem x-ten Parteitag der SED wurde beschlossen«.

Aber auch in der Dissertation musste das gesellschaftliche System der DDR lobend erwähnt werden. Als Rudolf die Arbeit schon abgeschlossen hatte, warnte ihn sein Erstgutachter: »So wird das niemals angenommen, es fehlt der ›gesellschaftliche Bezug‹. Zehn diesbezügliche Seiten müssen es schon mindestens sein.«

Wieder ging das Ringen um Formulierungen los. Und natürlich wussten die Genossen– vor allem die Kaderleitung der Musikhochschule – längst, dass Rudolf den DDR-Staat ablehnte. So war es für uns eine Zitterpartie, ob man ihn wirklich promovieren würde.

Rudolf weihte mich nicht nur in seine Schwierigkeiten ein, er nahm mich bald auch zu interessanten nächtlichen Diskussionen ins Pfarrhaus der Thomaskirche mit, wo der Diakon Herbert Dost und seine Frau Wella einen Freundeskreis um sich versammelt hatten. Herbert war schon in der Nazi-Zeit mit der Gestapo aneinander geraten; in der DDR saß er dann – wegen Besitzes einer westdeutschen Zeitschrift für Dichtung und Geisteskultur – mehrere Monate bei der Stasi in Untersuchungshaft. Nach seiner Entlassung am 17. Juni 1953 wurde er permanent bespitzelt.

In dieser Zeit wollte mich mein ehemaliger Schuldirektor zum Eintritt in die SED bewegen. Er lud mich in eine Kneipe ein, und wenig später erschien auch der Parteisekretär. Da ich nicht weiter über diesen erstaunlichen Zufall nachdachte, wurde es zunächst einmal ein feuchtfröhlicher Abend. Bis die Frage kam: »Sag mal, möchtest du nicht in die Partei eintreten? Wir brauchen Leute wie dich. Wir würden für dich bürgen.«

Augenblicklich war ich stocknüchtern. Ich erklärte, dass ich dazu noch nicht reif sei, bedankte mich für den schönen Abend und verließ das Lokal. Auf dem Heimweg ärgerte ich mich über meine Feigheit. Ich hätte sagen sollen, was ich von der SED und ihrem sozialistischen Paradies halte oder wenigstens, dass diese Partei für mich nie infrage käme.

Nur einen Monat später trat mein Vater in die SED ein, was ich zunächst überhaupt nicht verstand. Wusste ich doch, wie er dachte. Doch als sich meine Emotionen etwas gelegt hatten, konnte ich seine Beweggründe verstehen. Er arbeitete damals in einem landwirtschaftlichen Institut, das zur Akademie der Wissenschaften gehörte und in der Nähe von Magdeburg lag. Nur an den Wochenenden kam er nach Hause. Mein Vater ließ sich schnell zu unbedachten Äußerungen hinreißen. Eine davon hatte ein klassenbewusster Kollege weitergegeben. Da Vater mit seinen Vorgesetzten ohnehin Schwierigkeiten hatte, wurde die Situation für ihn nun vollends unerträglich, sodass er mehr oder weniger freiwillig nach Leipzig wechselte. Er brauchte nicht nur eine neue Stelle, sondern hoffte auch, mit seinem Eintritt in die Partei endlich viele dieser Probleme loszuwerden.

Ich selbst war ebenfalls eine Meisterin unüberlegter Äußerungen. Einmal stellte ich dem Dozenten, der das Fach »Geschichte der Arbeiterbewegung« lehrte, folgende Frage: »Wenn ein Arbeiterkind studiert und dadurch Akademiker wird, ist sein Kind ja dann kein Arbeiterkind mehr. Für dieses Kind fallen die Vergünstigungen des sozialistischen Staates nun weg. Wäre es nicht besser für das Kind, der Vater bliebe Arbeiter?«

Die Antwort: »Das ist typisch weibliche Logik.« Anschließend ging der Dozent zur Tagesordnung über, und ich ärgerte mich.

Kurze Zeit später ließ ich mich während einer Rotlichtbestrahlung zu der Äußerung hinreißen, dass unter Stalin mindestens zwanzig Millionen Menschen umgebracht worden seien. Wegen »Verleumdung der Sowjetunion« hätte ich von der Hochschule fliegen können, selbst eine Verhaftung wäre möglich gewesen. Die Genossen nahmen mich nach der Veranstaltung in die Mangel: Vor allem wollten sie wissen, woher ich denn solche Lügen hätte. Natürlich durfte ich nicht sagen, dass mich darüber unsere Leningrader Freunde aufgeklärt hatten. Von ihnen wusste ich, dass bei den großen Säuberungsaktionen Stalins Millionen Menschen durch Folter, Hunger und Exekutionen umgekommen waren. Sie und ihre Familien hatten selbst Schlimmes erlebt. Durch sie erfuhr ich aber auch, dass jetzt – in der Breschnew-Ära – noch immer ungezählte Menschen in psychiatrischen Anstalten und Lagern verschwanden.

Ich war damit groß geworden, dass es grauenhafte Verbrechen in der Vergangenheit gegeben hatte, doch hatte ich diese bis dahin ausschließlich mit den Nazis oder mit Stalin in Verbindung gebracht. Dass es aber so etwas bei unserem »großen Bruder« noch in unserer Zeit gab, erschütterte mich zutiefst; es fiel mir schwer, diese Tatsachen für mich zu behalten und das übliche Loblied auf die Sowjetunion zu singen.

Immer mehr hasste ich diesen Staat, der seine Bürger geistig vergewaltigte und mit einer beispiellosen Dreistigkeit belog, der die Geschichte verfälschte und Andersdenkende verfolgte. Dazu die vielen Begleiterscheinungen des sozialistischen Alltags, die nicht so gravierend, aber auch schwer zu ertragen waren: Es gab keine Möglichkeit, Freunde oder Verwandte im Westen Deutschlands zu besuchen oder einfach nur mal so nach New York zu fliegen. Es gab keine vernünftigen Wohnungen, kein Weiterkommen für Rudolf, provinzieller Mief, wohin man nur schaute, alles wurde reglementiert, man war eingesperrt und der allmächtigen Staatsmacht ausgeliefert. Selbst der Kontostand wurde überwacht. Väterchen Staat passte überall genau auf.

Meine Aussicht: Noch mehr als vierzig Jahre warten zu müssen, um dann als arme DDR-Rentnerin ab und zu Freiheit schnuppern zu dürfen. Ich wünschte mir nichts sehnlicher als Freiheit, ja selbst die Freiheit, auch mal auf die Nase zu fallen.

Rudolf und ich redeten bald darüber, dass wir heiraten wollten. Geplanter Hochzeitstermin war Sommer 1970, kurz nach meinen letzten Abiturprüfungen. Doch Rudolf beschlichen immer wieder Skrupel, weil ich noch so jung war. Eines Tages sagte er:

»Überleg es dir gut, wir können auch noch warten, bis du dir ganz sicher bist.«

»Was für ein Quatsch, ich bin mir ganz sicher. Hältst du mich für bescheuert, weil ich erst siebzehn bin?«

»Nein, aber eine Ehe bedeutet auch, Kompromisse einzugehen und endlose Wiederholung alltäglicher Dinge. Ich muss mich zum Beispiel jeden Tag rasieren ...«

»Dafür wäre ich dir sehr dankbar, denn ich habe eine empfindliche Haut!«, sagte ich und rieb meine Wange an seinen Bartstoppeln.

»Kannst du bitte einmal ernst bleiben und darüber nachdenken?«

Ich nickte zwar bedeutsam, verschwendete aber keinen Gedanken an diese Frage. Ich wollte Rudolf heiraten, je eher, desto besser.

Meine Geburtstagsfeier im Dezember 1969 sollte er mit seinem Antrittsbesuch bei meinen Eltern verbinden. Ich wollte an diesem Tag das erste Mal in meinem Leben kochen, und zwar unbedingt ohne die Hilfe meiner Mutter. Am einfachsten erschien mir paniertes Schnitzel mit Kartoffeln und Letscho. Letzteres war ein bulgarisches Gemüse im Glas, das in der Hauptsache aus Tomaten und Paprika bestand und nur erwärmt werden musste. Somit war das Problem Gemüse abgehakt, aber die Kartoffeln! Zunächst kam ich mit dem Kartoffelschäler nicht klar, und als ich die Dinger endlich halbwegs sauber hatte, wusste ich nicht, ob ich die geschälten Kartoffeln ins kalte oder ins kochende Wasser tun sollte. Ich entschied mich für kochendes Wasser.

Rudolf erschien pünktlich mit einer Prachtausgabe des chinesischen Epos *Die Räuber vom Liang Schan* und achtzehn rosafarbenen Nelken, in Ermangelung roter Rosen. Ich staunte sehr über die frischen Blumen im Winter, aber meine Nerven lagen blank. So viel Fleisch zu braten, war keine Kleinigkeit, und ich hätte die Pfannen am liebsten an die Wand geworfen, weil die schönen Schnitzel in der einen ganz schnell schwarz wurden, während sie in der anderen so langsam brieten, dass inzwischen die Kartoffeln zerkochten. Mit einer Stunde Verspätung tauchte ich dann endlich mit einem furiosen Eingang-Menü auf: zermatschte Kartoffeln, verkohlte Schnitzel und Letscho. Letzteres hatte ich nicht verderben können.

Meine Mutter lächelte verständnisvoll, Vater kratzte verstohlen die schwarzen Stellen vom Fleisch, und Rudolf behauptete, ihm habe es noch nie im Leben so gut geschmeckt.

Rudolf und ich sprachen oft über unsere gemeinsame Zukunft. Natürlich stellten wir uns immer wieder die Frage nach Kindern. Mit einigen unserer Freunde diskutierten wir nächtelang darüber, ob man es verantworten könne, in einer Diktatur Kinder zur Welt zu bringen. Wenn ich an meine eigene Schulzeit dachte, musste ich diese Frage mit einem klaren Nein beantworten. Pioniere, FDJ und Jugendweihe – das kam für unsere zukünftigen Kinder nicht infrage. Durften wir es zulassen, dass sie vom ersten Schultag an zum Lügen und zum Hass erzogen wurden? Wahrscheinlich würde es für sie schwieriger werden als für uns, weil wir noch kompromissloser waren als meine Eltern. Und wie sah es mit meiner eigenen Zukunft aus? Ich wollte Musikpädagogin werden, und in der DDR waren Lehrer nicht zuletzt »Erzieher sozialistischer Persönlichkeiten«. Diesen Auftrag konnte und wollte ich nicht erfüllen.

Und schließlich: Durfte man es einem Kind zumuten, aufgrund der Überzeugung seiner Eltern ein ganzes Leben lang

Schwierigkeiten zu haben? Würde es das akzeptieren? Wella und Herbert hatten vor dem gleichen Problem gestanden – und ihre beiden Kinder im Alter von fünfzehn und sechzehn Jahren noch vor dem Bau der Mauer in den Westen gebracht. Wir konnten uns nicht vorstellen, einmal solche schwerwiegenden Entscheidungen treffen zu müssen. Aber ein Leben ohne Kinder war für uns keine Alternative.

Diese nächtlichen Diskussionen endeten immer wieder mit den gleichen Fragen: Sollen wir gehen? Dürfen wir gehen? Und vor allem: Wie kommt man raus aus diesem Staat?

Ausreiseanträge waren 1970 noch kein Thema. Abgesehen von Rentnern, die bei einer Übersiedlung in die Bundesrepublik die DDR-Rentenkasse entlasteten, wurden diese Gesuche nur in Einzelfällen bearbeitet und noch seltener genehmigt.

Ich war froh, dass ich in Rudolf einen Partner gefunden hatte, mit dem ich mich über diese Probleme und auch über die mich immer mehr bedrängenden Sinnfragen des Leben austauschen konnte.

3

Gemeinsames Leben

Die Hochzeitsvorbereitungen nahmen uns voll in Anspruch, und wir waren glücklich. Aber wie immer gab es viele praktische Probleme, die bewältigt werden mussten.

So inspizierten wir ein Bekleidungsgeschäft nach dem anderen, um ein Brautkleid zu finden, das diesen Namen verdiente. Aber wir entdeckten nichts, was uns gefiel. Es ging mir nicht um ein ganz besonderes Kleid mit ellenlanger Schleppe, aber die geschmacklosen Synthetikfähnchen, die überall herumhingen, waren indiskutabel. Nach langen Überlegungen kam mir eine Idee: Meine Mutter kannte eine hervorragende Schneiderin, und da ich gut zeichnen konnte, würde ich mein Brautkleid selbst entwerfen. Es blieb nur ein Hindernis: Wir mussten noch den richtigen Stoff auftreiben. Also fuhren wir zu Rudolfs Schwester Helga nach Berlin, denn diese hatte uns erzählt, dass es im Zentrum der Stadt einen der wenigen »Hochzeitsausstatter« der DDR gab.

Sämtliche Modelle, die uns gezeigt wurden, entsprachen selbst in diesem Spezialgeschäft nicht unseren Vorstellungen. Aber ich fand eine schöne Plauener Spitze, die auch Rudolf sehr gefiel. Als wir uns entschieden, diese zu kaufen, verlangte man von uns einen standesamtlichen Nachweis, aus dem hervorging, dass wir auch wirklich heiraten wollten. Wir waren als gut erzogene DDR-Bürger zwar schon einige seltsame Vorschriften gewohnt, aber damit hatten wir nicht gerechnet. Glücklicherweise war die Verkäuferin hilfsbereit und legte die Spitze zurück. Ich begab mich also zum Leipziger Standesamt, bekam die Bescheinigung (was mich einen halben Tag kostete), sandte sie Helga, die lief zum Hochzeitsausstatter, holte den Stoff ab, schickte ihn mir – und endlich hatte ich meine Spitze. Dabei mussten wir noch froh sein, denn ohne Helga hätten wir noch einmal nach Berlin fahren dürfen. Das tiefe Glücksgefühl, das einen überkam, wenn man etwas Schönes erstanden hatte, würde mir fehlen, sollten wir wirklich eines Tages im Westen landen.

Die nächste Schwierigkeit, die wir bewältigen mussten, war die Planung und Beschaffung unserer Hochzeitsreise. Einen Urlaubsplatz zu erhalten, war für den »normalen« DDR-Bürger nicht leicht. Fast alle Ferienkontingente wurden vom »Freien Deutschen Gewerkschaftsbund« (FDGB) verwaltet. Die Zuteilung dieser FDGB-Plätze oblag wiederum den Betriebsgewerkschaftsleitungen der Arbeitsstellen. Da aber Angebot und Nachfrage stets weit auseinanderklafften, nutzten viele DDR-Bürger private Verbindungen, um ein Ferienquartier zu bekommen. So hatten auch wir schon in den schönsten Gebieten der DDR Urlaub gemacht. Wir hätten das auch dieses Mal wieder tun können, aber für die Hochzeitsreise wollten wir höher hinaus. Im Leipziger Reisebüro am Markt gab es Prospekte mit Reiseangeboten ins sozialistische Ausland. Diese waren zwar für unsere Verhältnisse sehr teuer, aber schließlich war das ja nicht irgendeine, sondern unsere Hochzeitsreise.

Auslandsreisen waren noch schwerer zu bekommen als Urlaubsplätze im Inland. Nur ein einziges Mal wurden sie bei uns verschleudert, und zwar viel später, in die Ukraine, nach dem Gau von Tschernobyl.

Wir wählten sechs Wunschziele aus, unter anderem Pizunda am Schwarzen Meer, Borovez im bulgarischen Rilagebirge sowie zwei Orte in den rumänischen Karpaten.

An einem bestimmten Tag im Februar sollte der Verkauf dieser Reisen beginnen. Da das Reisebüro um neun Uhr öffnete,

schlug ich vor, zeitig aufzustehen und schon um sechs hinzuge-
hen. Ich erwartete, dass mich Rudolf für verrückt erklären würde.
Das tat er auch, aber nur deshalb, weil ich erst so spät hingehen
wollte. Er seinerseits fand es klüger, schon am Vortag gegen elf
Uhr vormittags mit der Belagerung des Reisebüros zu beginnen.
Jetzt hielt ich ihn für total übergeschnappt, doch glücklicherweise setzte er sich durch und er war um elf Uhr keinesfalls der
erste Interessent, sondern schon der zehnte. Beim Schlangeste-
hen in der bitterkalten Winternacht wechselten wir uns ab, wobei
meine Eltern tapfer mithalfen. Im Laufe der Nacht wurde der An-
drang immer größer, und am Morgen waren es Hunderte von
Menschen, die in Sechserreihen auf die Öffnung des Reisebüros
warteten.

Als es endlich so weit war, hatten wir Glück. Es gab zehn
Schalter – also kamen wir sofort dran. Doch die Schalterdame
behauptete, dass unsere sechs Wunschreisen bereits ausverkauft
seien.

»Wie kann das denn sein?«, fragte Rudolf empört.

»Die sind an Betriebe, Parteien und andere gesellschaftliche
Organisationen gegangen«, war die lakonische Antwort.

»Dass wir daran nicht gedacht haben«, seufzte ich.

Nach langem Hin und Her nahmen wir eine Reise nach Sot-
schi am Schwarzen Meer, und obwohl dies unseren eigentli-
chen Vorstellungen gar nicht entsprach, wurde es eine unvergessliche Zeit.

Doch zunächst organisierten wir mit Feuereifer unser Hoch-
zeitsfest, das am 1. August 1970 stattfinden sollte. Akribisch
genau legten wir fest, wer welche Aufgabe zu übernehmen hatte.
Die Trauung sollte in der Thomaskirche stattfinden, einer der
vier Wirkungsstätten Bachs, in der seit 1950 auch seine Gebeine
ruhen. Für uns als Musiker und besonders für mich als Bach-
Liebhaberin hatte das natürlich eine große Bedeutung. Mindes-

tens genauso wichtig war aber die Frage, wie ein Brautpaar dorthin gelangen soll, wenn die Braut ein ziemlich voluminöses Hochzeitskleid trägt und nicht in einen Trabi passt. Rudolf bestellte bereits Wochen vor dem großen Tag ein entsprechendes Taxi und rief die Zentrale sicherheitshalber noch mehrfach an.

Am Hochzeitstag warteten wir zum vereinbarten Zeitpunkt in Rudolfs Wohnung. Meine Eltern und alle anderen Autobesitzer

1. August 1970, das frisch vermählte Paar vor der Leipziger Thomaskirche

waren schon fort, um Gäste abzuholen, die kein Fahrzeug besaßen. Eine Viertelstunde verging, aber das Taxi kam nicht, auch nach einer halben Stunde war noch immer keins in Sicht. Anrufen konnten wir nicht, Rudolf besaß kein Telefon. Verzweiflung überfiel uns, denn in der Thomaskirche wurde samstags alle dreißig Minuten getraut. Es war zu befürchten, dass wir an diesem Tag gar nicht mehr vor den Altar treten konnten.

Endlich, mit einer dreiviertelstündigen Verspätung, erschien das bestellte Taxi. Als wir vor der Thomaskirche vorfuhren, warteten dort nicht nur unsere Gäste, sondern bereits die nächsten beiden Brautpaare einschließlich ihrer Festgesellschaften. Aber mit dem Einzug in St. Thomae und dem Jubel der Orgel waren sämtliche Aufregungen vergessen. Wir sagten »ja« zueinander – ich konnte mir in diesem Moment nichts Schöneres vorstellen.

Bevor unser gemeinsames Leben beginnen konnte, mussten wir nur noch ein kleines Problem lösen: Ich zog zu Rudolf in die anderthalb Zimmer, aber die waren voll. Er besaß einen Bücherschrank, der jetzt schon überquoll, aber ich hatte auch Bücher. Im einzigen Kleiderschrank, einem wahren »Multifunktionsschrank«, befanden sich nicht nur seine gesamte Kleidung, sondern auch Bettwäsche, Tischwäsche und Handtücher. Wo sollte ich nun mit meinen Sachen hin? Mit viel Geschick und guter Laune brachten wir sie schließlich auch noch irgendwie unter.

Eines Tages erwischte ich meine Schwiegermutter vor diesem Schrank, mit einer steilen Falte auf der Stirn und zornig funkelnden Augen. Sie war eine kleine drahtige Frau mit schneeweißem Haar und braunen Augen, für ihre neunundsechzig Jahre noch unglaublich vital und überaus ordentlich. Zweimal in der Woche kam sie, um mir beim Putzen zu helfen. Kampfbereit fragte ich sie: »Hast du ein Problem, Erna?«

»Ja, allerdings. Ist das hier eigentlich eine ›Ramschbude‹ oder ein Kleiderschrank?« Ich musste lachen. »Eine Ramschbude natürlich, aber kannst du mir bitte schön sagen, wie ich das ändern soll?« Nein, das konnte sie nicht, und so blieb alles beim Alten.

Unsere Mitmieterin hatte selten Geld, nach Abzug der Miete blieben ihr zum Leben gerade mal 106 DDR-Mark im Monat. Auf dem Wohnungsamt warnte man uns davor, ihr welches zu geben, sie würde alles in Alkohol umsetzen. Also gingen wir dazu über, ihr ab und zu Lebensmittel in den Kühlschrank zu stellen, den wir mit ihr teilten.

Jeden Dienstag machte ich mich auf den Weg zum Wohnungsamt, um eine abgeschlossene und vor allem größere Wohnung zu bekommen, stets vergeblich. Doch mehr als die räumliche Enge bedrückten uns die politischen Verhältnisse. Darüber hinaus wurde uns immer klarer, dass Rudolf nie eine Dozentenstelle oder gar eine Professur bekommen würde. Wie richtig unsere Prognose war, zeigte sich daran, dass er sieben Jahre später, als wir in den Knast »einfuhren«, immer noch als Oberassistent arbeitete.

1971 fand der achte Parteitag der SED statt. Ulbricht war entmachtet, Honeckers Ära hatte begonnen. Uns war es ziemlich egal, welche Marionette da oben saß, sie wurden doch alle von Moskau ferngesteuert.

Wir Studenten mussten in diesem Jahr vier Wochen zur »Zivilverteidigung« einrücken. Meiner Mutter schrieb ich damals im Telegrammstil: »16 Mann in einem Zimmer, ein Schrank für alle, Plumpsklo, kaltes Wasser, reichlich Essen, strenger Tagesablauf: 6 Uhr wecken, 6.05 Uhr Frühsport.«

Es wurden Gewaltmärsche mit Gasmasken und Marschgepäck angeordnet, und wir mussten schießen lernen. Glücklicherweise hatte ich verständnisvolle Kommilitonen, die für mich ins Schwarze trafen. Unser Ausbilder, dem das nicht entgangen war, drückte ein Auge zu.

1971 mit Uschi im Zivilverteidigungs-Outfit

Abends wurden wir genau instruiert, was wir zu tun hätten, wenn der nächste Krieg käme, der unvermeidbar sei. Es wäre dann ein gerechter Krieg, denn er würde die Weltrevolution entfesseln und allen Menschen auf Erden Glück und Frieden bringen. Oft genug hatte ich das in den letzten Jahren gehört. Eines allerdings war mir neu und ist mir ganz besonders im Gedächtnis haften geblieben: Falls eine Atombombe in unserer Nähe einschlagen sollte, hätten wir zuallererst festzustellen, ob es sich um eine »Erddetonation« oder um eine »Luftdetonation« handelte ... Und was dann?

Auch vor den Schülern der polytechnischen Oberschulen machte die vormilitärische Wehrerziehung nicht mehr halt. Kurz nach meiner Zeit an der POS mussten sich alle Schüler an den Hans-Beimler-Wettbewerben beteiligen, die mit einem Gelöbnis begannen, in dem es hieß: »Wir FDJ-Mitglieder und Schüler... nehmen teil, um durch hohe wehrsportliche Leistungen unsere Bereitschaft zur Verteidigung des sozialistischen Vaterlandes zu bekunden und uns der revolutionären Kämpfer würdig zu erweisen.« Beim Manöver »Schneeflocke« mussten sogar neun- bis dreizehnjährige Kinder bereits Schießübungen absolvieren.

So wurden die Bildungseinrichtungen immer mehr auch ein Vorbereitungszentrum der militärischen Ausbildung: Sie hatten Kinder und Jugendliche zu Staatsbürgern zu erziehen, die es als ihre vornehmste Pflicht ansahen, ihr sozialistisches Vaterland zu verteidigen.

Im Spätsommer 1972 stellte meine Frauenärztin fest, dass ich schwanger war. Allen Problemen zum Trotz: Wir waren über diese Nachricht überglücklich. Unser erstes gemeinsames Kind! Wir hofften, dass es ein Mädchen werden würde. Für uns beide, besonders aber für Rudolf war das ein Herzenswunsch, denn er sah seine elfjährige Tochter Birgit aus der ersten Ehe nur noch selten. Sie war der Mutter zugesprochen worden und lebte jetzt mit ihr in Berlin. Birgit war ein ausgesprochen niedliches und überaus lebhaftes Kind, das sehr an seinem Vater hing. Auch ich kam gut mit ihr aus, obwohl wir nach jedem gemeinsamen Wochenende aufgrund ihrer Temperamentsausbrüche völlig fertig waren. Rudolf freute sich, dass es mir genauso ging; er hatte schon befürchtet, für Kinder zu alt zu sein.

Birgit wurde einen Tag vor dem Bau der Mauer geboren, und somit stellte sich für Rudolf die Frage nach Kindern in einer Diktatur damals noch nicht: Man konnte jederzeit über Berlin das Land verlassen.

Wir freuten uns maßlos auf unser Baby, aber wir mussten auch praktisch denken. Also fragte ich Rudolf: »Sag mal, wie sollen wir denn hier noch ein Kind nebst Kinderbett, Spielsachen, Kleidung, Windeln und Pflegeutensilien unterkriegen?«

»Kein Problem«, meinte Rudolf unbekümmert. »Unter dem Flügel ist noch viel ungenutzter Platz.«

»Ach, und da willst du wohl mein Kind ablegen?« Ich war empört.

»Nein, aber die ganzen Klamotten.«

»Das kommt gar nicht infrage, wie sieht das denn aus?«

Wir stritten noch eine Weile, aber hier zeigte sich wieder einmal eine besondere Charaktereigenschaft Rudolfs: Für ihn gab es keine Schwierigkeiten, die man nicht überwinden konnte. Und so sah in diesem Fall seine Problemlösung aus: Der große Lehnstuhl am Kopfende unseres Bettes wanderte wieder zu seiner ursprünglichen Besitzerin, meiner Schwiegermutter, und an seine Stelle kam das Kinderbett. Zwischen diesem und dem Bücherschrank gab es jetzt einen Durchgang von genau 30 Zentimetern. Wir durften nicht ein Gramm mehr zunehmen.

Babyöle, -cremes und Windeln stopften wir hinter den Fernsehapparat, und ein Brett, das Rudolf an der Wand im Wohnzimmer anbrachte, sollte als Wickeltisch dienen. Brauchte man es nicht, konnte man es herunterklappen. Die Kinderkleidung verschwand in unserem Multifunktionsschrank, und das zu erwartende Spielzeug sollte seinen Platz tatsächlich unter dem Flügel finden. Damit war ich einverstanden und hoffte nur, dass ich keine Zwillinge bekommen würde.

In dieser Zeit bewarb sich Rudolf um eine Auslandsstelle in Kambodscha. Ein Bekannter von ihm hatte in Phnom Penh eine Musikschule aufgebaut, seine Familie durfte ihn begleiten. Zum ersten Mal überlegten wir konkret, eine Flucht zu wagen. Vielleicht gab es eine Möglichkeit über die westdeutsche Botschaft in Kambodscha? Doch Rudolfs Bewerbung wurde abgelehnt.

Kurz darauf war die Verteidigung seiner Dissertation. Bis zuletzt kalkulierten wir ein, dass ihm noch jemand einen Strich durch die Rechnung machen könnte, aber dieses Mal hatten wir zu schwarz gesehen, und er wurde an der Sektion Pädagogik/Psychologie der Leipziger Karl-Marx-Universität promoviert.

Die Schwangerschaft verlief problemlos, und es ging mir hervorragend. Mein Baby begann zeitig zu strampeln, und ich konnte mir nichts Schöneres als diese zarten Bewegungen vorstellen. Ich redete viel mit dem Kind und hoffte, dass ihm meine Musik gefallen würde.

Rudolf musste unter dem Flügel kistenweise Malzbier deponieren – das hatte mir meine resolute Schwiegermutter verordnet, damit ich mein Kind auch optimal würde stillen können. Als sie allerdings mit einem schlauen Buch über Babypflege von 1930 ankam, war selbst meine Geduld erschöpft.

Am 27. März 1973 kam Maria Constanze gesund zur Welt. Wir waren grenzenlos dankbar, alles andere trat in den Hintergrund. Ich unterbrach mein Studium für anderthalb Jahre, damit ich mich ganz unserer Tochter widmen konnte. Als ich sie zum ersten Mal im Arm hielt, wurde mir mit aller Deutlichkeit bewusst, dass ich nun für ein hilfloses kleines Wesen die Verantwortung trug. Dieser Gedanke erdrückte mich fast, war ich doch selbst noch sehr jung, gerade mal einundzwanzig. Natürlich war Constanze für uns das hübscheste Kind der Welt, mit großen blauen Augen und blonden Locken. Leider war das Schreien ihre liebste Beschäftigung, und so lief ich ständig zur Kinderärztin. Doch die war jedes Mal begeistert von der Kleinen und konnte nichts Beunruhigendes feststellen.

Constanze kurz nach ihrer Geburt, Anfang April 1973

Als Constanze mehr brauchte als nur das Fläschchen, wollte ich sie so gesund wie möglich ernähren. Vitamine mussten her, was in der DDR aber nicht so einfach war. In der entsprechenden Saison gab es Äpfel, die man reiben konnte, oder Möhren. Ansonsten boten die Obst- und Gemüseläden ein jämmerliches Bild. In den einschlägigen »Verkaufsstellen« waren vor allem Kartoffeln, Zwiebeln und Kohlköpfe zu erwerben. Doch kann man ein Baby mit solchen Lebensmitteln allein nicht optimal großziehen. Eine Nachbarin, deren Junge einige Wochen älter als Constanze war, hatte »Beziehungen«. Was hieß: Ihr Kind erhielt jeden Tag eine Banane. Welcher Art diese Beziehungen waren, verriet sie mir nicht. Den meisten Müttern in der DDR ging es ebenso wie mir, dennoch war ich stinksauer: Dieser Junge aß jeden Tag eine Banane und meine Constanze nicht!

Trotzdem entwickelte sie sich wunderbar, und wenn Rudolf abends aus Halle kam, drehte sich alles um die Kleine. Ging es ihr gut, dann war die Welt rund.

Das vollgestopfte Zimmer wurde zur absoluten Katastrophe, als Constanze herumzukrabbeln begann. Überall konnte so ein kleines Kerlchen anstoßen. So kauften wir ihr einen schönen großen Laufstall, der zur einen Hälfte in der Ausbuchtung des Flügels, zur anderen vor der Wohnzimmertür stand. Diese ließ sich jetzt nur noch einen Spalt öffnen. Kamen korpulente Leute zu Besuch, mussten wir vorher umräumen, damit sie überhaupt das Zimmer betreten konnten. Aber unser Baby hatte prima Platz für seine sämtlichen Kissen und Plüschtiere und fühlte sich sehr wohl in seinem Reich.

Zu meinem zweiundzwanzigsten Geburtstag hatte Constanze eine Überraschung für mich parat: Sie lief zum ersten Mal an ihrem Laufgitter entlang und strahlte mich Beifall heischend an. Ich freute mich und lobte sie sehr, nicht ahnend, welche Probleme das schon bald nach sich ziehen würde. Wenig später wurde sie so mobil, dass sie nicht mehr in ihr Ställchen wollte, und ich war pausenlos damit beschäftigt, sie vor Blessuren zu bewahren.

Nun konnte ich auch nicht mehr Geige üben: Wenn Constanze munter war, brauchte sie mich, und wenn sie schlief, machte mein Geigenspiel sie munter. Trotz allem habe ich diese Zeit mit meinem Kind sehr genossen.

An einem schönen Tag im Juni 1974 klingelte es bei uns Sturm. Es war unsere Nachbarin. »Telefon für euch!«, rief sie uns entgegen.

Rudolf und Constanze am Klavier, Ende 1974

Wieder einmal ärgerte ich mich darüber, dass wir keines besaßen. Seit fünf Jahren warteten wir nun schon auf einen Anschluss. Unser Nachbar, der als Fahrer bei der Stadtbezirksleitung der SED tätig war, besaß selbstverständlich ein Telefon.

Rudolf kam nach wenigen Minuten zurück, ziemlich blass.

»Das war Werner. Er hat gesagt, sie hätten ihr Reiseziel geändert und seien jetzt in Darmstadt. Wir sollen uns um die Erna-Oma kümmern.«

Diese Nachricht konnte nur bedeuten: Meine Schwägerin und ihr Mann waren in der Bundesrepublik. Tausend Gedanken stürmten auf mich ein. Wie war ihnen das nur gelungen? Aus dem Westfernsehen hatten wir immer wieder von gefährlichen Fluchtunternehmungen erfahren, die aber nur zum Teil geglückt waren. Und warum hatten Helga und Werner uns nichts von ihrem Vorhaben gesagt? Wusste die Erna-Oma, meine Schwiegermutter, davon? Hatten unsere Nachbarn etwas mitbekommen? Rudolf beruhigte mich: »Es war ein ganz kurzes Gespräch. Ich habe immer nur ›ja‹ gesagt, sonst nichts.«

Aber gerade das könnte auffallen, überlegte ich. Doch letztlich war es auch egal, die Staatssicherheit würde sowieso bald alles wissen.

Wir zogen unsere Jacken an, nahmen Constanze auf den Arm und fuhren zu meiner Schwiegermutter, die im Süden Leipzigs, ganz in der Nähe des Völkerschlachtdenkmals, wohnte. Rudolfs Vater war schon lange tot. Die Oma, nun dreiundsiebzigjährig, arbeitete immer noch im Sekretariat einer Berufsschule. Als wir ihr sagten, dass Helga und Werner im Westen seien, war sie wie vor den Kopf gestoßen, und wir begriffen, dass sie von Fluchtplänen nichts gewusst hatte. Merkwürdig war ihr nur erschienen, dass heute Vormittag ein Brief angekommen war, in dem sich einzig ein Schließfachschlüssel vom Leipziger Hauptbahnhof befand, sonst nichts. Als wir daraufhin sofort zum Bahnhof fuhren und das Fach öffneten, fanden wir zwei Taschen mit persönlichen Dingen wie Familienalben, Fotos und Briefen. Meine Schwiegermutter war noch immer völlig aufgelöst. Wir blieben bei ihr, bis sie sich einigermaßen von ihrem Schock erholt hatte.

Anschließend suchten wir meine Eltern auf, um ihnen zu sagen, was geschehen war. Meine Mutter war sehr aufgeregt.

»Versprichst du mir, so etwas nie zu tun, ohne es mir vorher zu sagen?«

Als ich ihr im Überschwang der Gefühle dieses Versprechen gab, ahnte ich nicht, dass ich es sehr bald brechen würde.

Da Rudolf glücklicherweise gerade Ferien hatte, fuhr er am nächsten Morgen erneut zu seiner Mutter. Diese hatte schon Besuch: zwei Männer in schwarzen Lederjacken, weißen Hemden und dunkelgrauen Hosen, dem typischen Stasi-Outfit. Sie gaben sich außerordentlich liebenswürdig und wollten Erna überreden, nach Darmstadt zu fahren, um ihre Tochter und den Schwieger-

sohn zurückzuholen. Immer wieder schaute sie ihren Sohn hilfe-
suchend an, da sie diese Situation völlig überforderte. Die Stasi-
Leute gaben zu, dass man meinem Schwager, der als Oberarzt an
der Berliner Charité arbeitete, viele Schwierigkeiten gemacht
hätte. Sicher sei die Flucht nur eine Kurzschlusshandlung gewesen. Wenn sie wieder zurückkämen, sichere man ihnen Straffrei-
heit zu, und Herr Dr. Werner Buschmann dürfe auch wieder zu
Kongressen in das nichtsozialistische Ausland reisen. Am besten
führe Erna Neumann gleich morgen.

»Aber es dauert doch Wochen, bis man ein Ausreisevisum bekommt«, unterbrach Rudolf die Stasi-Männer.

Über so viel Unkenntnis konnten die beiden Herren nur milde
lächeln. Sie fuhren mit Erna und Rudolf sofort zum Hauptsitz der
Staatssicherheit in Leipzig, und kurze Zeit darauf hielt meine
Schwiegermutter das Visum und etwas Westgeld in den Händen.

»Helga und Werner werden nicht zurückkehren, das ist doch
wohl klar«, sagte Rudolf zu seiner Mutter, als sie wieder auf der
Straße waren. »Trotzdem bin ich froh, dass du Helga in Darmstadt
sehen wirst. Dann kannst du dich wenigstens davon überzeugen,
dass es ihr gut geht.«

Meine Schwiegermutter nickte und fügte hinzu: »Klar, dass sie
eine Koryphäe wie Werner nicht verlieren wollen, sie brauchen
Spezialisten wie ihn, aber er wäre schön dumm, wenn er wieder-
käme.«

Schon am nächsten Tag fuhr sie nach Darmstadt – auf Kosten
der Stasi. Sogar die Fahrkarten hatte ihr das Ministerium für
Staatssicherheit spendiert.

Gespannt warteten wir auf Ernas Rückkehr, wollten wir doch
wissen, wie Helga und Werner die Flucht gelungen war. Sosehr
wir uns auch wünschten, die DDR zu verlassen, eines war für uns
immer klar: Unser Leben und vor allem das unseres Kindes wollten wir auf keinen Fall aufs Spiel setzen.

Als meine Schwiegermutter wieder in Leipzig war, suchte sie sofort die Stasi-Zentrale auf und versicherte den zuständigen Mitarbeitern, wie sehr sie sich bemüht habe, Tochter und Schwiegersohn zurückzubringen, leider vergeblich.

Wir mussten damit rechnen, dass man uns nach diesen Geschehnissen observierte. Vielleicht hatte man uns in Verdacht, ähnliche Pläne realisieren zu wollen. Wir beschlossen, vorsichtig zu sein.

4

Ausweg: Flucht?

Seit Helga und Werner die Flucht gelungen war, diskutierten wir über eine solche Möglichkeit nicht mehr im luftleeren Raum: Nun gab es auch für uns eine reale Chance. Von meiner Schwiegermutter hatten wir erfahren, dass die beiden durch das Züricher Fluchthilfeunternehmen Ulrich Lenzlinger in die Bundesrepublik geschleust worden waren. Doch die Entscheidung über eine Flucht stand im Augenblick nicht an, Constanze war noch nicht einmal eineinhalb Jahre alt. Bei einem solchen Schritt sollte sie mindestens drei Jahre alt sein, um erst einmal ein Grundvertrauen zu sich und den Menschen in ihrer Umgebung aufbauen zu können.

Unabhängig davon quälten uns noch andere Fragen: Sollten wir nicht aus Rücksicht auf meine Eltern diesen Staat ertragen? Sie ihrerseits waren nicht gegangen, solange eine von ihren Müttern noch lebte, und dann war es durch den Mauerbau unmöglich geworden. Und wir? Durften wir diesen Kreislauf der Rücksichtnahme durchbrechen?

Die Erna-Oma trug sich mit dem Gedanken, als Rentnerin legal in die Bundesrepublik überzusiedeln, aber der Gedanke, meine Eltern nach einer geglückten Flucht für lange Zeit nicht sehen zu können, war unerträglich. Immer wieder erinnerte ich mich an das Versprechen, das ich meiner Mutter gegeben hatte. Konnte ich sie so täuschen und enttäuschen? Andererseits: Stünden unsere Tochter und weitere Kinder, die wir uns noch wünschten, nicht in zwanzig Jahren vor der gleichen Frage? Würden sie uns Vorwürfe machen, eine Fluchtmöglichkeit nicht genutzt zu haben? Oder würden sie uns vorwerfen, ein Risiko eingegangen zu sein, wenn wir uns dafür entschieden? Luden wir Schuld auf uns, wenn wir eine einmalige Gelegenheit nicht ergriffen, oder wurden wir schuldig, indem wir alle und alles verließen? War ein solches Verhalten nicht »Fahnenflucht«, feige und unsolidarisch? Wir mussten Verwandte, Freunde, Studenten und nicht zuletzt Birgit zurücklassen und konnten jeden verstehen, der sich dafür entschied, in der DDR zu bleiben.

Familie Neumann mit beiden Töchtern, aufgenommen kurz vor der Flucht

Unsere quälenden Überlegungen fanden 1975 ein jähes Ende, als durch einen Artikel im *Spiegel* – Freunde ließen ihn uns heimlich zukommen – bekannt wurde, dass es in der DDR zwischen 1971 und 1974 Zwangsadoptionen von Kindern gegeben hatte. Betroffen waren in fast allen Fällen allein erziehende Mütter, denen man staatsfeindliche Hetze oder asoziales Verhalten vorwarf, die nicht wählen gegangen waren, einen Ausreiseantrag gestellt hatten oder wegen Republikflucht im Gefängnis saßen. Doch in einem Fall betraf es auch ein Ehepaar, das auf der Flucht festgenommen wurde.

Diese Kinder kamen in »ideologisch gefestigte Familien«, erhielten eine neue Identität – und waren damit unauffindbar. Solche menschenverachtenden Praktiken bestürzten uns zutiefst. Jeglichen Gedanken an Flucht schoben wir deshalb zu diesem Zeitpunkt beiseite.

Erst nach dem 9. Parteitag der SED, der vom 18. bis zum 22. Mai 1976 stattfand, wurde das Thema wieder aktuell. Im Entwurf zum neuen Parteiprogramm fehlte zunächst das Grundrecht der »Glaubens- und Gewissensfreiheit«, erst nach kirchlichen Protesten wurde es darin aufgenommen. Das ließ nichts Gutes ahnen. Auch von der »Diktatur des Proletariats« und der führenden Rolle der SED sowie vom Kommunismus war wieder die Rede. Wir fürchteten, dass jetzt alles noch schlimmer käme. Deshalb gingen wir zu unserem Familienanwalt und fragten nun doch nach den Möglichkeiten einer legalen Ausreise. Er riet uns dringend ab: Es könne bis zu sechs Jahren dauern, ehe uns diese bewilligt würde. Und er bezweifle, dass wir sie überhaupt bekämen. Wir seien zwei Hochschullehrer – ich hatte inzwischen mein Staatsexamen abgelegt und mich erfolgreich als Lehrerin an der Spezialschule der Dresdener Hochschule für Musik beworben –, und bei Hochqualifizierten sei die DDR besonders »hartleibig«. Er kenne ähnliche Fälle.

Nach dieser Auskunft verwarfen wir eine Antragstellung. Sechs Jahre! So viel Zeit hatten wir nicht – immerhin war Rudolf inzwischen schon sechsundvierzig.

Also kam für uns doch nur eine Flucht infrage, zumal es wegen der Zwangsadoptionen massenhaft internationale Proteste gegeben und die DDR diese Praktiken wieder eingestellt hatte. Erhob man doch den Anspruch, der humanste Staat auf deutschem Boden zu sein. Aus diesem Grund sprach man von üblen Hetzkampagnen des Westens, die nur das Ziel hätten, das Ansehen der DDR zu schädigen. Wir jedoch waren unendlich erleichtert. Damit war der gewichtigste Hinderungsgrund für eine Flucht weggefallen. Erst viel später sollten wir erfahren, dass es danach doch noch einige wenige Fälle von Zwangsadoptionen gegeben hat, Fälle etwa von allein stehenden Frauen, deren Kinder niemals im Westen ankamen.

Als Siegener Freunde – sie waren einst ein »Mitbringsel« Tante Lisas – uns im Sommer 1976 in Leipzig besuchten, gaben wir ihnen für Helga die Nachricht mit, dass wir uns zur Flucht entschlossen hatten.

Eines Tages fragte ich Rudolf: »Was ist eigentlich, wenn die Flucht fehlschlägt und wir im Gefängnis landen?«

Bislang hatten wir diese Möglichkeit mehr oder weniger ausgeblendet.

»Es wäre ein großer Schock für Constanze, so plötzlich ohne Eltern dazustehen«, antwortete Rudolf ernst. »Aber ganz sicher käme sie dann zu deinen Eltern.«

Ich wusste, dass die Großeltern sehr an ihrem einzigen Enkelkind hingen und es mit Liebe umgeben würden, aber trotzdem …

Wir machten uns gegenseitig Mut:

»Es wird klappen!«

»Es muss klappen!«

Die Entschiedenheit, mit der selbst mein Mann diese Worte aussprach, verwunderte mich sehr, war er doch eigentlich derjenige, der sonst immer alles dreifach abwog und in Zweifel zog.

Mein Verstand sagte mir, dass es auch schief gehen könne, doch ich traute mich nicht, das zu Ende denken. Ich rechnete einfach nicht mit einer solchen Katastrophe.

*Eva-Maria 1976, dieses Foto hatte Rudolf
im Gefängnis immer bei sich*

Haft. Knast. Was hieß das eigentlich? Was bedeutete es, eingesperrt und völlig ausgeliefert zu sein? Ich konnte es mir nicht vorstellen.

»Das Schlimmste, was passieren kann«, fuhr Rudolf nachdenklich fort, »ist eine Festnahme, Gefängnis und anschließende Entlassung in die DDR. Wir dürften vielleicht noch ein paar Musikstunden geben, wahrscheinlich aber würde man uns in die Produktion stecken. Auch Constanzes Aussichten wären nicht rosig, aber das sind sie auch jetzt nicht. Angenommen, es käme wirklich zu einer Verhaftung, so bliebe uns nur die Möglichkeit, nach unserer Entlassung weiterzukämpfen und einen Ausreiseantrag nach dem anderen zu stellen. Ich könnte mir vorstellen, dass die DDR uns in diesem Falle auch gern loswerden würde.«

Rudolf hatte Recht. Allerdings – am härtesten würde es ihn selbst treffen, denn in seinem Alter bekäme er dann ganz sicher keine entsprechende Arbeit mehr. Ich wusste, dass ihm das klar war, und auch dafür liebte ich ihn. Und Constanze? War denn für sie nicht alles besser, als noch weitere siebenundfünfzig Jahre in diesem Groß-Gefängnis eingesperrt zu sein?

Befriedigende Antworten auf unsere Fragen gab es nicht, egal wie oft wir sie uns stellten und aus welcher Perspektive wir sie beleuchteten.

Menschen, die nicht in einer Diktatur gelebt haben, können unsere Probleme kaum richtig einschätzen. Für »demokratie-verwöhnte« Deutsche war es schlechterdings unmöglich, über Kurzreisen, staatlich überwachte Dienstreisen oder die oft einseitig, manchmal sogar falsch informierenden Westmedien die Wirklichkeit im »real existierenden Sozialismus« kennen zu lernen. In dieser Zeit las ich Stefan Zweigs autobiographisches Werk *Die Welt von Gestern*. Dort schilderte er, wie er 1928 einer Einladung nach Moskau zur Teilnahme an den Feierlichkeiten zu Leo Tolstois 100. Geburtstag folgte. Er schrieb, dass seine Tage ausgefüllt waren mit Besichtigungen, Begegnungen und Empfängen, und trotz aller kritischen Distanz war Zweig sehr angetan vom erlebten »geistigen Aufbruch«. Selbst Kutscher, die kaum lesen konnten, hielten Bücher in der Hand. Doch dann kam das böse Erwachen. Er fand eines Abends in seiner Rocktasche einen Brief, den ihm ein Unbekannter zugesteckt hatte. Darin hieß es: »Die Menschen, die mit Ihnen sprechen, (sagen) meistens nicht das, was sie Ihnen sagen wollen, sondern nur, was sie Ihnen sagen dürfen. Wir sind alle überwacht, und Sie selbst nicht minder. Ihre Dolmetscherin meldet jedes Wort, ihr Telefon wird abgehört, jeder Schritt kontrolliert.« Am nächsten Tag reiste Stefan Zweig ab.

Jeder, der in einer Diktatur lebt, muss sich entscheiden, ob, wie und in welchem Maße er sich mit dieser arrangiert. Und schon bei der Beurteilung ein und derselben Realität, nämlich der Lebensumstände in der DDR, gab es große Unterschiede. Diese wiederum führten zu den unterschiedlichsten Lebensentwürfen.

Viele Menschen waren von der marxistischen Ideologie und ihrer Umsetzung in der DDR wirklich überzeugt. Sie meinten, für eine gute Sache zu kämpfen – und taten dies leider oft mit sämtlichen Mitteln. Andere – auch Mitglieder der SED – glaubten, dass der Sozialismus die bessere Gesellschaftsordnung sei, waren aber vom real existierenden Sozialismus enttäuscht. Sie hofften dennoch, auf Dauer etwas bewirken zu können. Nicht selten gerieten sie immer mehr in Widerspruch zur herrschenden Parteidoktrin. Es gab aber auch Opportunisten, die aufgrund von persönlichen Vorteilen der verschiedensten Art andere bespitzelten und verleumdeten.

Wieder andere legten Bekenntnisse für die DDR ab – ohne oder sogar gegen ihre Überzeugung. Einige dieser Leute traten sogar der Partei bei, schadeten jedoch niemandem. Die Gründe waren vielschichtig: Begabte Wissenschaftler wollten weiter forschen und nicht den Anschluss an das internationale Forschungsniveau verlieren, Hochschulabsolventen wollten verhindern, in die Provinz abgeschoben zu werden, andere – wie mein Vater – versuchten auf diese Weise, Schwierigkeiten zu beenden, die sie aufgrund ihrer politischen Einstellung hatten. Wer will sich hier zum Richter aufschwingen?

Die meisten aber fanden sich mit den Gegebenheiten ab oder resignierten. Ihre Meinung reichte von »Alles ist Scheiße« über »Wir können sowieso nichts ändern, also müssen wir uns bis zu einem gewissen Grad arrangieren« bis hin zu »Nicht alles in der DDR ist doch schlecht«. Viele, die diese Ansichten vertraten, machten es sich nicht leicht. Sie gingen nicht in die Partei, sondern in die innere Emigration und versuchten ihre Integrität zu bewahren, was den meisten von ihnen auch gelang.

Wir gehörten zu denjenigen, die diesen Staat und seine Ideologie derart ablehnten, dass wir schließlich nicht mehr zu Kompromissen bereit waren. Wir unterschieden uns gar nicht so sehr von denen, die aufgegeben hatten. Aber wir wurden mit unseren Gewissenskonflikten einfach nicht fertig und zogen daraus unsere Konsequenzen.

Langsam nahm die Zukunft für uns Gestalt an, eine Zukunft, die wir in der Bundesrepublik erleben wollten. Wir bereiteten fleißig Programme vor: Rudolf für seine Bewerbungen an westdeutschen Musikhochschulen und ich für Probespiele bei entsprechenden Orchestern. Laut der im Westen erscheinenden *Neuen Musikzeitung* gab es damals achtzig Geigervakanzen in bundesrepublikanischen Orchestern, doch kaum Lehrerstellen für Klavier oder Violine an Hochschulen. Ich konnte mich leicht umorientieren, spielte ich doch schon immer sehr gern im Orchester. Aber für einen Pianisten gibt es diese Möglichkeit nicht. Trotzdem machten wir uns um unser Leben in der Bundesrepublik überhaupt keine Sorgen. Rudolf würde Arbeit finden, und wenn er nur Privatunterricht erteilte.

Unsere Siegener Freunde hatten uns einen Tipp gegeben, wie wir unsere Ersparnisse in die Bundesrepublik »retten« könnten: Wir sollten altdeutsche Briefmarken sammeln und sie nach und nach an verschiedene Adressen in den Westen schicken. Das sei eine gute Geldanlage. Diese winzigen Wertgegenstände würde man problemlos in Glückwunschkarten einlegen können. Wir wussten, dass ausgehende Post nicht so gezielt überwacht wurde wie eingehende, und wenn wir falsche Absender angäben, würde sich die Gefahr für uns in engen Grenzen halten.

Briefmarken? Warum nicht? Wir fanden den Vorschlag überzeugend, doch hatten wir auf diesem Gebiet keine Ahnung und mussten uns erst kundig machen. Nächtelang studierten wir einschlägige Literatur und Kataloge, um uns ein Bild von den Preisen zu machen. Bald konnten wir Pracht-, Kabinett- und Luxus-stücke, verschiedene Wasserzeichen und Stempel ebenso gut voneinander unterscheiden wie feinste Farbnuancen, beispiels-weise zwischen Königs- und Preußischblau. Es war höchst ver-gnüglich und wider Erwarten spannend. Zunächst kauften wir Privatsammlungen zu günstigen Preisen und untersuchten jede einzelne Marke, ob nicht vielleicht eine »Blaue Mauritius« darun-ter war. Doch das Ganze erwies sich als wenig ergiebig, wir muss-ten es professioneller anstellen.

Also fuhren wir auf Auktionen.

Unsere erste fand in Dresden statt. Vor der Versteigerung war es üblich, dass die Marken von den Interessenten begutachtet wurden, um ihren Zustand zu prüfen. Zahlreiche Briefmarken-profis standen um Rudolf herum und beobachteten ihn kritisch, als er die kostbaren kleinen Bildchen mit Hilfe einer Pinzette ergriff. Jeder, der Ahnung hatte, konnte sehen, dass er ein An-fänger war. Bei den typischen Fachsimpeleien hielten wir uns zurück, hörten vielmehr genau hin, um möglichst viel von den Experten auf diesem Gebiet zu erfahren.

Als die Auktion begann, war Rudolf maßlos aufgeregt.

»Entschuldige bitte«, murmelte er plötzlich und verschwand eilig.

Na prima, jetzt saß ich allein da. Aber ich bot fleißig mit, und als Rudolf ganz schuldbewusst wieder auf der Bildfläche er-schien, hatte ich nicht nur einige gute Stücke ersteigert, sondern auch die ganze dafür eingeplante Geldsumme ausgegeben.

»Wir haben keine einzige Mark mehr«, lachte ich ihn freundlich an. »Wenn du möchtest, kannst du wieder aufs Klo verschwinden.«

Nein, das wollte er nicht, und so verfolgten wir voller Inte-resse den Fortgang der Versteigerung.

Kurz vor dem ersten Fluchttermin besuchten wir unsere letzte Auktion. Sie fand in Berlin statt, und wir hatten es auf eine ganz bestimmte Marke abgesehen, den so genannten Sachsendreier, die im korrekten Briefmarkendeutsch »Sachsen, Drei Pfennig rot« genannt wird. Sie ist eine der bekanntesten altdeutschen Briefmarken, die erste des Königreichs Sachsen, Ausgabe 29. Juni 1850, Ausrufspreis 10 000 Mark. Erfahrungsgemäß jedoch gingen solche Seltenheiten für viel mehr Geld weg.

Der Preis schraubte sich nur langsam in die Höhe, wir waren ja nicht bei Sotheby's. Hinter uns saß ein Mann, der schon fast alle wertvollen Marken dieser Auktion ersteigert hatte, so, als gäbe es für ihn keine finanziellen Grenzen. War das ein staatlicher Einkäufer? Dienten die Marken möglicherweise der Devisenbeschaffung?

Als der Sachsendreier unter den Hammer kam, blieben am Ende nur noch dieser Mann und wir übrig. Bei 13 000 Mark stiegen wir aus, alternativ erwarben wir mehrere kleinere Werte. Was im Grunde genommen unser Glück war, denn bei einem solch wertvollen Objekt wäre es ein Leichtes gewesen, seinen weiteren Weg zu verfolgen. Insgesamt erwiesen sich die Briefmarkenkäufe als Reinfall. Wir verkauften die Objekte später im Westen mit großen Verlusten. Hätten wir doch lieber Geigen und Bögen erworben, das wäre nicht nur lukrativer gewesen, sondern auch völlig ungefährlich.

Am 13. November 1976 fuhr Rudolf nach Ostberlin, um sich mit seiner Mutter Erna zu treffen, die inzwischen legal übergesiedelt war und seit Anfang des Jahres in Kreuztal, einer kleinen Stadt in der Nähe von Siegen, lebte. Sie hatte sich für Kreuztal entschieden, weil dort meine Tante Lisa wohnte, die sie nun betreute.

Rudolf holte seine Mutter am Bahnhof Friedrichstraße ab. Da sie viel zu besprechen hatten, liefen sie stundenlang durch die Gegend. Die Angst, abgehört zu werden, war allgegenwärtig.

Rudolf wollte endlich Genaueres über Helgas und Werners Flucht wissen. Als seine Mutter vor gut zwei Jahren nach Darmstadt gefahren war, um die Tochter und den Schwiegersohn im Auftrag der Stasi zurück in die DDR zu holen, hatte sie das Ganze so belastet, dass Helga und Werner ihr nur das Nötigste sagten. Erst als sie in Kreuztal lebte, weihte man sie in die Einzelheiten ein.

Als der Abend anbrach, fing ich an, ungeduldig zu werden. Warum kam Rudolf nicht? Es war doch schon so spät. Ich fürchtete, dass man ihn in Berlin verhaftet hatte. So unwahrscheinlich das auch war: Je mehr wir uns mit unserer Flucht beschäftigten, desto ängstlicher wurden wir.

Endlich hörte ich unseren Trabi herantuckern. Meine Eltern hatten ihn uns geschenkt, als sie einen neuen bekamen. Aufgrund seines hohen Alters gab er ganz besondere Geräusche von sich. Noch nie hatte ich das kleine eierschalenfarbene Auto mit dem orangefarbenen Dach so gern gesehen wie heute. Schnell lief ich auf die Straße.

»Wo bleibst du denn?«, fragte ich aufgeregt. »Ich dachte, sie haben dich schon geschnappt!« Rudolf lachte: »Du siehst zu viele Krimis. Wir hatten ja schließlich einiges zu besprechen.«

Zuerst wollte ich hören, wie die Flucht von Helga und Werner gelaufen war, vor allem, um einschätzen zu können, was uns eventuell erwartete. Ich hatte nicht damit gerechnet, dass Rudolfs Bericht so lang werden würde.

5

»Wir haben unser Reiseziel geändert«

»Du weißt ja«, begann Rudolf, »dass Werner ein hervorragender Spezialist auf dem Gebiet der Ultraschalldiagnostik in der Ophthalmologie ist und die entsprechenden Geräte zusammen mit einer österreichischen Firma entwickelt hat. Da er auch mit anderen Westfirmen zusammenarbeitete, führten ihn seine Dienstreisen ausschließlich in Richtung Westen.«

»Und ich war immer neidisch auf ihn«, gab ich unumwunden zu und dachte an Werners Erzählungen über seine Amerikareise vor einigen Jahren.

»Aber es wurde auch für Werner zunehmend schwieriger, eine Westreise genehmigt zu bekommen, zumal er nie in die Sowjetunion fuhr. Deshalb unterstellte man ihm Feindschaft zum ›großen Bruder‹. Doch was sollte er dort, auf seinem Gebiet gab es keine vergleichbaren Fachärzte und Wissenschaftler. Die großen Probleme aber begannen 1970, als seine Assistentin in Indien arbeitete und von Bombay aus in die Bundesrepublik floh.«

»Ich weiß, man hängte diese Geschichte damals Werner an, und mit den Westreisen war es vorbei.«

»Um Entgegenkommen zu zeigen, unternahm Werner eine vierwöchige Dienstreise nach Odessa. ›Ganz zufällig‹ traf er dort eine Deutsche, die Frau eines hochrangigen DDR-Juristen, eine angebliche Patientin im Filatow-Institut von Odessa, an dem Werner in dieser Zeit hospitierte.

Diese Dame machte sich sofort an ihn ran, rein geschwisterlich sozusagen. Immerhin seien sie ja die einzigen Deutschen hier, da müsse man doch zusammenhalten, gab sie ihm zu verstehen.

Bei jeder Gelegenheit versuchte sie ihn auszuhorchen, doch eines Tages verplapperte sie sich. Werner staunte nicht schlecht: Sie war nicht nur ihm hinterhergeschickt worden, sondern hatte solche Einsätze schon öfters absolviert, beispielsweise in Jugoslawien. Dort mischte sie sich am Strand unter die Leute und beobachtete, welche DDR-Bürger Kontakte zu Westdeutschen aufnahmen – um sie dann anschließend zu verpfeifen.«

Ich unterbrach Rudolf. »So viel Dummheit – ist das denn zu glauben?«

»Vielleicht hatte sie einen über den Durst getrunken, als sie auspackte. Außerdem – solche Leute sind so von sich überzeugt, dass sie alle anderen für ganz blöd halten. Wie auch immer, Werner wusste nun, dass sie von der Stasi überwacht wurden. Seitdem stülpten sie zu Hause immer eine Kaffeemütze übers Telefon, weil sie befürchteten, dass es angezapft sei. Sie hofften, sich auf diese Weise wenigstens etwas schützen zu können. Denn der Entschluss der beiden, in den Westen zu gehen, stand seit dieser Geschichte in Odessa fest.

Im Westfernsehen hatten Helga und Werner davon gehört, dass es Fluchthilfeorganisationen gibt. Die Frage war nur, wie man zu derartigen Leuten Kontakt bekommen konnte. Sosehr sie sich auch umhörten, es gelang ihnen nicht, und so beschlossen sie, über die Ostsee nach Dänemark zu paddeln. Sie trainierten derart intensiv auf dem Müggel- und dem Seddinsee bei Berlin, als wollten sie bei der nächsten Olympiade eine Medaille gewinnen.«

»Und wir haben von alledem nichts bemerkt.« Ich war ehrlich verblüfft.

»Es hat bisher auch keiner bemerkt, dass wir eine Flucht vorbereiten, das hoffe ich jedenfalls«, antwortete Rudolf.

»Und wie ging es dann weiter?«

»1972 fuhren sie an die Ostsee, in die Nähe der Wismarer Bucht. Sie fühlten sich fit genug, um eine Flucht zu wagen. Ihr Ziel war es, den Ort Gedser zu erreichen, den südlichsten Zipfel der dänischen Insel Falster. Bei uns ist es ja verboten, mit einem Paddelboot auch nur in die Nähe des Ostseestrandes zu kommen. Deshalb brauchten sie unbedingt Nebel, damit sie nicht gesehen werden konnten. Tag für Tag warteten sie auf das entsprechende Wetter und trainierten täglich mehrere Stunden im Salzhaff.

Eines Abends lag für sie an der Rezeption ein Zettel: ›Dr. Buschmann bitte melden.‹ Als Werner dem Empfangschef diese Aufforderung zeigte, holte dieser sogleich den Hoteldirektor.

›Sie haben ein Paddelboot im Auto. Das dürfen Sie nicht, das wissen Sie doch.‹ Der Direktor hatte kalte stechende Augen und wirkte ausgesprochen missmutig.

Nach jedem Training hätten sie das Boot gern im Kofferraum verstaut, aber dieser war zu klein. So mussten sie es auf dem Rücksitz deponieren, schön zugedeckt, dennoch war ein Teil der Stangen nicht zu verbergen.

›Das ist kein Paddelboot‹, erwiderte Werner, ›das ist ein Zelt. Wir möchten nach diesem Hotelaufenthalt noch irgendwo ins Grüne.‹

›Ich wollte Ihnen nur sagen, dass Sie ein solches Boot hier nicht mit sich führen dürfen.‹

Von nun an fuhren Helga und Werner jeden Tag nach ihrem achtstündigen Paddelprogramm ins Inland, um das Corpus Delicti bei der Gepäckaufbewahrung eines kleinen Dorfbahnhofes abzugeben. Am nächsten Morgen holten sie es dann wieder ab.

Abend für Abend gingen sie nach dem Essen an der Ostsee spazieren und prüften das Wetter. Einmal hörten sie, wie ein Paar, das ihnen gefolgt war, sich zuraunte: ›Die gehen heute Abend schon wieder hier lang, das müssen wir weitergeben.‹ Seitdem war klar, dass sie auch hier beobachtet wurden.«

»VEB Horch & Guck ist wirklich überall, selbst im Urlaub. Was die vielen Spitzel kosten, kein Wunder, dass die DDR pleite ist«, warf ich ein. Wieder einmal spürte ich die altbekannte Wut in mir aufsteigen.

Eines Abends war er da, der Nebel, auf den sie so sehr gewartet hatten, erzählte Rudolf weiter. Das war die Chance. Heute würden sie es endlich wagen! Das Boot hatte Werner umgebaut, sämtliche Metallteile entfernt und durch Kunststoffteile ersetzt. Nichts sollte auf dem Radarschirm erscheinen. Er hatte wirklich an alles gedacht.

Doch plötzlich gingen die Alarmanlagen los, riesige Scheinwerfer tauchten die See in helles Licht, mehrere Schüsse wurden abgefeuert.

Da begriffen sie: Es gab auch andere, die das Wetter ausnutzen wollten, um der DDR zu entkommen. Diese anderen waren nur schneller gewesen... Sie hätten jetzt an deren Stelle sein können: verhaftet, verwundet oder sogar erschossen. Werner und Helga gaben ihren Plan auf und fuhren nach Hause.

Eines Tages sahen sie zufällig im Westfernsehen das *Mittagsmagazin*, in dem ein Bericht über eine Fluchthilfeorganisation ausgestrahlt wurde, deren Chef ein gewisser Ulrich Lenzlinger war. Sie waren sich sofort einig: dieser Mann im schwarzen Anzug mit dem gewinnenden Lächeln sollte sie aus der DDR herausholen. Und so beauftragten sie Freunde im Westen, Kontakt zu Lenzlinger aufzunehmen.

Monate später klingelte ein Kurier an ihrer Haustür, stellte sich mit dem verabredeten Code-Wort vor und nannte einen Treffpunkt – zwei Tage später. Doch sosehr sie auch auf diesen Termin gewartet hatten, sie konnten ihn nicht wahrnehmen, da am nächsten Tag im tschechoslowakischen Brno eine Tagung stattfand, zu der sie eingeladen waren. Eine plötzliche Absage wäre mehr als verdächtig gewesen.

Vier Wochen später dann eine neue Nachricht. Sie sollten am 12. Juli 1974 um 21 Uhr in Leipzig sein, auf der Treppe des Opernhauses am Karl-Marx-Platz, dem heutigen Augustusplatz, kein Gepäck, nur eine Damenhandtasche.

Werner, der bis fünf Uhr Dienst hatte, verließ die Charité zwei Stunden früher und begab sich geradewegs zum Ostbahnhof. Helga kam von zu Hause – sie konnte ihren Vormittagsdienst noch planmäßig absolvieren – und hatte nur die genehmigte Handtasche dabei, in der sich Papiere, ein wenig Schmuck, eine Perücke und eine Sonnenbrille befanden. Ihr ganzes Geld hatten sie schon Wochen vorher unter einem fadenscheinigen Grund bei uns deponiert. Wir dachten uns nichts dabei, fragten auch nicht weiter, sondern legten das verschlossene Kuvert einfach zwischen unsere Dokumente.

Doch zufällig wurde am selben Tag, an dem Helga und Werner nach Leipzig fahren sollten, Tante Lisa aus Kreuztal von uns erwartet. Ausgerechnet dieses Mal kam sie mit dem Zug! Ihre Ankunftszeit wussten Helga und Werner nicht, aber ein Zusammentreffen musste unbedingt vermieden werden.

Deshalb nahmen sie im Leipziger Hauptbahnhof den Tunnel im Untergeschoss und gingen dann schnell in ein Restaurant. Dort stülpte sich Helga auf der Toilette die dunkelbraune Lockenperücke über ihre glatten, mittelblonden Haare – als gebürtige Leipzigerin hatte sie Angst, auf dem Weg zur Oper von jemandem erkannt zu werden.

Zehn Minuten vor neun standen sie auf der Opernhaustreppe. In ihrer unmittelbaren Nähe wartete eine Frau mit einem Kleinkind von ungefähr eineinhalb Jahren. Sie waren informiert worden, dass mit ihnen zusammen noch zwei weitere Personen ausgeschleust werden sollten. Helga hoffte inständig, dass das nicht gerade die Mutter mit dem Kind sein würde. Was, wenn das kleine Mädchen an der Grenze zu schreien anfing?

Punkt neun sprach sie ein junger Mann mit dem Losungswort an – auch die Frau mit ihrer Tochter. Zu Fuß gingen sie zum Hotel Stadt Leipzig, das ganz in der Nähe lag. Vor dem Hotel parkte ein Auto mit Westberliner Kennzeichen. Es war noch nicht dunkel, und Helga und Werner fanden es mehr als suspekt, in ein Westauto zu steigen, wo sie doch jeder beobachten konnte. Aber es blieb ihnen nichts anderes übrig.

Der Wagen fuhr los. »Wie geht es denn jetzt weiter?«, fragte Werner unwirsch. Ihm passte es nicht, dass die Mutter mit dem Kleinkind dabei war.

»Genaueres weiß ich auch nicht«, sagte der Fahrer. »Ich soll Sie zur Raststätte Köckern fahren. Um 23 Uhr kriege ich dort weitere Informationen.«

»Nach Köckern brauchen wir keine zwei Stunden. Soll ich bis dahin in einem Westauto sitzen? Das ist eine Transitautobahn, jeder Parkplatz, jede Raststätte wird überwacht. Das kommt nicht infrage.«

»Was sollen wir denn sonst machen?«

»Fahren Sie, wohin Sie wollen, fahren Sie einfach durch die Landschaft, nur stehen Sie nicht auf der Autobahn herum.«

Der junge Mann folgte Werners Anweisung und fuhr erst zur ausgemachten Zeit die Raststätte Köckern an. Kurz nach ihnen kam ein westdeutscher Laster. Die beiden Fahrer verschwanden in der Männertoilette. Zitternd saßen die Zurückgebliebenen auf ihren Plätzen, jeden Augenblick konnte ein Volkspolizist an die Scheibe klopfen.

Nach einer Weile kam der junge Mann zurück. »Ich soll hinter dem Lkw herfahren.« Doch bald wurde er immer nervöser.

»Was ist denn jetzt schon wieder los?«, fragte Werner, dem die Unruhe des Mannes nicht entgangen war.

»Ich habe nur einen Tagespassierschein und muss um 24 Uhr wieder über die Grenze sein. Außerdem geht mein Benzin zu

Ende, weil wir so lange durch die Gegend gekurvt sind. Ich muss tanken, aber nicht irgendwo, sondern an einer internationalen Tankstelle.«

»Genial. Wenn wir jetzt wegen des Benzins hier sitzen bleiben, ist alles vorbei.«

»Ich tue ja, was ich kann.«

Der junge Mann blinkte wieder und wieder den Laster an, der vor ihnen herfuhr. Nachdem der Lkw-Fahrer es endlich kapiert hatte, fuhr er auf den nächsten Parkplatz.

»Jetzt raus aus dem Pkw und von unten in den Laster steigen«, sagte der Pkw-Fahrer.

Während sie das Auto verließen, hatte der Lkw-Fahrer aus dem Boden des Lasters einen Meter Dielenbretter zwischen zwei T-Trägern herausmontiert. Dies war das Einstiegsloch, durch das sie sich von unten in das Innere des Anhängers hochhieven mussten – und dies mitten auf einem Parkplatz, auf dem noch mehrere andere Autos standen. Eigentlich war es schier unvorstellbar, dass niemand sie dabei beobachten würde.

Ein dritter Fluchthelfer wurde an der Einstiegsluke sichtbar. Er hatte die Aufgabe, einem nach dem anderen durch die relativ kleine Öffnung zu helfen. Zuerst kletterte die Mutter mit dem Kind in den Lkw. Das kleine Mädchen stieß sich bei dieser Aktion an den Kopf und begann zu weinen. Werner hielt ihm mit ärztlichem Griff den Kiefer zusammen, sodass es noch Luft kriegte, aber nicht mehr schreien konnte. Nachdem auch er im Inneren des Möbelwagens verschwunden war, zerrten sie mit vereinten Kräften Helga hinterher.

Schnell legte der Fluchthelfer die Bretter wieder an Ort und Stelle und schraubte sie fest. Im Möbelwagen wurden die vier zu einer Abtrennung direkt hinter dem Fahrerhaus geführt, wo sie sich auf ausgebaute Pkw-Sitze setzen konnten. Der Rest des Lkws war mit Küchenmöbeln vollgestellt.

»Das Ding ist gelaufen«, sagte Werner erschöpft. »An der Grenze warten sie schon auf uns.«

Helga wagte kaum zu atmen. Bei jeder Bewegung verursachte ihr Ledermantel ein knackendes Geräusch.

Endlich stoppte der Lkw, sie waren an der Grenze. Sie hörten draußen Hunde herumlaufen, die Grenzer kontrollierten die Plombe an der hinteren Ladeluke. Nur bei einem begründeten Verdacht durften sie diese lösen. Aber die Hunde schlugen nicht an, vielleicht, weil die Flüchtlinge so dicht hinter dem Fahrer saßen und die Hunde die »legalen« von den »illegalen« Gerüchen nicht unterscheiden konnten.

Der Stopp dauerte eine Weile, dann fuhr der Laster wieder los. In diesem Moment fing das Mädchen an zu schreien. Allen rutschte das Herz in die Hose. Doch der Fahrer klopfte an die Rückwand, und das bedeutete: Sie hatten es geschafft!

»Jetzt kannst du schreien, so viel du willst«, sagte Werner zu dem Kind, das von dieser Erlaubnis auch ausgiebig Gebrauch machte.

Im nächsten Dorf, in einer Nebenstraße, hielt der Laster an. Die blinden Passagiere durften aussteigen. Direkt vor ihnen parkte ein Mercedes, mit dem sie nun weiterfahren sollten, und zwar zum Frankfurter Flughafen. Dort wartete einer ihrer Freunde mit dem Lösegeld. Auch Frau Lenzlinger, eine schwarzhaarige, langmähnige, stark geschminkte junge Dame, war schon zur Stelle. Kühl und geschäftsmäßig hielt sie die Hand auf: hier die Ware, da das Geld. Helga und Werner mussten zusammen 62 000 D-Mark zahlen. Alle Verwandten und Freunde aus der Leipziger Studentenzeit, die schon vor dem Mauerbau in den Westen gegangen waren, hatten zusammengelegt und ihnen das Geld geborgt. Da alles reibungslos verlaufen war, verabschiedeten sie sich schnell von Bernadette Lenzlinger.

Später stand in den Zeitungen, dass der Auftraggeber der Flucht von Mutter und Kind nicht gekommen war, weil er das

Honorar nicht bezahlen wollte. Er war der Vater des kleinen Mädchens.

Ich war beeindruckt von dieser unglaublichen Geschichte. Mein Herz klopfte.

»Werden wir auch in einem Möbelwagen mit anderen zusammen geschleust?« Ich dachte an das kleine Mädchen, das für alle Flüchtlinge eine Gefahr bedeutet hatte. Niemand sollte Constanze den Kiefer zuhalten.

»Nein, es ist ein Diplomatenwagen. Der Lenzlinger hat Verbindungen zu einer arabischen Botschaft.«

Ich war erleichtert. Diese Möglichkeit erschien mir viel besser, bequem und unproblematisch.

»Auch ein Losungswort ist schon vereinbart. Der Schleuser sagt: ›Ich bin der Otto‹, und wir müssen darauf antworten: ›Das hat der Hassan mir gesagt.‹«

»Und wann soll die Flucht sein?«, fragte ich.

»Am 25. November. Und wenn es nicht klappt, dann fünf Tage später.«

In zwölf Tagen! Wie lange hatten wir auf diesen Augenblick gewartet, jetzt aber hatte ich Angst.

»Werden sie uns denn erkennen?«

»Ich habe genau angegeben, welche Kleidung wir tragen werden, und außerdem haben sie ein Foto von uns.«

6

Aktion Kofferraum

Aus der Apotheke brachte Rudolf einen Baldrian-Fenchel-Cocktail mit, ein spezielles Kinderberuhigungsmittel. Unsere Tochter sollte so wenig wie möglich von der Flucht mitbekommen, und auf keinen Fall wollte ich, dass sie sich während der Aktion fürchtete und zu weinen anfing. An der Grenze durfte man nichts von uns hören.

In den nächsten Tagen testeten wir das Medikament. Nächtelang fuhren wir mit Constanze in unserem Trabi herum, zu ihrer großen Freude. Sie liebte es, Auto zu fahren, und dachte keineswegs daran, einzuschlafen. Im Gegenteil, sie wurde immer munterer und fing sogar an, fröhliche Lieder zu singen. Wir waren nur noch Nervenbündel, so konnte die Flucht niemals gelingen. In meiner Not suchte ich Constanzes Kinderärztin auf und erzählte ihr, dass unsere Tochter nicht gut einschlafen könne. Die Ärztin schaute mich kurz an, aber da sie uns schon seit Jahren kannte, verschrieb sie ohne Zögern ein Schlafmittel, das für Kinder geeignet war. Ich verließ mich auf sie und den Beipackzettel, in dem stand, dass das Medikament harmlos sei und nicht abhängig mache, wenn man es nur kurze Zeit anwendete. Und wir würden es nur zweimal brauchen, so hoffte ich jedenfalls. Bei unserer nächsten Testfahrt zeigte sich, dass es auch wirkte. Constanze schlief im Auto ein, kaum dass wir die erste Runde um unseren Häuserblock gedreht hatten.

Unsere Wohnung war inzwischen ziemlich leer geräumt. Einiges konnten wir in den Westen schicken, beispielsweise Bettwäsche, Handtücher oder Töpfe. Das fiel nicht weiter auf. Das Meißner Porzellan aber sowie Bücher und Noten, die uns wichtig waren, hatten wir bei Freunden in Dresden deponiert, weil angeblich unser Umzug in die Stadt an der Elbe bevorstand. Rudolf war vor zwei Jahren an die Dresdener Musikhochschule gewechselt und wohnte während der Unterrichtstage dort in einem winzigen Zimmerchen im Studenteninternat. Abteilungsleiter Amadeus Webersinke, ein international renommierter Pianist und Organist, kannte Rudolf schon als Student und schätzte seine Qualitäten sowohl im künstlerischen als auch im organisatorischen Bereich. Nun wollte er die Abteilung an ihn abgeben, da ihm die viele Verwaltungsarbeit überaus lästig war. Natürlich wurden sämtliche entsprechenden Anträge des Rektors von der Kaderleitung abgelehnt, da in Rudolfs Beurteilung aus Leipzig stand: »Neumann kann gute Arbeit leisten, wenn er in ein starkes sozialistisches Kollektiv eingebunden wird.« Das hieß im Klartext: »Genossen, passt auf Neumann auf, sonst geht das schief.«

Manches aber konnten wir beim besten Willen nicht nach Dresden schaffen: Bücher, die in der DDR verboten waren, nicht genehme Zeitschriften und Artikel über politische und historische Ereignisse, die Musiker aus dem Gewandhaus bei ihren Westreisen über die Grenze geschmuggelt hatten. Diese Dinge verbrannten wir in unserem Kachelofen. Es war so viel, dass jede Menge Ruß und verkohlte Papierfetzen in den Hof flogen und sich auf der Wäsche niederließen, die dort zum Trocknen hing.

»Wenn ich den finde, der das gemacht hat!«, schimpfte meine Nachbarin. Ich schimpfte mit. Natürlich hatte auch ich Handtücher und Bettlaken auf die Leine gehängt. Voller Entrüstung versuchte ich, den schwarzen Belag auszuschütteln und auszubürsten.

»Geht so nicht raus«, verkündete ich. »Das muss alles noch mal gewaschen werden.«

Als ich die Kleider und Schuhe von Constanze in die Hand nahm, tat es mir leid, diese schönen Sachen einfach in der Wohnung liegen zu lassen. Sie waren viel zu schade, um von der Stasi einkassiert zu werden. Also brachte ich sie mit einer fadenscheinigen Begründung zu Tante Felizia. Das war die Kinderfrau, die Constanze zweimal in der Woche betreute, seit ich mein unterbrochenes Studium wieder aufgenommen hatte.

»Weißt du«, begann ich vorsichtig, »Constanze ist in den letzten Monaten besonders schnell gewachsen, und es ist doch schade um die schönen Kleidungsstücke! Kennst du nicht jemanden in der Gemeinde ...?«

Felizia unterbrach mich: »Und wann soll es losgehen?«

Ich erstarrte und versuchte die Situation noch zu retten: »Was meinst du mit dieser Frage?«

»Ich weiß Bescheid«, winkte Felizia ab. »Du brauchst nichts zu sagen. Zwei meiner Söhne haben versucht abzuhauen, aber das ist schon eine Weile her. Übrigens, sie landeten im Gefängnis, und heute sind sie drüben.«

Erleichtert schaute ich sie an. Natürlich wollte ich das genau wissen, auch erzählte ich ihr alles von uns. Ich war froh, mich neben Rudolf nun einem anderen Menschen öffnen zu können. Ich wusste, dass Felizia nicht verhört werden würde, sie gehörte nicht zu unserem allerengsten Freundeskreis. Zum Schluss versprach sie mir, sich um meine Mutter zu kümmern und ihr zu erklären, warum wir nicht über unser Vorhaben gesprochen hatten. Das Gespräch mit Felizia war eine große Beruhigung für mich.

Dann kam der 25. November. Am Abend zuvor war ich noch einmal bei meinen Eltern, das heimliche Lebewohl tat weh. Nun ging ich ein letztes Mal durch unsere Wohnung. Ich würde sie nie wieder sehen. Nach sechsjähriger Wartezeit hatte man uns vor einem Dreivierteljahr endlich diese Dreizimmerwohnung angeboten, die wir natürlich nicht ablehnen konnten, das wäre zu auffällig gewesen. Unsere Vormieter besaßen ein Telefon, und wir durften es behalten, weil wir schon so lange darauf gewartet hatten.

Als ich die Haustür abschloss, war ich niedergeschlagen. Natürlich wollte ich hier nicht mehr leben, doch immerhin hatten wir auch viele glückliche Stunden in diesen Räumen verbracht. Auch Rudolf war ganz still. Constanze schob ihre kleine Hand in meine, als spürte sie, was in mir vorging. Ich lächelte sie an.

Wir machten uns mit dem Trabi auf den Weg nach Berlin, wo man uns mit dem Diplomatenwagen in den Westteil der Stadt bringen sollte. Schon nach kurzer Zeit wurden wir auf der Autobahn von einem Polizeiauto angehalten, mehrere Polizisten bedeuteten uns, aus dem Wagen zu steigen. Jetzt ist alles aus, dachte ich entsetzt. Aber Rudolf war nur zu schnell gefahren, das machte fünf Mark Strafe.

Nach diesem Zwischenfall wurde die Angst riesengroß, die mich seit Wochen und Monaten immer wieder bedrückte. Noch lange nach dem Polizeistopp konnte ich mich nicht beruhigen.

Da wir viel zu zeitig in Berlin angekommen waren, entschieden wir, noch in den Tierpark Friedrichsfelde zu gehen. Constanzes Augen glänzten. Aufgeregt betrachtete sie die riesigen Elefanten und die kreischenden Affen. Rudolf und ich hatten die Kleine in die Mitte genommen. Immer wieder sahen wir uns an, keiner von uns sagte auch nur ein Wort über unser Vorhaben.

Gegen sieben Uhr abends begaben wir uns zum verabredeten Treffpunkt am Märchenbrunnen, der den Eingang zum Volkspark Friedrichshain schmückte. In der Dunkelheit waren die wasserspeienden Frösche und die Grimm'schen Märchenfiguren nur noch in Umrissen zu erkennen. Constanze hätte an diesen Skulpturen ihre Freude gehabt, aber sie konnte nicht mehr viel aufnehmen nach den aufregenden Eindrücken des Tages. Zufrieden lag sie an meiner Schulter, die Augen kaum noch geöffnet.

Viele Autos fuhren an uns vorbei, auch Westfahrzeuge. Wir warteten eine geschlagene Stunde, obwohl abgemacht war, dass wir schon nach dreißig Minuten nach Hause fahren sollten.

Rudolf fasste mich am Arm. »Es hat keinen Zweck mehr. Wer weiß, warum die nicht gekommen sind. Vielleicht war das heute nur eine Art Sicherheitscheck.« Ich aber wehrte mich gegen jede noch so vernünftige Erklärung, weil ich einfach nicht glauben konnte, dass ich nun wieder in unsere Wohnung zurück und in fünf Tagen zum zweiten Mal Abschied nehmen musste.

»Wenn du noch lange mit dem Kind auf dem Arm und der Geige in der Hand hier stehen bleibst, kannst du auch gleich zur Stasi gehen. Die wird sowieso bald da sein. Weißt du eigentlich, wie auffällig wir sind?«

Natürlich hatte Rudolf Recht. Trotzdem war ich wütend auf ihn. Ich wollte nicht wieder nach Hause.

Auf der Rückfahrt schlief Constanze selig. Sie wurde nicht einmal munter, als ich sie, in der Landsberger Straße angekommen, in ihr Bett legte. Noch Stunden später ging ich ruhelos durch die Wohnung. Ich fand einfach keinen Schlaf. Es war wie in einem bösen Traum: Man möchte weglaufen und kommt doch nicht vom Fleck.

Die Tage bis zum 30. November überstand ich wie im Nebel. Ich arbeitete inzwischen vorübergehend beim Kabinett für Instrumentalerziehung in Leipzig, da ich in Dresden wegen der fehlenden Wohnung erst im nächsten September anfangen konnte. Mechanisch erfüllte ich meine täglichen Pflichten. Ich brachte Constanze zum Kindergarten, ging zum Unterricht, holte sie wieder ab, spielte mit ihr. Rudolf war in Dresden, Felizia verreist. Es gab niemanden, mit dem ich über all das reden konnte.

Am 29. November rief ich meine Eltern an und sagte meine Geburtstagsfeier am 1. Dezember aufgrund beruflicher Verpflichtungen ab. Meine Mutter war enttäuscht, im Hintergrund hörte ich meinen Vater schimpfen. Ich hoffte nur, dass ich meine Eltern bald von Westberlin aus anrufen konnte. Wir hatten ja nur noch den einen Termin, also musste es beim nächsten Mal klappen.

Am 30. November konnten wir nicht zusammen in die Hauptstadt fahren, weil Rudolf noch in Dresden unterrichten musste. Also fuhr er von dort aus mit unserem Trabi direkt nach Berlin, Constanze und ich nahmen den Zug.

Wir suchten uns ein leeres Abteil, aber kurz vor der Abfahrt setzte sich uns gegenüber ein junger SED-Genosse. Sein Parteiabzeichen – im Volksmund auch »Bonbon« genannt – war nicht zu übersehen: der Händedruck im hellblauen, fast weißen Oval, im Hintergrund die rote Fahne. Die Genossen waren auch noch stolz auf die Zwangsvereinigung von KPD und SPD.

Aufmerksam las der Mann im *Neuen Deutschland*. Auf der Titelseite prangten Überschriften wie »Planerfüllung bei VEB Montan« und »Erich Honecker bei den Kumpels des Braunkohlentagebaus Borna«. Wen interessierte denn so etwas? Ab morgen, so hoffte ich, würde ich diesen und ähnlichen Mist nie wieder zu sehen bekommen.

Nachdem der junge Genosse eine Stunde lang eifrig diese wichtigen Informationen studiert hatte, wandte er sich mir zu. Ich versuchte ihn zu ignorieren und beschäftigte mich demonstrativ mit Constanze – vergebens.

»Darf ich Sie zu einer Tasse Kaffee und einem Stück Kuchen in den Mitropa-Wagen einladen?«

Ich suchte noch nach passenden Worten, um ihn loszuwerden, als mich plötzlich der Teufel ritt: »Das ist sehr nett von Ihnen, wir nehmen die Einladung gern an.« Ich hatte Spaß bei der Vorstellung, dass er mir niemals dieses Angebot gemacht hätte, wüsste er von unserem Vorhaben.

Constanze aß mit Begeisterung ihren Kuchen und trank eine Limonade dazu, während ich von meinem Gesprächspartner Wissenswertes über den Kampf der Genossen von VEB ELGUWA (Leipziger Gummiwarenfabriken) um den Titel »Kollektiv der sozialistischen Arbeit« und den Besuch einer sowjetischen Delegation in seinem Betrieb erfuhr. Am interessantesten fand ich seine Information, wo man in Leipzig Ofenrohre bekäme, auch wenn uns das jetzt nichts mehr nützte. Schade, dass ich diesem »Insider« nicht früher begegnet war. Dann hätten wir unseren kaputten Badeofen wieder in Gang setzen und uns die lästige Wasserschlepperei aus der Küche ersparen können.

Als der Zug im Ostbahnhof einfuhr, verabschiedete ich mich freundlich von dem jungen Genossen, Constanze machte einen artigen Knicks. Bald war er in der Menge der ausgestiegenen Reisenden nicht mehr auszumachen.

Rudolf trafen wir, wie verabredet, in der Bahnhofshalle. Es war drei Uhr nachmittags, und um die Zeit bis sieben Uhr zu überbrücken, gingen wir auf den Weihnachtsmarkt, der rund um den Alexanderplatz aufgebaut war. Eine gute Idee war das nicht, denn es regnete in Strömen, und total nass und durchgefroren kamen wir abends am Märchenbrunnen an.

Wieder warteten wir. Eine halbe Stunde, eine Stunde, anderthalb Stunden.

»Es hat keinen Zweck mehr, länger zu bleiben.«

Rudolfs Worte drangen an mein Ohr, aber ich wollte sie nicht wahrhaben. Nur nicht wieder nach Hause. Zweimal hatte ich unsere Wohnung »für immer« verlassen. Ich fürchtete, es nicht noch ein weiteres Mal zu schaffen.

»Wir haben keinen dritten Termin«, sagte ich zu Rudolf.

»Es wird sich einer finden. Helga hat sicher schon Geld bei Lenzlinger gelassen.«

»Und was nützt uns das jetzt?«

Doch ich musste einsehen, dass uns nichts weiter übrig blieb, als wieder umzukehren.

Die Heimfahrt entwickelte sich zu einer Katastrophe. Die Heizung in unserem Trabi, den Rudolf am Ostbahnhof geparkt hatte, funktionierte nicht, wir waren durchnässt und froren entsetzlich. Die Scheiben beschlugen ununterbrochen. Kälte und Nässe schlugen Constanze wahrscheinlich auf die Blase, jedenfalls passierte ihr ein Malheur. Sie wollte die Unterwäsche gewechselt bekommen, aber ich hatte keinen Ersatz dabei. Wie hatte ich das bloß vergessen können? Das nächste Mal – wenn es überhaupt ein solches geben sollte – durfte sich so etwas nicht wiederholen! Ich versuchte, Constanze zu trösten, aber sie weinte während der ganzen Heimfahrt, und am liebsten hätte ich mitgeweint.

Zu allem Überfluss wurden wir noch angehalten, ein Scheinwerfer war nicht in Ordnung.

»Wenn Sie das nicht sofort reparieren, dürfen Sie nicht weiterfahren.«

Der Polizist baute sich vor Rudolf auf.

»Wie soll ich das denn bei der Dunkelheit und dem Regen hinkriegen?« Rudolf war verzweifelt und wütend.

»Wie Sie das machen, ist Ihre Sache, nicht meine.«

Zum Glück hatten wir immer eine Taschenlampe und Ersatzbirnen für die Scheinwerfer dabei. Während ich den Schirm hielt, hantierte Rudolf am Auto, drinnen auf der Rückbank weinte Constanze. Eine Ewigkeit verging, bis ich das erlösende Wort hörte: »Geschafft!«

Der Polizist, der sich in der Zwischenzeit in seinen trockenen Wartburg zurückgezogen hatte, begutachtete den Scheinwerfer von allen Seiten. »Und das nächste Mal passen Sie besser auf, verstanden?« Nachdem er uns diesen Satz an den Kopf geworfen hatte, fuhr er davon.

Gegen zwei Uhr nachts waren wir endlich wieder in unserer Wohnung. In einer Ecke des Wohnzimmerschrankes entdeckten wir noch eine Flasche Cognac: »Alles Gute zum fünfundzwanzigsten Geburtstag.«

Am nächsten Morgen musste Rudolf früh aufstehen, um noch rechtzeitig zum Unterrichtsbeginn in Dresden zu sein. Keiner sollte ihn vermissen, möglicherweise Verdacht schöpfen.

Nach dem Frühstück besorgte ich mir mit Constanze, die schon wieder vergnügt durch die Straßen lief, ein paar Blumen und arrangierte einen provisorischen Geburtstagstisch. Alles sollte so normal wie möglich aussehen. Danach brachte ich sie in den Kindergarten.

Kurz vor Mittag klingelte unsere Nachbarin, um mir zu gratulieren.

»Ich habe euch in der Nacht kommen hören«, sagte sie, unmittelbar nachdem sie ihre Glückwünsche ausgesprochen hatte. »Rudolf war doch auch dabei. Wo ist er denn jetzt?«

Ich log das Blaue vom Himmel, sprach von einer Spritztour und einer Panne auf der Autobahn. Sie fragte nicht weiter nach.

Anschließend rief ich meine Eltern an und lud sie wieder zu meiner Geburtstagsfeier ein, auch hier natürlich mit einer Erklärung, die parallel zur Wahrheit verlief. Abends tranken wir Sekt, und schon nach einem Glas hatte ich einen regelrechten Rausch und am nächsten Morgen einen enormen Kater.

Zwei Tage später rief ein guter Freund meiner Schwiegermutter an, Rentner wie sie, und bat mich, ihn in seiner Wohnung in Leipzig-Stötteritz zu besuchen. Er eröffnete mir, dass er gerade aus dem Westen gekommen sei und sich mit Erna getroffen habe. Sie sei furchtbar nervös gewesen, weil sie auf einen Anruf von uns wartete, einen Anruf aus Westberlin. Stattdessen hätte sich die Firma Lenzlinger bei ihr gemeldet und ihr mitgeteilt, dass die Aktion abermals abgebrochen worden war. In ihrer Not habe sie ihm die ganze Geschichte erzählt.

Glücklich war ich nicht darüber, dass nun noch jemand von unserem Plan wusste. Andererseits war ich mir sicher, dass er keinem Menschen etwas sagen würde. Und auch er zählte nicht zu unserem engsten Freundeskreis, sodass die Stasi nicht auf die Idee verfallen würde, ihn zu vernehmen.

»Wissen Sie, warum es nicht geklappt hat? Hat man meiner Schwiegermutter schon einen neuen Termin mitgeteilt?«

Der Mann schüttelte den Kopf. Er wüsste nur, dass wieder ein Kurier vorbeikommen würde. Beim Abschied wünschte er uns viel Glück.

In den nächsten Tagen war ich wieder mit Constanze allein. Rudolf fehlte mir. Um schlafen zu können, brauchte ich jetzt jede Menge Tabletten. Zu meiner Mutter oder Freunden zu gehen, wagte ich nicht mehr, musste ich doch immer damit rechnen, dass der Kurier plötzlich vor der Tür stehen würde. Es war schon nervenzehrend genug, dass ich vormittags, wenn Constanze im Kindergarten war, arbeiten ging und außer Haus war.

Endlich, am Abend des 3. Dezember, rief Helga an. Sie gratulierte mir nachträglich zum Geburtstag, sagte aber vor allem den entscheidenden Satz: »Der Otto hat euch ja nun leider versetzt, ganz plötzlich erschienen doch die Maler. Aber bis zum 15. Dezember wird er ganz bestimmt kommen.« Also noch vor Weihnachten, dachte ich erleichtert.

Von unseren Dezembergehältern kaufte ich mir einen schönen Ring, den ich schon lange im Blick hatte. Als am nächsten Wochenende ein Bekannter anrief, der uns nur fragen wollte, ob wir jemanden wüssten, der ihm Geld borgen könnte, fragte Rudolf: »Wie viel?«

»500 Mark.«

»Die können Sie von mir haben. Wenn Sie jetzt zu Hause sind, bringe ich das Geld gleich vorbei.«

Der Bekannte verstand die Welt nicht mehr. Wir aber waren sehr zufrieden, weil diesem Staat möglichst wenig von uns in die Hände fallen sollte. Gelang die Flucht, war sowieso alles weg, was wir besaßen.

Wir bedachten jede Eventualität. Die schwierigste Variante: Wenn morgens ein Kurier bei mir erschiene und sagte, dass es schon am gleichen Abend losgehen würde, Rudolf aber in Dresden war. Was dann? Da er dort kein Telefon hatte, kamen nur Telegramme infrage. Wir formulierten Texte für alle Fälle. Ein Telegramm mit dem Wortlaut »Bring den Eisler mit, das Konzert beginnt um ...« bedeutete: Fahr nach Berlin und sei zu dieser Zeit am Märchenbrunnen. »Bring den Bach mit« – das hieß für Rudolf, sofort nach Leipzig zu kommen. War die Flucht für den nächsten Tag geplant, sollte ich ihm den Satz »Das Konzert findet morgen statt« telegrafieren.

Es verging eine weitere Woche, und es tat sich nichts. War die Sache etwa aufgeflogen? Bei jedem Schritt auf der Treppe fuhr ich zusammen, und wenn es klingelte, war ich mir sicher, dass die Stasi mich jetzt holen würde. Ständig lebte ich in der Sorge, dass man Rudolf vielleicht schon in Dresden verhaftet hätte. Jeden Abend rief er mich an, wirklich ruhig wurde ich aber erst, wenn er wieder zu Hause war.

Eines Morgens wachte ich auf, meine Hände taten mir weh, und ich konnte die Finger kaum bewegen. Ich nahm das nicht weiter ernst, obwohl ich täglich Geige üben musste und an diesem Tag nicht daran zu denken war. Ich bildete mir ein, dass es sich von selbst wieder geben würde, wären wir erst im Westen.

Am 17. Dezember waren wir noch immer in Leipzig. Von wegen, der Otto käme bis zum fünfzehnten. Und warum erhielten wir keine Nachricht von Helga?

Mit jedem Tag wurden meine Hände unbeweglicher. Wie sollte ich denn in diesem Zustand eine gute Orchesterstelle im

Westen bekommen? Da wir anscheinend noch über Weihnachten hier bleiben mussten, ging ich zu einem Arzt, der mich in die hiesige Rheumaklinik überwies. Als ich dort um einen Termin nachfragte, gab man mir einen für das nächste Jahr im August – obwohl ich gesagt hatte, dass ich als Geigerin auf meine Hände besonders angewiesen sei. Die Antwort: »Seien Sie froh, dass Sie überhaupt so schnell drankommen, andere warten noch länger.«

Weihnachten und Neujahr gingen vorüber, ohne dass wir etwas von Helga hörten. Warum meldete sie sich nicht? War etwas schief gelaufen? Uns fehlte über die Festtage das Meißner Porzellan, die Familie würde danach fragen; wir mussten uns etwas einfallen lassen. Also erstand ich neues Geschirr, das sehr hässlich war, und erzählte, Rudolf hätte das Meißner Porzellan schon nach Dresden zu Freunden gebracht, damit es beim Umzug keinen Schaden nehmen würde.

Meine Mutter wunderte sich: »Ihr habt doch noch gar keine Wohnung dort!«

»Das stimmt, aber auf dem Wohnungsamt macht man uns große Hoffnungen. Und du weißt ja, wie gut Rudolf immer alles vorbereitet. Wenn wir dann wirklich umziehen, haben wir nicht mehr viel zu packen.«

Am 10. Januar 1977 rief ich meine Schwiegermutter an, um etwas über unsere neuen Termine zu hören. Doch ihre vage Formulierung: »Der Otto ist krank, aber auf dem Wege der Besserung«, half uns nicht weiter.

Knapp zwei Wochen später telefonierte ich mit Helga. Sie wirkte ziemlich nervös: »Der Otto ist wieder gesund und kommt bald.«

Was ist bald? Ich glaubte zu diesem Zeitpunkt an gar nichts mehr. Außerdem durfte Otto überhaupt nicht kommen, denn bei Constanze bestand Verdacht auf Scharlach, was sich aber glücklicherweise bald als Fehldiagnose erwies.

Zwei Tage später bekam sie Durchfall. Das war bei ihr an sich nichts Besonderes und Schlimmes, aber wenn nun gerade heute der Kurier kam? Doch am nächsten Tag war alles wieder in Ordnung.

Constanze schien wie ein Schwamm unsere Nervosität aufzusaugen, obwohl wir alles taten, um uns nichts anmerken zu lassen. Aber Kinder sind in dieser Beziehung überaus feinfühlig. Nach dem Durchfall folgte ein heftiger Husten. Bei einer Flucht war nichts unpassender als Husten! Aber auch er besserte sich schnell.

Es war unglaublich, wie diese Flucht unser Leben und auch uns selbst verändert hatte. Ein ungesetzliches Verlassen der DDR war kein Spaziergang, und je länger der Termin hinausgeschoben wurde, desto komplizierter, belastender und verworrener wurde unser Dasein.

Samstag, 12. Februar. Es läutete an der Wohnungstür. Wie immer zuckte ich bei diesem Geräusch zusammen. Sollte es etwa der lang ersehnte Kurier sein? Rudolf öffnete die Tür. Vor uns stand ein junger Mann, groß, blond, sehr sympathisch. Ich hörte das Losungswort, unmittelbar danach nahm Rudolf seinen Mantel von der Garderobe, und die beiden verschwanden nach draußen.

Nach kurzer Zeit kehrte er wieder.

»Heute Abend acht Uhr in Wiederitzsch.«

Ich erschrak. »Heute schon? Und wie? In einem Diplomatenwagen?«

»Der Typ hat nichts gesagt. Wahrscheinlich weiß er auch nicht mehr als das, was er ausgerichtet hat. Je weniger Leute etwas wissen, desto besser. Er nannte auch einen Ersatztermin: morgen.«

Wiederitzsch! Nun sollte unsere Flucht ganz in unserer Nähe starten. Immerhin mussten wir nicht erneut nach Berlin. Aber auch so blieb nicht mehr sehr viel Zeit.

Rudolf packte unsere Fluchttasche, ich verstaute meine Geige im Kasten. Dann spielten wir mit Constanze »Schwarzer Peter«, und sie malte noch ein schönes Bild.

Als wir gehen mussten und schon an der Tür waren, lief sie noch einmal zurück, um ihr Nuckelkissen zu holen, das ich in der Aufregung vergessen hatte.

Ich schaute mich nicht mehr um, zweimal hatte ich schon »endgültig« Abschied genommen. Ich sagte mir, wir würden einfach nur zum Einkaufen gehen, nichts weiter.

Unser Treffpunkt war eine Bushaltestelle in der Nähe der Endhaltestelle der Straßenbahnlinie 16. Aufmerksam beobachteten wir die umliegenden Häuser, vor allem die Polizeistation uns gegenüber. Eine Jalousie ging herunter, ein Mann schaute aus einem Fenster des danebenliegenden Wohnhauses. Um nicht aufzufallen, suchte Rudolf immer wieder die Telefonzelle auf. Er tat so, als würde er mit jemandem sprechen, der uns versetzt hatte.

Nach fast einer Stunde hielt direkt vor uns ein großes Fahrzeug. Das musste der Westwagen sein. In der Dunkelheit konnte ich die Automarke zunächst nicht erkennen, doch dann sah ich, dass es ein Wolga war, ein sowjetischer Wagen. Jetzt holen sie uns, dachte ich wieder einmal zuallererst. Der Beifahrer sprach mich auf Russisch an, doch vor lauter Nervosität brachte ich kaum ein Wort hervor, obwohl ich erst vor ein paar Jahren die Herder-Medaille in Gold für hervorragende Russischkenntnisse erhalten hatte. Als mir jedoch klar wurde, dass der Mann nur nach dem Weg ins Stadtzentrum fragte, wurde auch mein Russisch besser. Ich war froh, als »unsere Freunde« davonfuhren.

»Wir müssen abbrechen.« Wieder war es Rudolf, der als Erster aussprach, was ich schon lange dachte. Ich wehrte mich nicht mehr dagegen.

Leer und ausgebrannt kamen wir in unsere Wohnung zurück. Tags darauf der nächste Termin.

Am Vormittag gingen wir mit Constanze in den Leipziger Zoo. Sie liebte vor allem die grazilen Flamingos, von denen die Besucher des Tierparks gleich am Eingang begrüßt wurden. Danach zog sie uns zum Raubtierhaus. Hier gefiel ihr einfach alles: die Raubkatzen, besonders die Tierbabys, das schöne alte Gebäude und sogar der strenge Geruch. Doch dann geschah es: Fasziniert blieb sie vor einer Tombola stehen. Der Hauptgewinn – ein Plüschteddy – hatte es ihr angetan, und sie beharrte darauf, dass wir ihr diesen kaufen sollten. Mit dem letzten Rest Geduld erklärten wir ihr, dass man bei einer Tombola nichts kaufen, sondern nur gewinnen könne. Es half nichts, sie wollte das nicht verstehen.

Was sollten wir in dieser Situation tun? Rudolf und ich taten so, als ob wir weitergehen würden, verschwanden dann aber hinter einem Busch in der Nähe des Losstandes. Es störte Constanze überhaupt nicht, dass sie uns nicht mehr sehen konnte. Interessiert musterte sie die vorbeigehenden Menschen.

Eine mitfühlende Dame zeigte sich ganz besorgt, dass so ein armes Kind ohne Eltern herumstand.

»Na, meine Kleine, was machst du denn hier so allein?«

»Ich war böse, da sind meine Eltern weggegangen«, antwortete Constanze quietschvergnügt. Sie war sich ganz sicher, dass wir zu ihr zurückkommen würden. Sie konnte es sich einfach nicht anders vorstellen. Ich ebenso wenig.

Schnell lief ich zu ihr hin und nahm sie fest in den Arm. Anschließend kauften wir ihr ein paar Lose. Sie gewann zwar nicht den Hauptpreis, aber eine Kleinigkeit, die sie dennoch glücklich machte.

Am Abend fanden wir uns wieder an der Haltestelle ein. Diesmal warteten wir noch eine halbe Stunde länger, ich wollte einfach nicht mehr in unsere Wohnung zurück. Ich war an der Grenze meiner Belastbarkeit angekommen. Weitere erfolglose Versuche, fürchtete ich, würde ich nicht mehr durchhalten.

Fünf Tage später lud uns mein Vater für den folgenden Sonntag zum Mittagessen in ein nettes Restaurant ein. Ich sagte gern zu, rechnete ich doch fest damit, dass wieder Wochen vergehen würden, ehe wir etwas »von drüben« hören würden.

Nur wenige Minuten später läutete es an der Tür. Als ich sie öffnete, erblickte ich einen anderen jungen Mann als das letzte Mal, er wirkte viel gehetzter. Er hielt mir ein Foto von mir unter die Nase und sagte: »Ich bin der Otto.«

»Das hat der Hassan mir gesagt«, antwortete ich.

Rudolf verließ mit dem Kurier im nächsten Moment die Wohnung. Alles lief schon automatisch ab, keiner von uns glaubte mehr daran, dass wirklich irgendwann einmal der ersehnte Westwagen käme.

Bei seiner Rückkehr machte Rudolf einen besorgten Eindruck.

»Der Mann redet viel zu viel. Er sollte uns schon vorige Woche holen, aber er fühlte sich beobachtet und fuhr deshalb ohne uns zurück.«

»Und er hat sein Auto direkt vor unserem Haus geparkt«, unterbrach ich ihn. »Findest du das vielleicht gut? Das ist doch dilettantisch. Hat er gesagt, wie es weitergehen soll?«

»Morgen werden wir mit einem blauen Mercedes in Wiederitzsch abgeholt. Wir müssen uns im Kofferraum verstecken.«

Mit dem Kind in einen Kofferraum? Nein, nur das nicht! Wäre Constanze überhaupt bereit, da einzusteigen?

»Und warum können wir nicht mit dem Diplomatenwagen abhauen, wie es geplant war? Oder wenigstens in einem Lkw?«

»Du hast bei einer solchen Aktion nicht zu fragen, sondern allein den Anweisungen zu folgen. Ich wollte wissen, ob genug Luft zum Atmen da sei. In dieser Hinsicht hat er mich beruhigt. Für unsere Sicherheit würde zuallererst gesorgt, schließlich wären wir doch nur lebend etwas wert.«

»Aber fällt es denn nicht auf, wenn der Kofferraum derart beladen ist?«, fragte ich. »Der muss doch hinten durchhängen?«

»Der Wagen soll entsprechend präpariert sein«, beruhigte mich Rudolf. »Wahrscheinlich haben sie auch die Stoßdämpfer verstärkt. Du weißt ja, dass Pkws, die die Transitwege durch die DDR nutzen, nur bei begründetem Verdacht kontrolliert werden dürfen. Du brauchst also keine Angst zu haben.«

In diesem Augenblick hatte ich auch keine mehr, mir war schon alles egal. Ich bezweifelte sowieso, dass es morgen wirklich losging. Es würde dasselbe sein wie immer.

7

Aussage eines Schleusers

Als ich 1997 das erste Mal meine Stasi-Akten einsah, stieß ich unter anderem auf dieses Protokoll über ein Verhör unseres Schleusers. Es war ein merkwürdiges Gefühl zu lesen, wie geschäftsmäßig hier ein Ereignis beschrieben wird, das unser ganzes Leben so radikal verändern sollte.

Die Protokolle wurden von den Stasi-Vernehmern aufgesetzt und mussten von den Gefangenen auf jeder Seite unterschrieben werden. Der Wortlaut der Fragen und Antworten entsprach nicht immer dem tatsächlich Gesagten, auch spielte das Formulierungsvermögen der Vernehmer eine Rolle, und so kann manches entstellt oder falsch wiedergegeben sein. Die Namen der Fluchthelfer sind verändert, ansonsten handelt es sich um einen Auszug aus dem Originaldokument.

**Vernehmungsprotokoll des Fluchthelfers
Manfred Kowalski**

Frage: War Ihnen bekannt, dass die Ausschleusung von DDR-Bürgern eine strafbare Handlung
ist?

Antwort: Mir war von verschiedenen Seiten
bekannt – Bekannte und Massenmedien –, dass
eine Fluchthilfe, wie es bei uns in Berlin

(West) genannt wird, nach den Gesetzen der
DDR eine strafbare Handlung darstellt und in
der DDR mit nicht unerheblichen Freiheits-
strafen geahndet wird. Durch die mir in Aussicht gestellten finanziellen Mittel für
meine Beteiligung an einer solchen Handlung
der Fluchthilfe habe ich mich aber über kurz-
zeitig auftretende Bedenken hinweggesetzt,
denn auf leichtere Art und Weise lässt sich
Geld doch kaum verdienen.

Frage: Auf welche Weise wurde die am
19.2.1977 versuchte Ausschleusung von drei
DDR-Bürgern organisiert?

Antwort: Als ich zu dem genannten Zeitpunkt
meine Zustimmung gegeben hatte, entgegen ge-
setzlicher Bestimmungen DDR-Bürger nach der
BRD zu verbringen, forderte mich »Acki« [ein
Helfer der Berliner Unterorganisation von
Ulrich Lenzlinger] auf, mir ein Visum für
mehrmalige Einreisen in das Staatsgebiet der
DDR zu beschaffen, damit ich mir die Örtlich-
keiten der Aufnahme der rauszuschleusenden
DDR-Bürger vorher genau ansehen und einprägen
kann ... Seinen Worten zufolge bestand meine
Aufgabe darin, die entsprechenden Personen
zu einem bestimmten Ort in dem von mir gesteuerten Pkw aufzunehmen und sie in den
Kofferraum versteckt über die GÜST [Grenz-
übergangsstelle] Hirschberg nach der BRD zu
verbringen, während andere mir unbekannte

101

Personen die Aufgabe hätten, den DDR-Bürgern die entsprechenden Instruktionen zukommen zu lassen.

»Acki« zeigte mir ein Foto der DDR-Bürger und nannte den Namen NEUMANN dazu. Diese Familie – bestehend aus Mann, Frau und Kleinkind – sollte ich an einer Bushaltestelle in der Straße der Deutsch-Sowjetischen-Freundschaft an der Endstelle der Straßenbahnlinie 16 in Wiederitzsch b. Leipzig in Richtung Autobahn aufnehmen. Diese Familie würde sich am betreffenden Tag 19.30 Uhr dort aufhalten und ich sollte sie mit dem Losungswort »Ich bin der Otto« ansprechen, worauf die Antwort kommen soll »Das hat der Hassan mir gesagt«.

Danach soll die Familie das Fahrzeug besteigen und an der Autobahn soll ich sie in den Kofferraum umsteigen lassen. »Acki« machte mich darauf aufmerksam, dass ich mir wegen des Kleinkindes der Familie NEUMANN keine Sorgen zu machen brauche, denn dieses würde von seinen Eltern vorher bereits eine entsprechende Dosis Schlafmittel erhalten. Am 11. oder 12. 2. 1977 fuhr ich mit einem von »Acki« zur Verfügung gestellten Pkw »Audi«, Baujahr ca. 1962/63, Farbe grün, polizeiliches Kennzeichen BJX 137 sowie 150,– DM »Reisespesen« in das Staatsgebiet der DDR als Tourist und besichtigte bei Wiederitzsch sowohl die örtlichen Gegebenheiten der Aufnahme der Familie NEUMANN als auch den zum Umstieg in den Kofferraum vorgesehenen Ort an

der Autobahnabfahrt Leipzig-Wiederitzsch. Am
gleichen Tage kehrte ich nach Berlin (West)
zurück und erstattete telefonisch Bericht an
████████████████ über meine Fahrt nach Leipzig ...

Frage: Inwieweit nahmen Sie bei den Erkun-
dungsfahrten am 11. oder 12. sowie 16. 2. 1977
nach Leipzig Verbindung zu den von Ihnen aus-
zuschleusenden Mitgliedern der Familie NEU-
MANN auf?

Antwort: Einen derartigen Auftrag hatte ich
nicht erhalten und zum anderen war mir die
Wohnanschrift der Familie NEUMANN nicht bekannt. Ich hatte zu dieser Familie erstmalig
persönlichen Kontakt am Abend des 19. 2. 1977,
als ich sie zum Zwecke des Verbringens nach
der BRD in das von mir gesteuerte Kraftfahr-
zeug aufnahm.

Frage: Sagen Sie weiter über die Organisie-
rung der Ausschleusung der Familie NEUMANN
durch die genannte Personengruppe in Berlin
(West) aus!

Antwort: ... »Acki« erwarb von einer mir nicht
bekannten männlichen Person zum Preis von
████████████████ DM einen Pkw »Mercedes 250 S«,
Baujahr 1966/67, mit welchem ich die Fluchthilfeaktion durchzuführen hatte. Aus mir
nicht bekannten Gründen verbrachte »Acki«

dieses Fahrzeug sofort nach dem Kauf in eine in Berlin (West) Schöneberg, Kolonnenstraße 41, befindliche Werkstatt. Welche Reparaturen oder technischen Veränderungen an diesem Fahrzeug vorgenommen wurden, ist mir unbekannt. Es kann sich auch nur um eine Routineuntersuchung gehandelt haben.

Am 19. 2. 1977 holte ich das genannte Fahrzeug in der Werkstatt ab ... Ich erhielt von »Acki« nochmals konkrete Verhaltensinstruktionen in der Weise, dass ich nach erfolgter Fluchthilfe die Familie NEUMANN in irgendein Hotel von Nürnberg unterbringen und selbst in einem anderen absteigen und dort auf ihn warten soll ... Als ich von dieser Absprache in meine Wohnung zurückkehrte, setzte ich meine seit ca. 4 Wochen dort mit mir wohnhafte Bekannte

Gabriele BECKER

davon in Kenntnis, dass ich nach Nürnberg fahren werde, und wenn sie Lust hat, könnte sie mich ja begleiten. Als wir dann gegen 18.00 Uhr die Grenzübergangsstelle Drewitz passiert hatten und uns auf der Transitstrecke in Richtung Grenzübergangsstelle Hirschberg bewegten, setzte ich sie von der bevorstehenden Fluchthilfeaktion und der damit im Zusammenhang stehenden Transitabweichung nach Leipzig in Kenntnis. Sie war mit meiner Handlungsweise gar nicht einverstanden und hätte am liebsten das Fahrzeug verlassen.

Frage: Sagen Sie über die Durchführung der Schleusungsaktion am 19. 2. 1977 aus!

Antwort: Mit meiner Bekannten Gabriele BECKER verließ ich in dem von mir gesteuerten Pkw »Mercedes«, polizeiliches Kennzeichen B ML 363 gegen 20.00 Uhr am Schkeuditzer Kreuz die Transitstrecke Berlin (West) – BRD und fuhr die Autobahn in Richtung Dresden bis zur Abfahrt Leipzig-Wiederitzsch. Dort verließen wir die Autobahn und fuhren auf der Landstraße bis in die Ortlage Wiederitzsch, wo ich nach dem Passieren der Endstelle der Straßenbahn Linie 16 das Fahrzeug wendete und langsam in Richtung Autobahn zurückfuhr. Ca. 100 Meter hinter der genannten Bushaltestelle stand am Straßenrand in Höhe einer Bushaltestelle eine Familie mit einem Kleinkind, worauf ich das Fahrzeug anhielt und zurückging. Die drei Personen kamen mir bereits entgegen und ich erkannte die Eheleute als diejenigen wieder, welche auf dem mir von »Acki« einige Tage vorher vorgelegten Foto abgebildet waren.

Da ich mich etwas verspätet hatte – ich erreichte den genannten Aufnahmepunkt erst gegen 20.15 Uhr – waren die beiden Erwachsenen sehr aufgeregt und es kam nur zu einem angedeuteten Austausch der Erkennungsformel, wobei jeder den anderen als den Richtigen erkannte.

Die Familie stieg in den Pkw ein, und gemeinsam setzten wir die Fahrt in Richtung

Autobahn fort. Dabei fragte mich Herr
NEUMANN, wann er dem Kind erneut ein Schlafmittel eingeben soll und ob er dieses auch
noch nach dem Umsteigen in den Kofferraum tun
könnte, was er besonders auf den notwendigen
Platz in demselben bezog. Dieses habe ich be-
jaht, und nachdem wir die Auffahrt zur Autobahn erreicht hatten, verließen sowohl ich
als auch Familie NEUMANN den Fahrgastraum bei
einem kurzen Halt. Ich öffnete den Kofferraum
und die Familie NEUMANN stieg ohne weitere
Fragen und Bemerkungen sofort ein. Danach
setzte ich die Fahrt zunächst zum Schkeuditzer Kreuz auf der Autobahn und dann auf der
Transitstrecke in Richtung GÜST Hirschberg
fort, ohne unterwegs nochmals anzuhalten oder
mit den Personen im Kofferraum Kontakt aufgenommen zu haben. Im Zuge der Abfertigung an
der GÜST Hirschberg erfolgte gegen 22.15 Uhr
unsere Festnahme.

Frage: Welche Maßnahmen zur Absicherung
dieser Schleusungsaktion waren festgelegt
worden?

Antwort: Von Maßnahmen der Absicherung dieser
Fluchthilfeaktion habe ich keine Kenntnis,
und irgendwelche Feststellungen, die in
diese Richtung gehen, habe ich nicht getroffen.

Frage: Welche Bürger der DDR wurden in der Vergangenheit mit Ihrer Hilfe nach der BRD bzw. Berlin (WEST) ausgeschleust?

Antwort: Bis auf die Fluchthilfeaktion für die Familie NEUMANN war ich an keinen weiteren in irgendeiner Form beteiligt oder habe konkrete Kenntnisse über von anderen Personen durchgeführte diesbezügliche Aktionen.

8

Zelle Nr. 42

20. Februar 1977, 0.30 Uhr. Zwei Männer in Zivil betreten den Raum. Sie sind eindeutig von der Stasi. Aber ich bin froh, endlich von der Grenze wegzukommen. Ich frage, ob ich Rudolf noch einmal sehen kann, die beiden Stasi-Leute schütteln den Kopf.

Vor der Baracke steht ein großer Gefängniswagen, eine »grüne Minna«, ganz ohne Fenster. Im Inneren befinden sich mehrere winzige Zellen, wahrscheinlich sitzt Rudolf hier schon irgendwo, denn es geht sofort los, nachdem man mich eingesperrt hat. In diesem Blechkäfig habe ich nicht viel mehr Platz als im Kofferraum. Ich kann mich kaum bewegen. Jedes Mal, wenn der Fahrer zu heftig bremst, stoße ich mit dem Kopf an die Blechwand. Kaum vorstellbar, dass Rudolf in ein solches Loch passt. Es ist kalt, und die Luft wird nach einiger Zeit knapp. Wieder höre ich Tanzmusik, dieses Mal sozialistische, die sich wie immer durch eine ganz besondere Fröhlichkeit und Banalität auszeichnet.

Nach etwa zwei Stunden hält der Wagen. Ich habe keine Ahnung, wohin man uns gebracht hat. Wahrscheinlich zurück nach Leipzig. Als meine Käfigtür geöffnet wird, schaue ich in einen düsteren Gefängnishof, in dem mich mehrere bewaffnete Männer erwarten, die auf mich zielen – eine schon bekannte Situation. Wo ist Rudolf? Ich gäbe alles darum, ihn noch einmal zu sehen. Aber er ist spurlos verschwunden.

»Da lang«, sagt einer der Stasi-Männer und weist auf eine graue Eisentür.

Zum ersten Mal in meinem Leben sehe ich ein Gefängnis von innen: lange Gänge mit schweren Eisentüren, gespenstisch leer, überall rote Lampen, ein Drahtgeflecht in der Mitte gibt den Blick ins Untergeschoss frei. Ob es aufgespannt ist, damit sich niemand in die Tiefe stürzen kann?

Zelle Nr. 42 – mein neues Domizil.

Warum müssen Zellen immer grün sein?, denke ich. Es ist dasselbe schmutzige Grün wie im Gefängniswagen und in dem Raum, in dem ich gefilzt worden bin. Auch dieser hier ist winzig. Kein Fenster, nur ein paar Glasziegel unterhalb der Decke, ein Hocker, ein Waschbecken, eine Toilette, aber kein Bett. Aber ich freue mich über das Klo, ich hatte schon mit einem Kübel gerechnet.

Wenig später betritt eine uniformierte ältere Frau die Zelle. Sie bringt die »Kleidung des Hauses«: einen viel zu kurzen und zu weiten Trainingsanzug, dunkelblau mit gräulichem Einschlag, eine knallrote, hässlich gemusterte Bluse, einen überdimensional großen BH, wahrscheinlich aus Großmutters Zeiten, ein Unterhemd und zwei Schlüpfer, die ungefähr in den Kniekehlen enden. Ein Paar Pantoffeln, die viel zu groß sind, und geflickte Socken vervollständigen meine Ausstattung. Ich muss mich wieder ausziehen und all meine Privatsachen abgeben. Dafür bekomme ich noch eine Zahnbürste, Zahnpasta, Waschlappen, Handtuch, Kamm, Seife, einen Schlafanzug und eine Schüssel.

Da es keinen Schrank gibt, muss ich sämtliche Sachen in dieser Schüssel verstauen. Ich bitte darum, meine Uhr behalten zu dürfen, ernte jedoch wiederum nur Kopfschütteln. Auf die Frage, wo ich hier eigentlich bin, reagiert die Frau überhaupt nicht. Sie scheint taubstumm zu sein. Nein, doch nicht. Einen Satz gibt sie von sich: »Sie sind Nummer eins.« Vielleicht kommt noch eine Nummer zwei? Doch das erscheint mir unmöglich, die Zelle ist viel zu klein.

Zelle im Untersuchungsgefängnis der Staatssicherheit in Leipzig

Es muss inzwischen gegen vier Uhr morgens sein. Ich bin müde und fühle mich zerschlagen. Ob der Kasten dort an der Wand ein Bett sein soll? Bei näherer Betrachtung entpuppt er sich als Pritsche, die man offensichtlich herunterklappen kann.

Plötzlich geht die Zellentür wieder auf.

»Eens, gommse, gommse, gehnse, gehnse.« Der Wachtmeister, der vor mir steht, scheint keinen vernünftigen Satz zusammenzukriegen.

»Hände offn Rüggen. Höher!«

Aber das gerade ist mein Problem: Entweder ich richte mich nach der Vorschrift, dann verliere ich meine Hose, halte ich diese aber fest, bekomme ich Ärger. Ich entscheide mich für Letzteres, mein Schamgefühl siegt. Der Wachtmeister schimpft. Seine Blicke durchbohren meinen Rücken.

Ich werde durch unendlich viele Gänge geführt. Immer wieder tauchen Eisentüren und Gitter auf, vor denen ich stehen bleiben muss, mit dem Gesicht zur Wand, bis der Wachtmeister auf- und zugeschlossen hat.

Dann stehe ich vor meinem ersten Vernehmer. Er sitzt in einem Zimmer typischer DDR-Gemütlichkeit hinter einem mit Akten beladenen Schreibtisch. Schmales intelligentes Gesicht, Goldrandbrille. Mit einer knappen Handbewegung bedeutet er mir, mich zu setzen. Suchend blicke ich mich um und entdecke in der äußersten Zimmerecke, dem Vernehmer diagonal gegenüber, einen Holzschemel. Auf diesen hocke ich mich, während sich der Mann bequem in seinem gepolsterten Stuhl zurücklehnt. Ich bin erschöpft und kann keinen klaren Gedanken mehr fassen. Fragen prasseln auf mich nieder, Stunden um Stunden. Wenn ich jetzt etwas Falsches sage, kann das Jahre unseres Lebens kosten.

Inzwischen ist es Tag geworden, unter vielen »Gommse, gommse, gehnse, gehnse« werde ich von dem sprachbegabten Menschen, der hier »Läufer« genannt wird, zurück in meine Zelle geschlossen und bekomme ein Frühstück durch die Klappe in der Tür: Brot, Margarine und etwas Marmelade, die nach Seife schmeckt.

Nach dem Frühstück wird das Verhör fortgesetzt, zum Mittagessen gibt es drei kleine Stücke fetten Fleisches in Mehlsoße – es ist Sonntag – und Kartoffeln, die mit schwarzen Flecken übersät sind.

Danach wieder Verhör. Meine Vernehmer wechseln sich ab, sie sind topfit, ich aber rutsche gegen Abend vom Hocker. Der dritte Vernehmer, ein gut aussehender, braungebrannter Mittvierziger, drückt mir eine Tasse Kaffee nebst einer Zigarette in die Hand und fragt mich zum wiederholten Mal nach dem Hergang der Flucht.

»Beschreiben Sie alles noch einmal genau. Was wissen Sie über die ›kriminelle Menschhändlerbande‹?«

Also erzähle ich meine Geschichte wieder von vorn, wobei ich peinlichst darauf achte, immer dasselbe zu sagen. Die missglückten Fluchtversuche lasse ich unter den Tisch fallen, doch dann merke ich, dass man darüber Bescheid weiß. Wahrscheinlich hat unser Fluchthelfer ausgepackt. Und noch etwas ist ganz klar: Die Verhöre werden mitverfolgt, denn der Stasi-Mann erhält immer wieder Anrufe und stellt danach neue, manchmal ganz andere Fragen. Ab und zu verlässt er auch den Raum, wohl um sich mit seinen Genossen zu beraten.

Die Fragen nach der Schleuserorganisation sind heikel. Ich merke bald, dass meine Antworten die Höhe unseres Strafmaßes beeinflussen können. Ich bleibe bei der Version, die Rudolf und ich im Falle einer Festnahme vereinbart haben, und ich bin sicher, dass er das auch tun wird: »Meine Schwiegermutter hat einen Lkw-Fahrer kennen gelernt, der oft auf der Transitstrecke fährt und uns für 5000 Mark mitnehmen wollte.« Also keine »Menschenhändlerbande«.

Irgendwann wird der Vernehmer richtig wütend und schreit mich an: »Wir sind doch hier nicht bescheuert! Sie wurden aus dem Kofferraum eines Pkw geholt und nicht aus einem Lkw.«

Es wird immer brenzliger für mich. Doch dann kommt mir die rettende Idee. Im Fernsehen habe ich oft den Satz gehört: »Nicht ohne meinen Anwalt.« Das werde ich genauso machen. Ich setze mich aufrecht hin und verkünde so kühl wie möglich: »Ohne meinen Anwalt sage ich überhaupt nichts mehr.«

Dem Vernehmer bleibt der Mund offen stehen über so viel Dreistigkeit. Doch dann breitet sich ein Grinsen auf seinem sonnengebräunten Gesicht aus. »Anwalt? Einen Anwalt möchten Sie sprechen? Das können Sie vergessen. Sie sind doch hier nicht im Kintopp, Sie sind im Gefängnis. Mit einem Anwalt können Sie zwar sprechen, aber über Ihren Fall erst, wenn die Vernehmungen abgeschlossen sind.«

Na großartig, dann brauche ich auch keinen mehr.

Der Vernehmer reitet weiter auf der Ausschleusung herum. Ich bleibe bei meiner Geschichte: »Irgendetwas wird schief gegangen sein. Vielleicht hat der Lkw-Fahrer Angst bekommen und ist abgesprungen. Wen meine Schwiegermutter dann beauftragt hat, können wir doch nicht wissen. Natürlich haben wir bemerkt, dass alles anders läuft, aber erst am Fluchttag, und da konnten wir nicht mehr zurück.«

Überhaupt schiebe ich, wie ausgemacht, alles auf meine Schwiegermutter. Die ist im Westen in Sicherheit, ihr kann nichts passieren.

Wieder erfolgt ein Anruf, und der Vernehmer sagt nach dem Auflegen: »Schluss für heute.«

Es muss früh am Morgen sein, Montagmorgen, schätze ich. Aber es ist noch stockdunkel draußen, vielleicht ist es auch mitten in der Nacht. Ich habe völlig das Zeitgefühl verloren und frage den Vernehmer nach der Uhrzeit: Es ist vier Uhr morgens. Demnach bin ich ungefähr vierundzwanzig Stunden am Stück verhört worden, abgesehen von den Mahlzeiten.

Dafür habe ich mich relativ tapfer geschlagen, finde ich. Aber in der Zelle kann ich mich kaum noch aufrecht halten. Ich wasche mich schnell, darf die Holzpritsche herunterklappen und bekomme eine dreiteilige Strohmatratze ausgehändigt. Die Teile passen nicht zusammen, ich kann sie drehen und wenden, wie ich will. Bald darauf geht das Licht aus. Die Pritsche erweist sich als so hart, dass ich nicht weiß, wie ich liegen soll. Außerdem ist es furchtbar kalt.

Plötzlich geht das Licht wieder an. Entsetzt springe ich auf. Soll ich etwa schon wieder verhört werden? Da sehe ich, was ich bisher nicht registriert habe: einen kleinen runden »Spion« in der Tür, durch den ich beobachtet werde. Dann haben sie mir auch beim Waschen und auf der Toilette zugesehen, denke ich, und möchte am liebsten im Erdboden versinken.

Licht an, Licht aus, ungefähr alle anderthalb Minuten. Ist das Schikane – Schlafentzug soll ja eine Foltermethode sein – oder nur Kontrolle? Denken die, ich will mich umbringen? Doch es gibt in dieser Zelle nichts, womit man das tun könnte, keinen Haken zum Aufhängen, keinen Strick oder wenigstens eine Strumpfhose, kein Messer, nichts. Richtig zudecken darf ich mich auch nicht, als ich es versuche, geht sofort die Klappe auf: »Hände auf die Bettdecke!«

Obwohl ich todmüde bin, kann ich nicht schlafen.

Irgendwann bleibt das Licht an. Die Nacht ist zu Ende. Ich muss aufstehen und die Pritsche wieder hochklappen. Zwei Möglichkeiten habe ich nun: Entweder sitze ich auf dem Hocker oder ich laufe in der Zelle hin und her. Doch die ist so klein, dass mir schwindelig davon wird. Ich finde bald heraus, dass ich einige Schritte mehr machen kann, wenn ich mich in »Achten« fortbewege.

Ich friere, mir ist schlecht und mein Kopf schmerzt unerträglich. Rudolf. Constanze. Mutter. Nie im Leben habe ich mich so verlassen gefühlt.

Am nächsten Tag werde ich noch einmal verhört und danach dem Haftrichter vorgeführt. Er lässt mich nicht zu Wort kommen, sondern unterschreibt sofort den Haftbefehl. Ich wollte ihn noch nach meinen Privatsachen fragen. Man hatte mir gestern die Anstaltsordnung vorgelegt, in der ich gelesen habe, dass man als Beschuldigter, aber noch nicht Verurteilter seine Privatsachen behalten kann und Zeitungen und Bücher erhält. Wenigstens ein bisschen Normalität wäre für mich jetzt wichtig.

Aber Fragen sind nicht erlaubt. Ich werde ganz schnell wieder hinausbugsiert und in einen dunklen Raum geschoben. Dort nimmt man mich in die Verbrecherkartei auf, fotografiert mich von allen Seiten und macht Hand- und Fingerabdrücke.

Zuletzt geht es noch zum Gefängnisarzt. Der stellt die Haft-, Vernehmungs-, Transport- und Arbeitsfähigkeit fest. Mein Blutdruck – sonst immer zu niedrig – ist auf 160 zu 110 gestiegen.

Aufnahmen für die Verbrecherkartei der Staatssicherheit

»Das ist nach einer Verhaftung ganz normal«, klärt mich der Arzt auf. Meine Hände schaut er sich auch an, gibt aber keinen Kommentar ab.

Ein Tag nach dem anderen vergeht. Leider habe ich irgendwann einmal vergessen, sie zu zählen. Die Uhrzeit kann ich nur nach den jeweiligen Mahlzeiten schätzen, da ständig die Neonröhre brennt. Manchmal erhasche ich durch die Glasziegel einen matten Schimmer Tageslicht.

Das Schlimmste ist, dass nichts mehr passiert. Kein Buch, nichts zu schreiben, niemand, mit dem ich reden könnte. Selbst ein Verhör wäre mir jetzt lieber als dieses endlose Warten.

Dreimal am Tag geht die Klappe auf, und das Essen wird durchgereicht. Schweigend. Ich kriege kaum etwas runter. Mittags gibt es meistens eine dünne Suppe: Möhren, Kohlrüben, Graupen, sonntags Fleisch und Kartoffeln, abends so viel Brot, wie man möchte. Der Belag allerdings reicht nur für ein oder zwei Schnitten. Wie mag es Rudolf ergehen, der doch so gerne isst?

Ich zähle Minuten und Stunden. Vierzehn Stunden dauert mein Tag. Vierzehn Stunden, in denen nichts geschieht. Ich weiß nicht, wo Rudolf und Constanze sind. Und meine Eltern? Haben sie schon von unserer Verhaftung erfahren, was mögen sie denken? Wahrscheinlich können sie überhaupt nicht verstehen, warum wir sie nicht eingeweiht haben.

Die Heizung ist ständig kalt. Ich bitte um eine zweite Decke – und bekomme keine. Ich frage nach einem Arzt. Keiner da, so die knappe Antwort.

Ich würde gern einmal duschen und mir die Haare waschen, aber das ist offensichtlich nicht vorgesehen. Ein Spiegel wäre auch nicht schlecht. Als ich danach frage, wundert sich der Wachtmeister, der das Essen austeilt, sehr: »Was wollnse denn damit?«

Ich warte auf ein Wunder, entgegen aller Vernunft. Mir kommt hier alles so ungeheuerlich und absurd vor, dass sich mein Verstand sträubt, dies als Realität zu akzeptieren. Ich male mir aus, dass man mich bald freilässt. Helga kann doch unmöglich zulassen, dass ich in dieser Zelle bleiben muss. Sie wird mich hier rausholen, ganz bestimmt!

Doch Stunden, Tage vergehen. Nichts passiert. Ich starre auf die Tür und erwarte jeden Augenblick, dass sie sich öffnet, damit ich die Zelle verlassen kann. Ich verliere jeden Sinn für die Wirklichkeit und höre Rudolf ganz deutlich mit Helga reden. Ich will etwas sagen, aber ich bringe kein Wort heraus. Ich renne zur Tür, um mich bemerkbar zu machen. Da sehe ich, dass mich jemand unverwandt durch den Spion fixiert. Ich bleibe stehen, der da draußen auch. Minutenlang. Da verschwinden die Stimmen, und ich merke, dass ich gerade dabei bin, durchzudrehen.

Ich muss mich zusammennehmen. Ich muss. Irgendwann komme ich bestimmt wieder hier raus. Ich will gesund bleiben für meine Tochter, für meinen Mann, für meine Familie. Ich darf mich nicht gehen lassen, ich werde noch gebraucht.

Von nun an verbringe ich meine Zeit damit, Noten zu repetieren, Gedichte zu machen und diese auswendig zu lernen. Mit manchen dieser Verse mache ich mir selbst Mut:

Ich glaube fest, dass unser Gott bei uns ist in aller Not.
Drum sind wir niemals ganz allein und dürfen froh und dankbar
sein.

Vom vielen Sitzen auf dem harten Hocker habe ich Hornhaut am Po.

Rund um die Uhr werde ich beobachtet, nur von Männern. Mittlerweile ist mir das gleichgültig.

Meine Sehnsucht nach Licht, Luft und Himmel ist groß. Aber erst nach ungefähr einer Woche führt mich der Läufer auf den Freihof, und auch nur für zehn Minuten. Meine Fernsehbildung spielt mir wieder einen Streich: die Hoffnung, andere Gefangene, vor allem aber Rudolf zu sehen, erweist sich als irrig.

Freihof bedeutet, dass man sich wieder allein in einer Zelle befindet. Im Unterschied zu der anderen ist sie nur etwas größer, vollkommen ausbetoniert und oben offen. Wie ich bald feststelle, gibt es mehrere solcher Boxen nebeneinander und einen Wachturm, auf dem ein bewaffneter Stasi-Mann aufmerksam jede meiner Bewegungen beobachtet.

Von einer der Freihofzellen sehe ich eines Tages den oberen Teil einer Skulptur, die ich gut kenne. Es ist die mehr als dreiundzwanzig Meter hohe Darstellung der »Wahrheit«, und ich weiß, wo sich diese befindet: auf dem ehemaligen Leipziger Reichsgericht, dem jetzigen Dimitroff-Museum. Nach der Wende wird dort das Bundesverwaltungsgericht einziehen. Also bin ich wirklich wieder »zu Hause«. Wie oft sind wir an diesem repräsentativen wilhelminischen Kuppelgebäude vorbeigegangen, nicht ahnend, was sich nur wenige Meter entfernt abspielt. Die Musikhochschule ist ganz in der Nähe, und mein Geigenbauer hat seine Werkstatt sogar in derselben Straße, in der ich jetzt »sitze«: in der Beethovenstraße.

Die Isolation ist perfekt. Es hat den Anschein, als wäre ich mit meinen Bewachern allein auf der Welt. Doch plötzlich bin ich wie elektrisiert. Da pfeift doch wirklich jemand den Anfang von Bachs Violinkonzert in d-Moll, ein für Laien relativ unbekanntes Konzert. Ich habe es während meines Studiums gespielt, und Rudolf korrepetierte es. Meine Wärter können dieses Stück unmöglich kennen, das traue ich ihnen nicht zu. Es gibt unter den Gefangenen auch Kenner, denke ich. Das Motiv erklingt in den nächsten Tagen oft. Erst sehr viel später erfahre ich von Rudolf, dass dieser »Gruß« von ihm stammte. Immer dann, wenn gerade jemand durch den Spion geschaut hatte, kletterte er schnell auf den Hocker und pfiff durch den Luftspalt unterhalb der Glasziegel das wunderbare Thema des ersten Satzes. Dass ich darauf nicht gekommen bin! Sicherlich ein Indiz dafür, dass ich zu dieser Zeit nicht klar denken konnte.

Aber einen anderen Gruß verstehe ich: einen Bassschlüssel, mit den Fingernägeln an die Wand in einer der Freihofboxen gekratzt. Ich bin glücklich. Ein Lebenszeichen von Rudolf. Sooft es geht, hinterlasse ich auf gleichem Wege einen Violinschlüssel. Das ist schwierig, weil ich ununterbrochen fixiert werde, aber hin und wieder sind die Posten eben doch abgelenkt.

Eines Tages werde ich wieder geholt. Endlich. Ein neuer Vernehmer, sehr freundlich. Ich beschließe, auf der Hut zu sein. Zuerst frage ich nach Constanze: Ist sie noch in dem Kinderheim oder schon bei meinen Eltern? Wie geht es ihr?

»Das wissen wir nicht«, sagt der Vernehmer mit sichtlichem Vergnügen.

»Und ich glaube Ihnen das nicht! Die Stasi weiß alles.«

Ein lässiges Achselzucken ist die Antwort, und mir ist klar, dass Nachfragen zwecklos ist. Ich spreche ein anderes Thema an. »Ist es vielleicht möglich, die Heizung in meiner Zelle zu reparieren? Sie wird einfach nicht warm, und ich friere.«

»Das ist im Winter immer so«, werde ich belehrt. »Außerdem heißt es nicht ›Zelle‹, sondern ›Verwahrraum‹.«

Dann kommt es: »Die DDR kann alles vergessen. Gehen Sie zurück an Ihren Platz. Ich gebe zu, es wurden Ihnen gegenüber Fehler gemacht, und Ihr Mann muss endlich befördert werden. Wir besorgen Ihnen auch eine Wohnung in Dresden, damit Sie dort im September anfangen können. Gehen Sie nach Hause zu Ihrem Kind, wenn Sie möchten. Es hängt ganz von Ihnen ab.«

Mein Herz beginnt wild zu schlagen. Er trifft mich an der empfindlichsten Stelle. Noch einmal frage ich: »Wo befindet sich Constanze jetzt?« Die Antwort ist ein lässiges Schulterzucken.

Ich bin wütend und verzweifelt: »Soll das ein Witz sein?«

»Wenn Sie Ihr Kind wiederhaben wollen, brauchen Sie nur zu unterschreiben. Gehen Sie jetzt in Ihren Verwahrraum zurück und überlegen Sie sich das gut.«

Bevor ich noch etwas sagen kann, werde ich geholt und in meine Zelle zurückgebracht. Niedergeschlagen setze ich mich auf den Hocker. Mir kommt eine Kollegin in den Sinn, die nach einer missglückten Flucht sehr schnell in das Kabinett für Instrumentalerziehung zurückkam. Offensichtlich hat sie das Angebot der Stasi angenommen. »Umdrehen« nennt man das. Wahrscheinlich versuchen sie es bei Rudolf genauso. Was wird er tun? Ich bin ganz sicher, dass er ablehnen wird. Doch der Gedanke, in ein paar Stunden Constanze wiederhaben zu können, ist so unglaublich.

Aber dann müssten wir für immer in der DDR bleiben. Und nicht nur das: Wahrscheinlich käme eines Tages die Stasi und würde eine Gegenleistung verlangen: »Wir haben Ihnen geholfen, jetzt helfen Sie uns …« Ich kenne solche Fälle. Und wir stünden auf Dauer unter Beobachtung. Nein, die Entscheidung ist endgültig.

Aber Constanze … Ich male mir aus, sie wieder in die Arme zu schließen. Diese Vorstellung bringt mich zur Verzweiflung, weil es in meiner Hand liegt, sie zu realisieren. Doch auch für sie wäre das keine gute Entscheidung.

Ich laufe wie ein wildes Tier in meiner Zelle herum. Wenn man nur mit jemandem reden könnte! Aber das hat Methode: Einzelhaft, Isolation, Erpressung übelster Art, Ungewissheit über alles und jedes sind probate Mittel, jemanden kleinzukriegen.

Tags darauf werde ich, wenn schon nicht zu einem Arzt, so doch wenigstens zu einem Sanitäter gebracht. Wahrscheinlich, weil ich nur noch Haut und Knochen bin. Er stellt mich auch gleich auf die Waage, fünfzehn Pfund habe ich abgenommen. Der Blutdruck ist jetzt bei 180 zu 120. Ich sage ihm, dass ich ständig starke Kopfschmerzen habe und in der kalten Zelle friere.

»Kommt vom Blutdruck, Sie müssen einfach mehr essen.« Ich glaube, mich verhört zu haben. Aber immerhin erhalte ich eine zweite Decke und Beruhigungstabletten.

Kurz danach tut sich wieder etwas. Zunächst werde ich in eine andere Zelle geführt und darf einen Brief an meine Eltern schreiben. Erleichtert setze ich mich an den Tisch, auf dem Papier und ein Kugelschreiber liegen. Als ich fertig bin, übergebe ich das Schreiben dem Wachhabenden, der aber nach kurzer Zeit zurückkehrt.

»Ihr Brief ist nicht durch die Zensur gegangen«, teilt er mir schadenfroh mit.

Ich nehme noch dreimal Anlauf, und am Schluss steht über mich nur noch drin, dass es mir hervorragend geht. Fragen nach dem Wetter und sogar nach meiner Tochter sind ebenfalls erlaubt. Ich rechne damit, dass ich so schnell keine Antwort erhalte – und liege mit dieser Vermutung richtig. Aber immerhin, es ist nicht nur eine Abwechslung, sondern der erste bescheidene Kontakt zur Außenwelt.

Während ich noch darauf warte, zurück in meine Zelle geschlossen zu werden, höre ich plötzlich, dass jemand an die Wand klopft. Was ist das? Doch dann erinnere ich mich, in einem Buch gelesen zu haben, dass Gefangene ein Morsealphabet benutzen.

Da ich überhaupt keine Ahnung habe, wie das funktioniert, klopfe ich ohne jedes System zurück. Was muss nur mein Nachbar denken? Egal, es ist das erste Lebenszeichen von einem Mithäftling, und es stimmt mich froh.

In diesem Augenblick kommt der Läufer herein. Ich werde zu meinem Vernehmer gebracht, direkt von der Schreibzelle aus.

»Nun, haben Sie es sich überlegt?«

»Ja, vielen Dank«, sage ich äußerst höflich. »Aber ich lehne Ihr Angebot ab. In diesem Staat bleibe ich nicht freiwillig.«

Er merkt sofort, dass bei mir nichts zu machen ist, und ich bin jetzt ganz sicher, dass Rudolf ähnlich reagiert hat. Der bisher auffallend freundliche Stasi-Mann bekommt einen hochroten Kopf und brüllt unbeherrscht los: »Das werden Sie noch bereuen.« Wütend springt er auf und kommt auf mich zu. Schützend halte ich die Arme vor mein Gesicht, aber er dreht sich um, reißt die Tür auf und ruft nach dem Läufer: »Wegbringen!«

Ich mache mich darauf gefasst, dass ich noch bis in alle Ewigkeiten in Einzelhaft bleiben muss. Doch meine Zellentür öffnet sich nach kurzer Zeit erneut. Ich muss mein Bündel packen. Als ich durch die sonst leeren Gänge geführt werde, sehe ich auf einmal vor mir eine junge Frau, vielleicht ein, zwei Jahre älter als ich, klein, zierlich, mit kurzem mittelblondem Haar, genauso bewacht wie ich. Auch den obligatorischen Trainingsanzug trägt sie, nur ist dieser ganz schwarz. Mein Herz beginnt zu klopfen: Ist das meine zukünftige Zellengenossin?

Die Gefangene bleibt vor einer Tür stehen, sie muss auf mich warten und lächelt mich schüchtern an. Ich lächle überglücklich zurück. Gemeinsam werden wir in eine etwas größere Zelle geschlossen, in der schon drei Frauen an einem Holztisch sitzen. Der Läufer teilt uns mit, dass wir die Nummern 68/4 und 68/5 sind, anschließend verschwindet er. Erleichtert atme ich auf und hoffe, dass ich das Schlimmste überstanden habe.

9

Leidensgefährtinnen

Meine neuen Zellengenossinnen sind alle sehr blass, sie sehen krank aus. Eine von ihnen hat tiefe Ringe unter den Augen, eine andere ist auffallend dünn. Nur die Frau, die mit mir zusammen gekommen ist, macht einen gesunden Eindruck. Sie scheint noch nicht lange hier zu sein. Ich bin aufgeregt. Ob das Kriminelle sind? Aber in einem Untersuchungsgefängnis der Staatssicherheit vermute ich eigentlich ausschließlich Politische. Mein Vernehmer hat es mir in der Sprache des real existierenden Sozialismus erklärt: In der DDR gibt es überhaupt keine politischen Gefangenen, wir seien alle Verbrecher.

Wie auch immer: Hauptsache, ich bin nicht mehr allein.

Neugierig schaue ich mich in der Zelle um. Sie ist größer als die andere, aber sehr beengt, da fünf Pritschen nebeneinander auf dem Boden stehen. Zum Hochklappen ist nicht genug Wandfläche vorhanden. Auch hier befinden sich wieder direkt neben der Tür mit dem Spion die Toilette und das Waschbecken. Der Tisch ist ebenfalls nicht weit vom Klo entfernt. Man kann also auf dem Topf sitzen und nebenbei essen, wie praktisch. Auf den Betten dürfen wir nicht liegen oder sitzen, also hilft im Fall der Fälle nur eines: sich in die äußerste Ecke zu verziehen und die Luft anzuhalten.

Einen Vorteil allerdings hat dieser »Verwahrraum«: Es gibt Fenster und damit Tageslicht. Natürlich sind diese vergittert und lassen sich nicht öffnen, aber es ist schön, ein Stück Himmel sehen zu können.

Wir machen uns miteinander bekannt. Die drei Frauen in der Zelle sind Karin, Tanja und Frau Krauss, alles Leipzigerinnen. Es ist üblich, sich im Gefängnis zu duzen, aber Frau Krauss ist mindestens schon siebzig Jahre alt und hat ihren Vornamen nicht gesagt. Die andere Neue, die mit mir eingeschlossen wurde, heißt Regina Eulenberger und wird sofort »Eule« genannt.

Tanja, die schon vier Monate und damit am längsten von uns allen einsitzt, weist uns Neulinge ein.

»Eure Sachen samt Schüssel schiebt ihr unters Bett. Einmal in der Woche ist Einkauf ...«

Tanja kann nicht weitersprechen, weil ich ihr voller Begeisterung ins Wort falle: »Einkauf? Aber das ist ja wunderbar. Ich werde mir zuerst ein paar Flaschen Milch besorgen, Obst, Wurst, Käse ...«

Die anderen lachen, und Tanja klärt mich auf: »Das kannst du alles unter Ulk verbuchen. Ich hoffe nur, du hattest Geld bei dir, als du eingefahren bist. Dann darfst du für sieben Mark in der Woche ›einkaufen‹, das heißt, es gibt eine Liste und einen Bleistift und du musst ankreuzen, was du haben willst. Wir legen immer alles zusammen, dann schaffen wir es, dass jede von uns einen Apfel, hundert Gramm Wurst, einige Ecken Schmelzkäse und ein paar Kondischnitten kriegt. Viel mehr gibt es hier nicht, und Milch kannst du vergessen. Übrigens essen wir am ersten Tag immer gleich alles auf, man muss die Feste feiern, wie sie fallen.«

»Feste« nennt man das also. Ein Apfel in der Woche und Kondischnitten, diese unsäglich süßen Kuchenstücke, die draußen kein Mensch kauft. Aber immerhin Wurst und Käse.

»Wann ist der nächste Einkauf?«

»Morgen.«

Das ist ein echter Lichtblick. Rudolf und ich hatten ja unser Februargehalt dabei. Das müsste für eine Weile reichen.

»Wie ist es mit dem Duschen, ich habe den Eindruck, dass ich langsam ziemlich streng rieche?«, frage ich gespannt.

»Duschen dürfen wir auch, einmal in der Woche«, fährt Tanja in ihrer Einweisung fort. »Dann kriegt jede von uns eines von diesen Marmeladennäpfchen, in dem sich dann Haarwaschmittel befindet (aha, deswegen schmeckt die Marmelade nach Seife!), außerdem einen Spiegel, eine Nagelschere und frische Wäsche.« Aber immerhin, selbst das ist ein großer Fortschritt.

Ich gewöhne mich schnell an die neuen Lebensumstände. Meine Mithäftlinge sind richtig nett. Jeden Tag werfen die Bewacher ein Exemplar des SED-Zentralorgans *Neues Deutschland* durch die Klappe, aber niemand würdigt es auch nur eines Blickes. Alle zwei Wochen gibt es für jede Gefangene ein Buch. Meist sind es »Russenschwarten«, aber zu unserem Glück haben unsere Wärter keine Ahnung von Literatur und ordnen auch Puschkin dieser Kategorie zu. Ab und zu verirren sich sogar noch ein paar andere gute Werke in unsere Zelle, wie etwa Thomas Wolfes *Schau heimwärts, Engel!* sowie einiges von Dickens.

Schreibzeug aber ist – entgegen der Anstaltsordnung – auch jetzt noch verboten.

Wir sitzen am Tisch und Karin schlägt vor, dass wir einander unsere Geschichte erzählen. Ich nehme mir vor, nur das zu sagen, was ich auch bei der Stasi zugegeben habe, denn ich befürchte, dass es hier »Wanzen« gibt. Außerdem könnte eine der Frauen ein Spitzel sein. Wer weiß das schon?

Frau Krauss beginnt. Sie hat graues, dauergewelltes Haar mit dunkleren Strähnen und ungewöhnlich große braune Augen: »Mein Sohn ist abgehauen, und ich habe es gewusst. Deshalb bin ich hier.«

Paragraph 225! Ich denke an meine Mutter. Wie gut, dass ich ihr nichts gesagt habe. Es wäre falsch gewesen, wenn ich mich an mein Versprechen gehalten hätte.

»Wie ist Ihr Sohn denn über die Grenze gekommen?«, frage ich.

»Er war im Kofferraum eines Mercedes, der die Transitstrecke von Berlin nach Hof fuhr. Vor lauter Angst hatte er die Hosen voll. Es muss schrecklich gewesen sein.«

Hosen kann man waschen, denke ich. Aber es hat geklappt, bei uns nicht. Warum nur? Wie oft habe ich mir in den letzten Tagen und Wochen diese Frage gestellt.

»Und wie haben die rausgekriegt, dass Sie davon wussten?«

»Ich als Mutter wurde natürlich verhört und habe zugegeben, dass ich über seine geplante Flucht informiert war. Außerdem bin ich als Rentnerin schon oft im Westen gewesen, und die haben mir unterstellt, ich hätte die ganze Sache eingefädelt. Aber das stimmt nicht.«

Wie hätten meine Eltern, vor allem meine Mutter, ein solches Verhör durchgestanden? Wenn man nichts weiß, kann man auch nichts Falsches sagen.

Der Prozess von Frau Krauss ist in der nächsten Woche. Die Anklageschrift hat sie schon gelesen und unterschrieben. Ich erfahre, dass man dazu in eine andere Zelle geschlossen wird. Nach kurzer Zeit wird einem das Schreiben wieder weggenommen. Ich muss mir merken, was drinsteht, nehme ich mir vor. Die alte Frau ist ziemlich durcheinander und hat leider alles wieder vergessen.

»Und wie ist es mit dem Urteil?«, fragt Eule.

»Die Kriminellen bekommen es ausgehändigt, wir Politischen dürfen es nur kurz überfliegen und unterschreiben«, sagt Tanja.

»Ich kann kaum noch schlafen vor lauter Angst.« Frau Krauss schaut uns hilflos an, ihre Augen stehen voller Tränen.

Karin erzählt als Nächste. Sie ist groß und schlank, hat kurzes, rötlich gefärbtes Haar, grünbraune Augen und ein markantes, interessantes Gesicht. Ich schätze sie auf Mitte dreißig. Sie ist Pathologin und hat eine achtjährige Tochter, Natalie, die sie nach der

Scheidung allein erzieht. Mit Natalie wollte sie auf ähnliche Weise wie wir die DDR verlassen. Einen genauen Termin hatte sie noch nicht, nur den Treffpunkt: Kilometerstein 92 an der Autobahn nach Berlin. Weil sie befürchtete, am Fluchttag in der Dunkelheit diesen Kilometerstein nicht zu finden, fuhr Karin am 6. Februar los, um den Treffpunkt zu suchen. Ohne Erfolg. Der Kilometerstein war wie vom Erdboden verschluckt. Den ganzen Nachmittag kurvte sie mit dem Auto umher und war völlig entnervt. Bevor sie nach Hause fuhr, wollte sie noch einen letzten Versuch machen. Sie parkte ihren Trabi auf einem Weg neben der Autobahn, als ihr plötzlich ein Mann mit einem Moped entgegenkam. Was Karin in der inzwischen schon eingebrochenen Dämmerung nicht erkennen konnte: Es war ein ABV, ein so genannter Abschnittsbevollmächtigter der Volkspolizei, der die Gegend um die Autobahn kontrollierte. An diesem Tag wurde eine Frau gesucht, die in einen Kunstraub verwickelt sein sollte. Aus diesem Grund war besonders viel Polizei unterwegs.

Wieder fand Karin den Kilometerstein nicht. Es war nun höchste Zeit nach Hause zu fahren, denn ihr Exmann wollte um 19 Uhr Natalie zurückbringen, die diesen Tag bei ihm verbracht hatte. Als Karin zu ihrem Auto zurückkam, stand dort ein »Polski Fiat«, aus dem zwei Männer stiegen.

»Bitte kommen Sie mit, zur Klärung eines Sachverhalts.«

Man brachte sie zum Volkspolizeikreisamt Bitterfeld. Es folgten stundenlange Verhöre, darüber, was sie an der Autobahn wollte, bis die Tür aufging und ein Mann erschien, der sich mit den Worten vorstellte: »Jetzt ist die Staatssicherheit da, jetzt weht ein anderer Wind!«

Ich unterbreche Karin: »Verstehe ich das richtig? Du wurdest festgenommen, weil du dich in der Nähe der Autobahn ›herumgetrieben‹ hast? Das ist doch nicht dein Ernst. Nein, das ist ganz unmöglich.«

»Aber es ist so! Warum sitzen wir denn hier? Weil der ganze Scheißstaat unmöglich ist.«

Stundenlang wurde Karin von dem Stasi-Mann vernommen, gab aber nichts zu. Am Morgen fuhr man sie nach Halle und verhörte sie weiter. Inzwischen hatte die Stasi ihre Wohnung durchsucht und die Fluchttasche mit Zeugnissen, Papieren, Ausweisen und der fast fertigen Habilitationsschrift gefunden. Der Vernehmer drohte ihr nun ganz offen: »Wenn Sie nicht aussagen, mache ich ›krk‹ mit Ihnen«, wobei er unmissverständlich die Bewegung des Halsumdrehens vollführte. Aber noch blieb Karin hart.

Doch dann erschien der übliche nette Typ von nebenan.

»Nun gebt der Frau doch mal was zu essen, und lasst sie aufs Klo«, sagte er zu dem Wachpersonal, und zu Karin: »Wir garantieren Ihnen, dass Sie nach Hause zu Ihrem Kind fahren dürfen, wenn Sie die Wahrheit sagen.«

Karin hatte nur noch einen Gedanken: Natalie. Und gab alles zu. Als sie noch redete, ahnte sie, dass sie soeben den größten Fehler ihres Lebens beging. Die hätten mir nichts beweisen können, dachte sie immer wieder. Nachdem sie gestanden hatte, wurde sie sofort abgeführt. Nach zehn Tagen Einzelhaft in Halle kam sie zurück nach Leipzig, direkt in diese Zelle.

Wir diskutieren darüber, ob man sie auch ohne Geständnis eingesperrt hätte. Die Meinungen sind geteilt.

»Ich nehme an«, sage ich, »die gepackte Fluchttasche genügte der Stasi als Beweis, dass Karin wegwollte. Mehr brauchen die doch nicht. Das Geständnis war eigentlich nur eine Formsache.«

Wir selbst hatten nach jedem missglückten Fluchtversuch alle unsere Unterlagen immer wieder einsortiert, weil wir damit rechnen mussten, dass sie uns holen. Aber Karin hatte sich ja bis dahin völlig unauffällig verhalten, sie brauchte so etwas nicht einzukalkulieren.

Was mich aber viel mehr schockiert: Auch ihr hatte man versprochen, sie sofort zu ihrem Kind zu lassen. Nichts dergleichen passierte. Es war nur eine Taktik, um sie zum Auspacken zu bewegen. Wäre es mir genauso gegangen, wenn ich eingelenkt hätte?

Tanja beginnt mit ihrer Geschichte. Sie ist die Jüngste in dieser Frauenrunde, vielleicht neunzehn, zwanzig Jahre alt, dennoch die Selbstbewussteste. Ihre Gesichtshaut ist ganz hell, fast weiß, das leuchtende Grün ihrer Augen steht dazu in starkem Kontrast. Sie hatte vor einiger Zeit einen Ausreiseantrag gestellt und war des Wartens müde geworden. Also beschloss sie, die Sache selbst in die Hand zu nehmen, und fuhr nach Ungarn. Eingehend inspizierte sie dort die »grüne Grenze« nach Österreich, und eines Abends wagte sie die Flucht.

»Ich war schon weit gekommen und musste nur noch über ein Feld robben«, berichtet Tanja. »Plötzlich spürte ich einen Gewehrkolben im Rücken und eine Stimme fragte: ›Passport?‹ ›Nix Passport‹, konnte ich nur antworten. Ja, das war es dann. In dieser Gegend bekommen die Leute Kopfgeld, wenn sie Flüchtlinge anzeigen.«

Tanja ist sehr fröhlich, und es scheint, als nähme sie alles viel leichter als wir. Ich bewundere sie dafür, und ihr Optimismus ist ansteckend. Aber sie hat schließlich weder ein Kind noch einen Mann, der auch im Gefängnis sitzt.

»Sind deine Eltern wegen deiner Flucht verhört worden?«, frage ich.

»Mit meinem Vater hatte ich ausgemacht, dass ich ihn jeden Abend anrufen würde. Sollte dieser Anruf ausbleiben, wusste er, ich war entweder drüben oder im Gefängnis. In jedem Fall sollte er sofort bei der Polizei Anzeige erstatten. Dadurch war das Problem der Mitwisserschaft gelöst.«

Eine gute Idee. Aber dann stelle ich mir vor, wie viele unangenehme Fragen auf diesen Mann eingestürmt sein mussten:

Warum kommen Sie erst jetzt? Haben Sie gewusst, dass Ihre Tochter die DDR illegal verlassen wollte oder es vielleicht geahnt? Und seit wann? Haben Sie wirklich nie darüber gesprochen? Sie mussten das doch merken!

Nein, denke ich weiter, das wäre nichts für meine Eltern gewesen.

Nun berichtet Eule. Sie sitzt schon zum zweiten Mal. Das erste Mal hatte sie 1972 mit ihrem damaligen Verlobten versucht, abzuhauen, auch von Ungarn aus. Dabei wurden sie geschnappt. Nach einem Vierteljahr kamen sie durch eine Amnestie frei und stellten sofort einen Ausreiseantrag. Eule verlor ihren Studienplatz und musste sich als Zimmermädchen im Hotel Deutschland in Leipzig »bewähren«.

Die Verlobung ging auseinander, und sie lernte Lutz kennen.

1974 heirateten sie und beantragten sofort nach der Hochzeit gemeinsam die Ausreise. Diese wurde nicht genehmigt, deshalb bereiteten sie ihre Flucht vor. Ein amerikanisches Unternehmen sollte sie mit falschen Pässen über den Checkpoint Charlie bringen. Aber als »Antragsteller« wurden sie offen observiert. Die Stasi wusste immer, wo sie sich befanden. Nur ab und zu gelang es ihnen, ihre Verfolger abzuschütteln.

Doch dann schlug die Stasi zu.

»Heute Morgen wurden wir in unserem Urlaubsort Oberwiesenthal im Erzgebirge verhaftet. Es war ungefähr sieben Uhr, und wir lagen noch im Bett, als die Tür aufgerissen wurde und jede Menge Stasi-Leute ins Zimmer stürmten. Wir mussten uns sofort anziehen und unsere Sachen packen, durften aber noch frühstücken. Auf der Fahrt nach Leipzig habe ich ihnen das ganze Auto vollgekotzt. Warum die extra nach Oberwiesenthal gefahren sind, weiß ich nicht. Sie hätten uns doch viel einfacher in Leipzig verhaften können.«

»Du kannst nur froh sein, dass du nicht in Einzelhaft gekommen bist«, meint Tanja.

Mich erstaunt vor allem die Amnestie. »Gibt es denn bei uns überhaupt so was? Auch für politische Gefangene?«

»Klar doch. Ab und zu müssen die völlig überfüllten Gefängnisse für neue Häftlinge frei gemacht werden.«

»Weißt du, wie viele Politische sitzen?«

»Ungefähr fünf- bis sechstausend. Du gehst für alles in den Bau – für Republikflucht, staatsfeindliche Hetze, staatsfeindliche Verbindungsaufnahme. Das dient der Abschreckung. Und wenn du wieder rauskommst, dienst du gleich noch einmal der Abschreckung, denn dann wirst du schikaniert und observiert. Und früher oder später landest du wieder hier, wenn du weiterhin ausreisen willst. Siehe Eule.«

»Woher weißt du das denn alles?«

»Aus dem Westfernsehen. Außerdem kenne ich verschiedene Dissidenten.«

Tanja kann gar nicht glauben, dass wir alle so wenig Ahnung haben, was läuft. Von Dissidenten in der DDR hatten wir noch nie etwas gehört, höchstens von Künstlern, wie Wolf Biermann, der eine Woche vor unserem ersten Fluchtversuch ausgebürgert wurde. Aber es war uns klar, dass für solche Leute andere Regeln gelten als für uns.

Nun sehen mich alle erwartungsvoll an. Ich erzähle unsere Geschichte und erlebe alles noch einmal: Abschied, Angst, Hoffnung, Verzweiflung und die Trennung von Mann und Kind. Es ist mehr, als ich verkraften kann. Ich nehme mir vor, darüber nie wieder zu sprechen, ja nicht einmal daran zu denken. Die Nacht des 19. Februar will ich aus meinem Gedächtnis streichen.

Der erste Einkauf ist eine Riesenenttäuschung für mich: Ich darf nichts bestellen.

»Aber warum denn?«, frage ich. »Ich hatte doch genug Geld dabei?«

»Weil Se nisch off dor Liste stehn.«

So einfach ist das. Die anderen Frauen teilen mit mir, aber genau das wollte ich vermeiden. Sie haben doch selbst nicht viel.

Karin tröstet mich: »Du wirst bald einen Sprecher bekommen, und dann hast du auch Geld.«

»Sprecher« sind Gefängnisbesuche von Ehepartnern, Eltern oder Rechtsanwälten. Wenn diese Besucher Geld deponieren dürfen, kann ein Häftlingskonto eingerichtet werden.

Meine Zellengenossinnen erweisen sich als großartige Menschen. Wir diskutieren über Gott und die Welt, machen zusammen Gymnastik, reden stundenlang, vor allem über das Essen, und machen uns gegenseitig Mut. Nach kurzer Zeit kennen wir einander besser als manche Freunde in der Freiheit.

Auch in der Gemeinschaftszelle werden wir pausenlos beobachtet. Aus diesem Grund beschließen wir, unsere »Zuschauer« zu ärgern. Wir nehmen eine Schüssel und stellen sie auf den Tisch. Sehr ernst sitzen wir davor und starren gebannt hinein. Es dauert nicht lange und die Zellentür wird aufgeschlossen.

»Was geht hier vor?« Zwei Aufseher kommen hereingeschossen und stürzen sich auf die Schüssel. Sie können es nicht fassen, dass sie nichts entdecken, und wir lachen Tränen.

»Hören Sie sofort damit auf!«

»Darf man denn hier nicht einmal mehr lachen?«

»Wenn Sie nicht aufhören zu lachen, werden Sie alle verlegt.«

Das wirkt. Bloß keine Einzelhaft mehr. Mit großer Mühe gelingt es uns, ernste Gesichter zu machen, und die beiden Wachleute ziehen schimpfend ab.

Eines Tages wird Tanja geholt, nach ungefähr einer Stunde erscheint sie wieder, fassungslos. Sie hatte schon ihre Anklageschrift unterschrieben, aber jetzt wirft man ihr zusätzlich zur Republikflucht auch noch staatsfeindliche Hetze vor, weil sie einen Ausreiseantrag gestellt und eine Kopie davon an ihre Freunde im Westen geschickt hatte.

»Du hast den Ausreiseantrag in den Westen geschickt?«, fragt Karin erstaunt. »Dazu gehört aber Mut.«

»Ja, warum nicht?«, sagt Tanja lässig.

Klar, sie ist jung, arbeitete in einer privaten Buchhandlung und brauchte sich um ihren Job nicht zu sorgen. Doch jetzt hat sie ein Problem: Alles soll noch mal von vorn aufgerollt werden, und sie fürchtet eine hohe Haftstrafe.

Kurz danach wird Frau Krauss zu ihrem Prozess geholt. Der Staatsanwalt stellt an diesem Tag vor dem Hohen Gericht den Strafantrag, am folgenden Tag ist dann Urteilsverkündung.

»Das Urteil entspricht eigentlich fast immer dem Antrag des Staatsanwalts«, sagt Tanja, ihre Stimme klingt noch sehr niedergeschlagen.

Gespannt warten wir auf die alte Frau. Wetten werden abgeschlossen. Als die Zellentür aufgeht, wissen wir sofort, dass der Staatsanwalt zugeschlagen hat. Man trägt Frau Krauss auf einem Stuhl herein, weil sie einen Herzanfall erlitten hatte. Fünf Jahre soll sie sitzen. Das wird sie nicht überleben.

Als sie am nächsten Tag zur Urteilsverkündung gebracht wird, sprechen wir über das hohe Strafmaß. Ob sie die Flucht doch eingefädelt oder vielleicht sogar Wertgegenstände in den Westen geschmuggelt hat? Aber das sind alles nur Vermutungen. Sie bekommt – wie Tanja vorausgesagt hat – ihre fünf Jahre und geht bald darauf auf Transport in den Strafvollzug.

Von Tanja höre ich auch zum ersten Mal, dass die Bundesregierung viele von uns Politischen freikauft. Eine verheißungsvolle Perspektive. Aber werden auch wir dabei sein? Diese Sorge begleitet mich von nun an unaufhörlich. Und was wäre, wenn ich gehen dürfte, nicht aber Rudolf oder Constanze? Niemals würde ich dann die DDR verlassen.

Eines Tages gibt es für jede von uns eine Bulette. Eine Seltenheit, wir sind begeistert. Doch dann entdecke ich in meinem Fleischklößchen eine Kakerlake. Voller Ekel lege ich das Vieh auf eine Damenbinde und »werfe Licht«, damit jemand nach uns schaut. Der Wachhabende öffnet die Klappe.

»Was'n los?«

Ich reiche die Küchenschabe mit spitzen Fingern hinaus: »Hier, eine Kakerlake im Essen.«

»Na, und?«, brüllt der Wachtmeister.

»Würden Sie sich über ein solches Tier im Essen freuen?«

»Na sähnse!« Klappe zu. Wir sehen uns konsterniert an: Was war das für eine Antwort? Versteht der überhaupt die deutsche Sprache?

Ich fange als Erste an zu lachen, die anderen stimmen ein, und bald können wir nicht mehr aufhören.

Doch dann tritt Tanja in Aktion.

»Die Kakerlake ist ja nun weg, jetzt wird weiter gegessen.«

»Bist du verrückt? Ich bekomme keinen Bissen mehr hinunter.«

Ich ekle mich zu Tode. Doch auch Karin macht mir klar, dass ich essen muss. Und sie haben ja Recht. Also verspeise ich den Rest der Frikadelle mehr oder weniger freiwillig.

Bald darauf ist Tanjas Prozess. Wieder dasselbe Spielchen, der Staatsanwalt beantragt vier Jahre – und der Richter folgt dem Antrag. Das ist viel, ohne die »Hetze« wären es vielleicht nur anderthalb Jahre gewesen.

Seit ihrer Urteilsverkündung benimmt sich Tanja gegenüber Karin irgendwie merkwürdig. Als diese zu einem Verhör geholt wird, sagt Tanja zu uns: »Karin ist ein Spitzel.«

Eule und ich sehen uns an, und jede spürt, was die andere denkt.

»Karin? Unmöglich! Das glaube ich nicht.«

»Doch, ich weiß es genau.« Es folgen lange Erklärungen, die uns aber alle nicht stichhaltig erscheinen. Soviel wir auch reden, Tanja lässt sich nicht von ihrer Idee abbringen. Ich verstehe das zwar, denn seit der hohen Haftstrafe ist sie völlig fertig, aber für Karin ist es eine Katastrophe.

Als Tanja wenig später auf Transport geht, erzählen wir Karin von diesen Beschuldigungen. Sie ist fassungslos, und was das Schlimmste für sie ist: Sie kann ja nicht beweisen, dass sie »sauber« ist. Wir beruhigen sie.

»Wenn jemand völlig ungeeignet für Spitzeldienste ist, dann du.«

»Ja, ihr wisst das, aber die anderen nicht.«

»Welche anderen?«

»Na, die im Strafvollzug.«

»Du weißt ja gar nicht, ob du in dasselbe Gefängnis kommst wie Tanja.«

»Wir müssen bestimmt alle nach Hoheneck, und im Gefängnis funktioniert der Buschfunk sicher gut.«

Hoheneck? Tanja hatte erzählt, dass es das berüchtigtste Frauengefängnis der DDR ist. Dort sitzen nicht nur die letzten KZ-Aufseherinnen, sondern auch viele Mörderinnen. Ich versuche, nicht daran zu denken.

Karins Sorge ist nur allzu berechtigt: Sie kommt einige Wochen später wirklich nach Hoheneck, und Tanja hat dort schon alle vor ihr gewarnt. Man begegnet ihr anfangs mit Misstrauen und Feindseligkeit.

10

In den Mühlen der Stasi

Ich hatte lange kein Verhör mehr; so bin ich nervös, als ich eines Tages wieder geholt werde. Immer noch geht es um die Schleuserorganisation.

»Sie sollten von der kriminellen Menschenhändlerbande Pudelski in den Westen verbracht werden.«

»Davon weiß ich nichts. Das habe ich doch schon beim letzten Verhör ausgesagt.« Zur Hälfte stimmt das sogar: Den Namen dieser Organisation habe ich wirklich noch nie gehört. Wahrscheinlich ist es die von Lenzlinger beauftragte Unterorganisation.

Der Vernehmer erklärt mir herablassend, dass es in unserem sozialistischen Staat keine Verhöre gibt, nur im Westen, wo noch faschistische Methoden angewendet würden.

Also eine Zelle ist keine Zelle, ein Verhör ist kein Verhör, und die Mauer ist, wie bei uns jeder weiß, ein antifaschistischer Schutzwall.

»Es ist mir egal, was Sie wissen oder nicht«, fährt er fort. »Das ist eine Tatsachenfeststellung. Spätestens am Fluchttag mussten Sie doch merken, dass es sich nicht um den Fernfahrer handeln konnte, den Ihre Schwiegermutter angeheuert hatte. Trotzdem haben Sie nicht von Ihrem Vorhaben abgesehen.«

Das ist genau die Version, die wir rüberbringen wollten: Dass wir ursprünglich nicht vorhatten, von einer professionellen Organisation »in den Westen verbracht zu werden«, sondern uns nur damit abgefunden haben. Und die Stasi glaubt das auch. Hervorragend!

Eines Tages bekommen wir eine neue Zellengenossin. Sie ist jung und hat einen dicken Bauch. Schwanger, ist mein erster Gedanke. Doch dann stellt sich heraus, dass Marion kein Wasser lassen kann. Sie erträgt es nicht, dass ständig Männer durch den Spion schauen, auch wenn wir auf der Toilette sitzen oder uns waschen. Und wenn wir unsere Regel haben, müssen wir um jede Binde betteln. Gestern erst hat ein Aufseher zwei Binden durch die Klappe geworfen und zynisch gelacht: »Da habt ihr eure Sprotten!«

Mich tangiert das schon lange nicht mehr, Marion hingegen leidet furchtbar unter diesen Erniedrigungen. Sie erzählt uns, dass ihre beiden Brüder vor einigen Jahren versucht haben, über die Mauer nach Westberlin zu klettern. Das Unternehmen endete in einer Katastrophe: Der eine wurde erschossen, der andere verletzt und nach der Verbüßung einer Haftstrafe wieder in die DDR entlassen. Trotz – oder gerade wegen? – dieser Geschehnisse versuchten auch Marion und ihr Freund zu fliehen, mit falschen Pässen über Budapest. Sie saßen schon im Flugzeug nach Wien, als plötzlich Uniformierte auftauchten und sie festnahmen.

Marion sitzt den ganzen Tag auf der Toilette und lässt sich dabei Wasser über das Handgelenk laufen, aber nichts hilft, und nach einigen Tagen wird sie ins Haftkrankenhaus verlegt.

Im Augenblick werde ich fast täglich verhört. Doch heute bringt man mich in eine andere Zelle, ich darf meine Privatsachen anziehen und stehe meinem Vater gegenüber. Ich erschrecke – damit hatte ich nicht gerechnet. Ängstlich sehe ich ihn an, mich interessiert nur eins: Ist Constanze schon bei den Großeltern? Er ist sehr ernst, doch dann kommt die erlösende Antwort: »Ja.« Aber er schont mich nicht. Sehr deutlich macht er mir klar, dass das Kind einen schweren Schock erlitten hat. Noch immer weint sie jeden Abend im Bett nach uns. Im Kindergarten, einem der wenigen christlichen in der DDR, kümmert man sich rührend um sie. Auch diese Hoffnung hat sich erfüllt. Und im Konsum hat sie an der Kasse lauthals getönt: »Meine Eltern sind im Gefängnis! Wir wollten nämlich in 'n Westen!« Meine arme Mutter hat sich in Grund und Boden geschämt. Das Gesicht meines Vaters ist undurchdringlich, und ich habe das Gefühl, es sei besser, jetzt nicht weiter zu fragen.

»Aber sie ist bei euch. Danke für alles.«

Mein Vater nickt. »Ist schon gut.«

Nein, ist es nicht: Ich spüre, dass er mir und Rudolf hinsichtlich unseres Fluchtversuchs Vorwürfe macht. Viel später erfahre ich, dass er auch allen Grund dazu hat: Es lief nämlich gerade ein Prüfverfahren, ob man ihn als »Reisekader« in das »nichtsozialistische Wirtschaftsgebiet« schicken könne. Jetzt ist das selbstverständlich kein Thema mehr. Außerdem hat er seinen Posten verloren und musste seinen Schreibtisch räumen. Nur aus alter Freundschaft hat ihn der Direktor des Kombinats zu sich ins Zimmer geholt, wo er in einer Ecke an einem kleinen Tisch sitzen und als promovierter Ökonom mehr oder weniger nur noch Bleistifte spitzen darf. Aber das kann er mir natürlich nicht sagen, denn Sippenhaft gab es nur bei den Nazis und nicht in unserem gelobten Land. Ich hätte so etwas nicht für möglich gehalten. Aber dass er Schwierigkeiten bekommen würde, hätten wir schon einkalkulieren müssen.

»Es tut mir leid«, sage ich leise, als wir uns verabschieden.

Vater nickt wieder. »Auf Wiedersehen.«

Niedergeschlagen komme ich in unsere Zelle zurück.

Aber mein Vater hat Geld auf mein Häftlingskonto eingezahlt. Auf einmal darf auch ich einkaufen. Und was ist mit dem Geld, das wir bei der Flucht bei uns hatten?

Egal, ich esse meine hundert Gramm Bierschinken sofort auf, und prompt wird mir schlecht. Ich denke an die Zeiten, wo ich bei jedem Wettessen Sieger war.

Wieder ein Verhör. Es geht darum, wo unser Vermögen geblieben ist, und mir ist sofort klar, dass diese Unterredung eine gefährliche Angelegenheit ist. Immerhin besaßen wir knapp 30 000 Mark, was in der DDR, in der wenig verdient wird, sehr viel Geld ist. Die Stasi kontrolliert noch immer unsere eingehende Post, davon ist auszugehen. Vielleicht ist ein Briefmarkenkatalog angekommen und hat sie auf die richtige Spur gebracht? Dann sind wir geliefert und erhalten gleich noch ein paar Jahre wegen Devisenvergehens dazu.

Wir wussten seit unseren Fluchtvorbereitungen, dass Flüchtlinge, die Wertsachen mitführen, strenger bestraft werden, als es sonst üblich ist. Deshalb hatten wir von dieser Möglichkeit abgesehen, doch leichtsinnig waren wir mit unseren Briefmarkengeschäften auch.

Bald aber merke ich, dass sie davon nichts wissen, und fange an, die mit Rudolf vereinbarte Version herunterzubeten. Ich spiele die exzentrische Künstlerin, die nicht mit Geld umgehen kann.

»Und was haben Sie alles gekauft?«

Es ist nicht leicht, in der DDR 30 000 Mark auszugeben. Auf ein Auto wartet man je nach Modell zehn bis fünfzehn Jahre, die Klamotten im »Exquisit« sind zwar teuer, aber nicht immer so schön wie mein langer grüner Bouclé-Mantel, und reisen kann man auch nur beschränkt. Da vieles in der DDR sehr wenig kostet, ist die Frage nach den 30 000 Mark schon berechtigt.

Ich erzähle zunächst einmal, dass wir in letzter Zeit viele Haushaltgegenstände gekauft hätten, etwa Bettwäsche.

»Und wo sind die Sachen geblieben?«, will der Vernehmer wissen.

»Ich habe Pakete in den Westen geschickt.«

»So«, sagt der Stasi-Mann giftig, »Sie haben Ihr Leben in der BRD ja gründlich vorbereitet. Pech für Sie, dass es nicht geklappt hat.«

Mir ist klar, dass uns das später beim Prozess vorgeworfen werden kann, aber irgendwie muss ich das viele Geld ja »kleinkriegen«. Und ein paar verschickte Pakete sind allemal besser als ein Devisenvergehen.

Das meiste Geld jedoch hätten wir einfach so verbraucht, füge ich hinzu, mein Mann und ich seien in die besten Restaurants gegangen, hätten gern Wein getrunken und teure Kleider gekauft. Wir seien starke Raucher und Kaffeetrinker, und ein Pfund einigermaßen vernünftigen Bohnenkaffees koste ja immerhin 30 bis 40 Mark, unsere Zigarettenmarke »Duett« 6 Mark pro Schachtel. Ich erzähle auch von unseren Privatreisen ins sozialistische Ausland, füge hinzu, dass wir einiges an Geld verschenkt und für mich teuren Schmuck gekauft hätten. Allein der Ring, der jetzt in der Effektenkammer liege, habe 1200 Mark gekostet, dies könne ich auch beweisen.

Ich muss alles aufschreiben. Dabei rechne und rechne ich, am Schluss habe ich die 30 000 Mark ganz gut beisammen und bin hochzufrieden mit mir. Rudolf scheint genauso argumentiert zu haben, denn der Vernehmer kommt auf dieses Thema nicht mehr zurück.

Aber mit einer anderen Sache habe ich Pech: Meine Schwiegermutter hat, als sie in den Westen zog, Möbel für uns mitgenommen, die in ihrer Wohnung standen. Das gebe ich nicht zu, natürlich nicht. Doch Rudolf hat offensichtlich davon erzählt, und so stehe ich dumm da. Sicher hat er seine Gründe dafür gehabt. Wie auch immer: Ich muss ein Protokoll schreiben, warum ich »dauernd lüge«.

Überhaupt ist es schwierig, wenn zwei verhört werden, die sich nicht mehr abstimmen können. Vorher kann man doch nicht alle Eventualitäten bedenken. Ich habe bestimmt Fehler gemacht und manches in der ersten Vernehmung zugegeben, was Rudolf Probleme bereitet haben könnte. Andererseits –

in einer solchen Situation hätte noch viel mehr schief gehen können.

Und dann ist da das Problem mit dem Rechtsanwalt. Tanja hatte uns eingeschärft, dass wir unbedingt den Anwalt nehmen sollten, der sich für unsere Verteidigung melden würde. Das wäre dann derjenige, der von unseren Verwandten oder Bekannten aus dem Westen mit unserer Verteidigung beauftragt worden sei. Ausschließlich diese Anwälte würden mit dem Ostberliner Rechtsanwalt Dr. Wolfgang Vogel zusammenarbeiten, der direkt mit der Bundesregierung über den Freikauf verhandelt.

Also warten wir alle ungeduldig auf ein Anwaltsschreiben. Die anderen bekommen einen Verteidiger namens Ernst Jarosch, und ich hoffe, dass dieser sich auch bei mir meldet. Doch eines Tages werde ich in die Schreibzelle geschlossen und erhalte gleich zwei Briefe: einen von unserem Familienanwalt Dr. Werner Ulbricht, den anderen von einem gewissen Dr. Fritz Weisse. Warum nicht Jarosch? Ist Dr. Weisse der Anwalt, den Helga beauftragt hat? Was mache ich jetzt?

Rudolf und ich hatten in völliger Unkenntnis des Häftlingsfreikaufs vereinbart, im Fall der Fälle unseren Familienanwalt zu nehmen. Ich müsste mich eigentlich an diese Abmachung halten. Doch stehen die Dinge jetzt nicht anders?

Nach langem Zögern entscheide ich mich für Dr. Weisse, Rudolf dagegen nimmt, wie besprochen, unseren Familienanwalt.

In der Folgezeit erweist es sich als sehr ungünstig, dass wir zwei verschiedene Verteidiger haben, schon deshalb, weil ich sonst vielleicht etwas über Rudolfs Befinden erfahren hätte. Später wird mir klar, dass sowieso alles über Dr. Vogel läuft, ganz egal, wer in Leipzig für uns zuständig ist. Mir jedoch hat die Entscheidung schlaflose Nächte bereitet und Rudolf sicher sehr verunsichert.

Unsere Nachbarzelle ist neu belegt worden – mit Männern. Wir klopfen wie die Weltmeister. Das Klopfsystem habe ich von

Tanja gelernt und eine ganz besondere Fingerfertigkeit darin erlangt. Natürlich ist das streng verboten, aber wir sind auf der Hut. Eine von uns sitzt an der Tür und hört auf die Schritte der Bewacher, während ich klopfe. Wenn wir ein Wort erkannt haben, »klopfen wir ab«, manchmal schon nach den ersten Buchstaben. Auf diese Weise »unterhalten« wir uns stundenlang mit unseren Nachbarn. Eule und mich interessiert natürlich vor allem, ob einer von ihnen Kontakt zu unseren Männern hat: leider Fehlanzeige. Wir überlegen, ob Eules Mann und Rudolf zusammen in einer Zelle sitzen – diese Vermutung erweist sich später als richtig.

Am besten von unseren Zellennachbarn gefällt mir Lucas. Er ist witzig und sehr unterhaltsam. Ich möchte wissen, wie er aussieht.

»Ich bin groß und schlank, aber athletisch gebaut. Ich sehe sehr gut aus, habe braune Augen und fast schwarze Haare.«

»Dann bist du ja richtig attraktiv«, klopfe ich zurück.

»Versteht sich. Und du?«

»Ich natürlich auch, was soll diese Frage? Deine Beschreibung passt zufällig ziemlich genau auch auf mich, nur bin ich vielleicht nicht so athletisch wie du, habe dafür eine etwas größere Oberweite und grüne Augen.«

»Grüne Augen, Froschnatur, von der Liebe keine Spur«, kommt es prompt zurück.

»Braune Augen sind gefährlich, aber in der Liebe ehrlich«, kontere ich. »Was machst du denn beruflich?«

»Ich bin Chemiker. Und du?«

Ich sage es ihm und gehe dazu über, auch unsere Mitgefangenen zu beschreiben. Als ich bei Karin angelangt bin, haben wir ein Problem: Wir können Lucas' Kommentar zu ihrem Beruf beim besten Willen nicht verstehen.

Da geht die Klappe auf, ein Bewacher schaut herein, ruft »Frankenstein« und verschwindet sofort wieder. Wir schauen uns verblüfft an. Das gibt's doch nicht, der hat alles mitgehört und nichts unternommen. Ob das »Apfelbäckchen« war? Das ist der einzige freundliche Wächter hier. Aber die kommen doch immer zu zweit?

»Der andere musste vielleicht mal zur Toilette«, mutmaßt Eule.

Frankenstein! Wir brechen in Gelächter aus: »Karin, wie findest du die neue Berufsbezeichnung für Pathologen?«

Fröhlich erzählen wir den Nachbarn von diesem unerhörten Ereignis, da geht die Klappe wieder auf, aber dieses Mal hören wir, wir bräuchten nur so weiterzumachen, wenn wir wieder in Einzelhaft wollten. Aha, der andere ist vom Klo zurück. Jetzt müssen wir wieder aufpassen.

Eines Tages beginnt Lucas' Prozess, und als er danach wieder Klopfzeichen von sich gibt, ist ihm das Lachen vergangen: Sieben Jahre hat der Staatsanwalt für ihn beantragt. Sieben Jahre, die er dann auch zwei Tage später bekommt. Dabei wollte er nur seinen Bruder in Amerika besuchen und schrieb das auf ein Tischtuch, das er aufgespannt vor sich her trug. Mit diesem »Transparent« zog er durch Frankfurt/Oder und hatte das Pech, dass einige Leute ihm neugierig hinterherliefen. Das war für DDR-Verhältnisse schon eine »staatsfeindliche Demonstration« und zu dieser Zeit ein Sakrileg. Sieben Jahre. Wir sind fassungslos. Bald darauf geht er auf Transport, und auch von ihm haben wir nie wieder etwas gehört.

Nach langer Zeit werde ich wieder einmal vom Läufer geholt. Wahrscheinlich ein Verhör, denke ich, und mir wird flau im Magen. Doch ich bekomme meine Privatsachen ausgehändigt. Das bedeutet einen »Sprecher«, entweder mit dem Rechtsanwalt oder vielleicht mit meiner Mutter?

Es ist meine Mutter. Hübsch sieht sie aus, mir fällt heute besonders auf, dass sie für ihre achtundvierzig Jahre noch sehr jung wirkt. Aber sie ist natürlich aufgeregt, kein Wunder, zum ersten Mal in ihrem Leben hat sie ein Gefängnis betreten.

Ich bin verlegen und habe das Gefühl, mich verteidigen zu müssen. Schließlich sind wir einfach verschwunden, obwohl ich versprochen hatte, ohne ihr Wissen so etwas nie zu tun. Ich habe ein unglaublich schlechtes Gewissen.

Auf einmal höre ich mich sagen: »Wenn wir nicht versucht hätten abzuhauen, dann säße in zwanzig Jahren Constanze hier. Und die werfen hier mit den Haftjahren herum wie andere mit Bonbons.«

Meine Mutter ist entsetzt. Allein diese Worte hätten genügt, mich ins Gefängnis zu bringen. Aber ich habe einen Vorteil: Ich bin schon drin.

»Sie sind wohl total verrückt geworden?« Die Bewacherin – es ist die »taubstumme Empfangsdame« vom 20. Februar – reagiert mit Empörung.

»Noch so eine Äußerung, und der Sprecher ist für Sie zu Ende.«

Doch irgendwie tut es gut, Dampf abgelassen zu haben.

Mutter erzählt vor allem von Constanze. Sie beruhigt mich, es ginge ihr gut. Natürlich sei sie manchmal noch traurig, aber es wäre schon viel besser geworden. Und sie ließe uns grüßen. Das alles klingt so normal ...

Ich staune über meine Mutter, sie hält sich tapfer. Und sie legt je ein Bild von Rudolf und Constanze auf den Tisch, beide darf ich behalten. Schnell nehme ich die Fotos an mich, ohne auch nur einen Blick darauf zu werfen. In der Zelle werde ich sie nachher genau betrachten. Ich habe Angst, dass ich sonst losheule.

Und noch etwas packt meine Mutter aus: ein Neues Testament. Ich habe immer wieder danach gefragt, aber schon nicht mehr damit gerechnet.

»Bei Ihrer Überführung in den Strafvollzug dürfen Sie es nicht mitnehmen, es bleibt bei der Staatssicherheit«, sagt die Aufpasserin gehässig.

Du könntest auch mal hineinschauen, denke ich.

»Für Rudolf habe ich auch eines«, sagt meine Mutter.

Besorgt mustert sie mich, und ich versichere ihr, dass es mir hervorragend geht, obwohl ich weiß, dass mein Äußeres mich Lügen straft. Als ich das erste Mal duschen durfte und einen Blick in den Spiegel riskierte, musste ich feststellen, dass ich auch nicht besser aussehe als meine Zellengenossinnen.

Immer wieder frage ich nach Constanze; alles andere ist im Augenblick Nebensache. Es beruhigt mich zwar sehr, dass es für sie inzwischen normal zu sein scheint, dass ihre Eltern weg sind – aber es tut auch weh. Die vertrauten Menschen und die gewohnte Umgebung scheinen dem Kind immerhin Sicherheit zu geben.

Meine Mutter erzählt, dass auch die Nachbarn sehr lieb sind und deren achtjährige Tochter die Kleine manchmal aus dem Kindergarten holt und mit ihr spielt. Ab und zu käme auch Constanzes ehemalige Kinderfrau, ihre Paten und ihre Freunde. Das sei für meine Mutter besonders wichtig.

Da ich mich nun an die Regeln halte und kein Wort mehr über die Stasi, die Verhältnisse hier oder unser Delikt sage, greift unsere Bewacherin auch nicht mehr ein.

Der Abschied von meiner Mutter fällt mir schwer, aber ich habe die Fotos, ein Neues Testament und wieder ein bisschen Kontakt zur Außenwelt.

In Hochstimmung komme ich zurück in unsere Zelle, wo mich die anderen schon neugierig erwarten. Alle stürzen sich auf die Fotos und bewundern meinen Mann und meine Tochter. Das Bild von Rudolf hat mir auch immer gefallen.

»Rudolf sieht richtig gut aus«, sagt Eule. »Ich freue mich schon darauf, ihn kennen zu lernen.«

Die Frauen überlegen, wem von uns beiden Constanze denn ähnlich sähe, und gelangen zu dem Ergebnis, sie sei eine gelungene Mischung: Die Augen eher von mir, die Nase ein Unikat, der Mund eindeutig von Rudolf.

Rudolf, 1976

Constanze, Frühjahr 1977

Ich kann meinen Blick nicht von dem Foto wenden. Es ist nach der Flucht aufgenommen worden. Und sie lächelt!

Am nächsten Sonntag halte ich mit Hilfe des Neuen Testaments die erste Andacht im Gefängnis. Da wir keinen Bleistift oder Kugelschreiber haben dürfen, »unterstreiche« ich die Stellen, die ich vorlesen und auslegen will, mit dem Fingernagel. Meine theologischen Kenntnisse sind nicht besonders groß; also lasse ich alles weg, was ich nicht erklären kann. Ich lese die Bergpredigt. Diese »Grundsatzrede« Jesu, die so voller Liebe ist, hat mich schon immer fasziniert und ist jetzt genau das Richtige für uns.

Nach unserem etwas eigenwilligen Gottesdienst sprechen wir voller Hoffnung über die Zukunft. Es wird für uns alle gut ausgehen, davon sind wir in diesem Augenblick felsenfest überzeugt.

»Apfelbäckchen« ist wirklich ein feiner Kerl. Er hat ein rundes rotwangiges Gesicht mit blauen Augen und ist immer freundlich. Als ich Durchfall habe und den ganzen Tag auf dem Klo zubringe – meine armen Zellengenossinnen! –, ist er sehr mitfühlend. Er öffnet die Türklappe und sagt: »Sie sitzen ja immer noch auf dem Thron. Brauchen Sie noch Toilettenpapier?«

»Ja, bitte, ein kleiner Vorrat kann nicht schaden.«

Das hätte ich mir auch nicht träumen lassen, dass ich einmal auf dem Klo sitze und mich dabei mit einem wildfremden Mann unterhalte.

Wie »Apfelbäckchen« wohl hierher geraten ist?

Auch eine andere Begebenheit mit ihm ist mir in Erinnerung geblieben: Eines Tages schiebt er uns zum Abendbrot einen Riesenteller voll Brot durch die Luke. Und was für Brot! Viele verschiedene Sorten, die wir noch nie gesehen haben. Wir essen und essen. Doch unser Fassungsvermögen ist begrenzt. Als wir einige Scheiben wieder zurückgehen lassen, ist »Apfelbäckchen« tief enttäuscht.

»So nehmen Sie doch, das sind die Reste vom Turn- und Sport-fest. So etwas bekommen Sie so schnell nicht wieder. Eine ein-malige Gelegenheit. Bitte, greifen Sie zu.«

Nein, wir dürfen ihn nicht enttäuschen, also nehmen wir ihm alles ab, was er noch hat – und essen eben einfach weiter. Den Rest verzehren wir am nächsten Tag. Es schmeckt immer noch besser als das graue, feuchte, altbackene Brot, das wir sonst erhalten.

Langsam leert sich unsere Zelle. Tanja und die alte Frau sind ja schon im Strafvollzug, und heute hat Karin ihren Prozess. Es geht ihr psychisch nicht gut. Ihre Tochter lebt bei ihrem Exmann, und immer wieder versucht man, sie mit dem Kind unter Druck zu setzen, damit sie ihren Ausreiseantrag zurückzieht. Wenn ihr ehemaliger Mann Natalie nicht herausgäbe – droht Karins Ver-nehmer –, müsse das Kind in der DDR bleiben. Karin hat große Angst, rechnet aber nicht damit, dass ihr Exmann so etwas tut. Ohne ihre Tochter will sie nicht im Westen sein.

Ich versuche sie aufzuheitern: »Karin, reg dich nur nicht auf. In zwei Jahren, wenn du mit Natalie schon längst an der Costa Brava bist, schließen die hier immer noch die Türen auf und zu.«

Warum gerade die Costa Brava? Ich hätte genauso gut auch Mexiko oder Türkei sagen können. Oder einfach nur »am Rhein«. Aber Costa Brava klingt so schön …

Gespannt warten Eule und ich auf Karin. Als sie in die Zelle tritt, ist ihr die Erleichterung anzumerken. Anderthalb Jahre hat der Staatsanwalt beantragt. Gemessen an Tanja und Frau Krauss ist das nicht viel. Aber anderthalb Jahre im Gefängnis, ander-thalb Jahre ohne Kind, anderthalb Jahre völligen Ausgeliefert-seins und absoluter Rechtlosigkeit sind dennoch lang.

Als Karin auf Transport in den Strafvollzug geht, bleiben wir betrübt zurück – sie wird uns sehr fehlen.

Eule und ich kommen bald darauf in eine kleine Zelle, die der Einzelzelle, in der ich am Anfang war, sehr ähnlich ist. Schade.

Aber immerhin sind wir zu zweit und verstehen uns extrem gut. Wir sitzen schon fünf Monate zusammen, und es hat nicht eine einzige Verstimmung zwischen uns gegeben. Das ist in dieser Situation nicht selbstverständlich.

Nach einer längeren Pause muss ich wieder öfter zum Verhör. Jetzt geht es um die Frage, warum wir die DDR verlassen wollten. Und endlich kann ich alles loswerden, was uns in der DDR so bedrückt hat: die Erziehung zu Lüge und Heuchelei, keine Meinungsfreiheit, keine Redefreiheit, keine Reisefreiheit, Nachteile, wenn man sich zur Kirche bekennt... Und ich bekunde meinen festen Willen, dass Constanze unter anderen Bedingungen aufwachsen soll.

»Sie sind also der Meinung, dass ein Mensch mit einer christlichen Einstellung in unserem Staat nicht leben kann?«

»Das habe ich nicht gesagt, aber *ich* will es nicht mehr.«

»Nur in unserer sozialistischen Gesellschaft sind die wichtigsten Ideale des Christentums verwirklicht, während sie in der BRD mit Füßen getreten werden.«

»Wie kommen Sie darauf? Drüben kann doch jeder nach seiner Fasson selig werden, auch Christen. Ich möchte mich frei bewegen und meine Meinung in jeder Hinsicht offen äußern können, ohne Gefahr zu laufen, benachteiligt, schikaniert oder gar eingesperrt zu werden. Ich möchte nach meinen Leistungen beurteilt werden, nicht nach der Parteizugehörigkeit. Ich will endlich in geistiger und geistlicher Hinsicht unabhängig sein und auch meiner Tochter ein solch freies Leben ermöglichen.«

»Bei uns kann jeder sagen, was er denkt, nur nichts gegen den Staat, weil er damit den Fortschritt hemmt, die imperialistischen Kräfte stärkt und den Weltfrieden gefährdet. Unser Ziel, dass überall Frieden und Freiheit herrschen, kann nur im Kommunismus verwirklicht werden. Hier gibt es keine Ausbeutung des Menschen durch den Menschen, keine Armen und Reichen. Und das wiederum kann auch als christliches Ideal angesehen werden.«

Das ist eine Steilvorlage für mich. Jetzt zahlen sich die Rotlichtbestrahlungen aus. Ich genieße es zu sagen: »Na, das sah Karl Marx aber ganz anders. Christen hatten für ihn die Eigenschaften der – ich zitiere wörtlich – Kanaille: Feigheit, Selbstverachtung, Erniedrigung, Unterwürfigkeit und Demut. Da haben Sie wohl im Parteilehrjahr nicht aufgepasst?«

»Darum geht es nicht, es geht darum, dass es bei uns keine Armen und Reichen mehr gibt, im Gegensatz zur BRD. Nehmen wir doch nur mal das Beispiel Ihrer Schleuserin. Die hätte bei der ganzen Aktion gar nicht mitgemacht, wenn sie drüben nicht am Existenzminimum leben müsste. So etwas gibt es bei uns nicht.«

»Stimmt, bei uns ist die Armut gleichmäßig verteilt, allerdings mit Ausnahmen: Handwerker und Leute, die an Ersatzteile rankommen, sind fein raus, weil alles uralt, verrottet und total kaputt ist. Funktionäre und diejenigen, die sich mit dem Staat arrangieren, haben Geld und Macht. Ich war einmal am Wandlitzsee und weiß, wovon ich rede. Und was für ein Staat das ist, sieht man auch daran, wie er mit seinen Alten umgeht: Unsere Mitmieterin hatte nach Abzug der Wohnkosten 106 Mark ›Sozialfürsorge‹ im Monat. Das hat doch mit christlichen Idealen nicht das Geringste zu tun. Dafür aber umso mehr etwas mit dem Existenzminimum.«

»Nehmen Sie sich in Acht!«

Doch ich bin nicht mehr zu bremsen. Zu viel hat sich angestaut.

»Eine Mauer, die sich nicht gegen die Feinde von außen, sondern gegen die eigenen Leute richtet, ist wohl einmalig auf der Welt. Und dass Leute wie ich eingesperrt werden, auch.«

Verdammt, das war riskant. Was ist nur in mich gefahren?

Es kommt ein Anruf, und die Vernehmung ist beendet. Wie immer muss ich zum Schluss das Vernehmungsprotokoll unterschreiben, und wie immer sind meine Ausführungen entstellt wiedergegeben.

Am folgenden Tag das nächste Verhör. Wieder geht es um die Vorzüge des Sozialismus. Heute bin ich vernünftiger, denn ich befürchte, dass ich mit meinen Äußerungen unser Strafmaß erhöhen könnte. Ich höre mir also geduldig an, wie gut doch unser Gesundheitswesen ist, dass jeder das Recht auf Arbeit hat, dass es – im Gegensatz zur Bundesrepublik – genug Kinderkrippen und -gärten gibt und dass unser Bildungssystem ganz hervorragend sei. Mein Blutdruck steigt.

Auch zu den Krippen und Kindergärten könnte ich etwas sagen: Da in der DDR ein eklatanter Arbeitskräftemangel herrscht, ist man auf die Arbeitskraft der Frauen angewiesen und gestaltet die Lohnpolitik so, dass die Männer im Allgemeinen zu wenig verdienen und deshalb die meisten Frauen arbeiten müssen. Das nennt sich dann »Gleichberechtigung der Frau« und wird im Westen manchmal sogar als vorbildlich gepriesen. Nicht zu vergessen: Die Erziehung der Kinder hat der Staat auf diese Weise auch gleich noch unter Kontrolle.

Der Vernehmer ist jetzt beim Gesundheitswesen und dem Bildungssystem angelangt. In mir kocht es. Zu beiden Punkten hätte ich einiges anzumerken, aber ich wiederhole nur immer wieder: »Da bin ich anderer Meinung.« Das ist ungefährlich, das wissen sie sowieso: Deshalb bin ich ja hier.

Der Stasi-Vernehmer räumt »einige Versorgungsengpässe« ein, lobt aber sofort die billigen Mieten und das Kulturleben der DDR.

»Was halten Sie denn davon?«

Zu diesen Themen kann ich durchaus das sagen, was ich denke, damit rüttle ich nicht an den Grundfesten des Staates.

»Die Versorgungsengpässe sind zwar lästig, aber nicht existenzgefährdend. Ich gehöre nicht zu denen, die in den Westen wollen, weil sie tolle Autos, schöne Häuser oder große Kühlschränke haben möchten. Aber für eine Wohnung in Dresden hätte ich sehr gern viel Geld ausgegeben. Und was das Kulturleben der DDR betrifft: Natürlich wird viel für die Kultur getan. Es gibt großartige Künstler in allen Bereichen, es gibt sehr gute Theater, Opernhäuser, Orchester und Chöre, und ich persönlich hatte eine hervorragende Geigen-Ausbildung. Ich kenne aber auch Studenten, die von Lehrern unterrichtet wurden, die an einer Hochschule nichts zu suchen haben. Und leider wird die Kunst bei uns instrumentalisiert und muss die sozialistische Wirklichkeit widerspiegeln, positiv, versteht sich.

Abgesehen davon ist es jedoch einfach lächerlich, wenn jedes Nest ein schlechtes Orchester hat, das seine Existenz ausschließlich der staatlich gelenkten Kulturplanung verdankt. Oft werden in diesen kleinen Orten Riesensinfonien aufgeführt. Dann haben die besseren Orchester in der Umgebung Hochkonjunktur, denn sie müssen en gros Aushilfen stellen, damit diese größenwahnsinnige Programmgestaltung irgendwie realisiert werden kann. Natürlich sind die Konzerte zumeist ausverkauft, aber auch nur deshalb, weil sie für die ›Kollektive‹ und ›Brigaden‹ Pflichtveranstaltungen sind. Diese erhalten dafür Pluspunkte im Kampf um den Titel ›Kollektiv der sozialistischen Arbeit‹. Nein, mit der Kultur können Sie mir die DDR nicht schmackhaft machen, darüber könnte ich Ihnen noch viel erzählen.«

Darauf scheint der Vernehmer keinen Wert zu legen, dafür fragt er mich zum wiederholten Mal, woher ich meine christliche Einstellung hätte.

Ich bin ganz vorsichtig. Ich muss Rudolf entlasten, denn immer wieder wird mir in den Mund gelegt, er hätte mich ideologisch negativ beeinflusst. Da mein Vater Atheist und deshalb »progressiv« ist, brauche ich nicht zu lügen, wenn ich sage, dass er mich ganz bestimmt nicht christlich erzogen hat. Ich schiebe meine Großmutter vor; die starb, als ich elf Jahre alt war. Natürlich bringt der Stasi-Mann auch meine Mutter ins Gespräch. Ich bestreite, dass sie mich geistlich beeinflusste. Doch ich kann nicht verhindern, dass später im Vernehmungsprotokoll steht, dass meine Mutter nach dem Tod der Großmutter meine christliche Erziehung fortgesetzt habe.

Am Ende dieses Verhörs sagt der Vernehmer zynisch: »Die Ermittlungen sind mit dem heutigen Tag abgeschlossen. In ein oder zwei Monaten ist Ihr Prozess, dann kriegen Sie die Quittung für Ihr Handeln. Und im Strafvollzug werden Sie sich hierher zurücksehnen.«

Ich denke an die zahllosen quälenden Verhöre, an die Zeit in der Einzelzelle, an die Umstände unserer Verhaftung und glaube fest daran, dass es nicht mehr viel schlimmer werden kann. Trotzdem: Vor dem Strafvollzug habe ich schon Angst. Was ich natürlich nicht zugebe.

Sehr freundlich antworte ich: »Ich werde Ihnen eine Ansichtskarte von der Costa Brava schicken, sobald ich drüben bin.«

Gern wäre ich jetzt hocherhobenen Hauptes hinausmarschiert, aber ich muss warten, bis man mich abführt.

»Seien Sie nur nicht so siegessicher. Sie kommen bestimmt nicht in den Westen! Sie ganz bestimmt nicht!«

Das saß. Natürlich hat er das nicht zu bestimmen, aber irgendwie trifft es mich doch. Alles ist ungewiss. Ich weiß nicht, wo ich im Strafvollzug sitzen werde, nicht, wie lange, nicht, ob ich in der DDR bleiben muss ... Nichts weiß ich.

Jetzt kann ich auch das erste Mal unter vier Augen mit Dr. Weisse reden. Heute vergisst meine Bewacherin in der Eile, dass ich mich umziehen muss. Ich erscheine also in der »Kleidung des Hauses« vor meinem Verteidiger. Der ist starr vor Schreck, als er mich in diesem Aufzug sieht. Mir wird klar, dass selbst ein so erfahrener Anwalt wie er nicht weiß, dass wir in der U-Haft unsere Privatsachen abgeben müssen. In der Anstaltsordnung steht zwar, dass wir sie behalten dürfen, aber Papier ist geduldig und die Realität sieht in der DDR – wie in allen Diktaturen – immer anders aus. Auch nach DDR-Recht sind wir erst einmal Beschuldigte, nicht Verurteilte – und müssten auch als solche behandelt werden. Als ich eine entsprechende Bemerkung mache, bedeutet mir Dr. Weisse zu schweigen. Ich verstehe, dass er mit Wanzen rechnet. Aber was habe ich noch zu verlieren?

Der Rechtsanwalt ist ein freundlicher älterer Herr mit schneeweißem Haar, klein und untersetzt. Ich hatte ihn schon zweimal gesehen, aber nur unter Aufsicht. Da ich nicht mit ihm über unsere Situation sprechen durfte – weder über die Gegenwart noch über die Zukunft –, unterhielten wir uns über das Wetter, über den Leipziger Zoo, in den er mit seinem Enkel auch oft ginge, und über ungarischen Wein.

Auch heute ist es nicht viel anders. Nein, von Constanze könne er mir nichts Neues berichten, er habe nichts von ihr gehört, und wie es Rudolf gehe, wisse er ebenfalls nicht. Auch über die Höhe der zu erwartenden Haftstrafe erhalte ich nur ausweichende Antworten. Auf meine Frage nach dem Häftlingsfreikauf geht er gar nicht ein. So sitzen wir wieder nutzlos herum und reden dummes Zeug. Ich bin sicher, dass er vieles weiß, was mich dringend interessiert hätte, aber ich verstehe auch seine Zurückhaltung. Schließlich muss er in diesem System weiter leben und arbeiten.

Einige Tage später besucht mich meine Mutter zum zweiten Mal. Das bedeutet mir sehr viel. Sie macht heute einen ruhigeren Eindruck, erzählt das Neueste von Constanze. Im Kindergarten ist sie von den »Zwergen« zu den »Häschen« aufgestiegen. Und ein Kinderballett wurde aufgeführt, bei dem Constanze als Marienkäferchen mitwirkte. Als ihr Auftritt zu Ende war, gefiel es ihr auf der Bühne so gut, dass sie gar nicht wieder abtreten wollte. Es sei sehr lustig gewesen, und das Publikum habe begeistert geklatscht. Schon jetzt freue sich Constanze auf Weihnachten. Da sei die *Weihnachtsgeschichte* geplant, und sie dürfe die Maria spielen.

Constanze (ganz rechts) im christlichen Kindergarten, Herbst 1977

Inzwischen war meine Mutter auch bei Rudolf. Es gehe ihm gut, sagt sie. Kann ich das glauben?

11

»Die Partei, die Partei, die hat immer Recht . . .«

Am 7. 7. 77 – das Datum vergesse ich nie – bekomme ich meine Anklageschrift vorgelegt. Schwarz auf Weiß lese ich, dass wir Verbrecher sind. Tanja hatte immer wieder betont, dass ein großer Unterschied zwischen »Vergehen« und »Verbrechen« gemacht wird. Ich rechne nun mit dem Schlimmsten. Aber immerhin steht dort auch, dass wir nicht wussten, dass unsere Verwandten eine »kriminelle Menschenhändlerbande« beauftragt hatten, sondern dass wir uns nur am Ende mit dieser Tatsache abgefunden haben. Das wiederum ist ein Pluspunkt!

Am 1. August habe ich einen »Sprecher« mit Rudolf, der ihn beantragt und tatsächlich genehmigt bekommen hat. Unglaublich!

Heute ist unser siebenter Hochzeitstag. Ich zittere vor Freude. Eine halbe Stunde dürfen wir uns sehen. Rudolf ist so dünn wie nie zuvor und schlägt auch gleich vor, dass wir sofort nach unserer Entlassung einen Badeurlaub machen sollten, so ganz ohne Bauch wolle er sich gern am Strand zeigen. Ich bringe natürlich die Costa Brava wieder ins Spiel . . .

Und er sagt: »Bitte koch nie wieder Möhrensuppe. Ich kann das Zeug nicht mehr ausstehen.« Ich bin glücklich, dass er seinen Humor nicht verloren hat. Jeder ist bemüht, dem anderen zu zeigen, dass alles bestens ist. Gern würde ich wenigstens einmal seine Hand berühren, aber selbst das ist nicht erlaubt. Dieses Mal sitzt der Vernehmer höchstpersönlich daneben und passt genau auf. So streicheln wir uns nur mit den Augen.

Rudolf hat sich wahnsinnig über das Neue Testament gefreut, das er auf meinen Antrag hin von Irene erhalten hat.

»Das war eine Riesenüberraschung, wie hast du das nur gemacht?«

Ich bin richtig stolz auf mich. »Na wie schon: Ich habe höflichst darum gebeten.«

»Das war der schönste Gruß, den du mir schicken konntest. Und was weißt du über Constanze? Meinst du, dass sie das alles verkraften wird?«

»Ich habe den Eindruck, dass es ihr jetzt gar nicht so schlecht geht«, antworte ich und erzähle ihm von ihrer Karriere als Bühnenstar, was ihn sehr zu amüsieren scheint.

In einigen Wochen findet unser Prozess statt, dann wird über Jahre unseres Lebens entschieden. Wer weiß, wann wir uns wiedersehen? Aber wir sitzen in der guten Stube der Stasi und lachen. Das Leben ist schon manchmal merkwürdig.

23. August 1977. Heute beginnt unser Prozess. Ich habe in der Nacht kein Auge zugetan. Ob er wirklich unter Ausschluss der Öffentlichkeit stattfindet? Eule will mich ein bisschen aufmuntern: »Denkst du wirklich, deine Lieben sitzen alle in der ersten Reihe?«

Ich bin so nervös, dass ich nicht einmal lächeln kann, und als mich zwei finster dreinblickende Männer holen, wird mir schlecht. Sie führen mich vom Gefängnistrakt in das Gerichtsgebäude. Unser Fall wird vor dem Ersten Senat des Bezirksgerichts Leipzig verhandelt. Nach einem halben Jahr begegne ich zum ersten Mal »normalen« Menschen in den dunklen Gerichtsgängen. Sie starren mich an, wie ich in Handschellen und gut bewacht durch das Gebäude geführt werde. Ich registriere erstaunte Blicke und stelle mir vor, es käme mir jemand entgegen, den ich kenne.

Im Gerichtssaal entdecke ich nur Rudolf, der schon auf der Anklagebank sitzt. Er lächelt mir aufmunternd zu. Ich muss nun ebenfalls auf der Anklagebank Platz nehmen, aber nicht neben Rudolf – unsere Rechtsanwälte sitzen zwischen uns. Zuvor waren wir belehrt worden, dass wir kein Wort miteinander wechseln dürfen. Und so sehen wir uns nur an und sagen uns auf diese Weise sehr viel. Wir werden es schaffen, lese ich in Rudolfs Augen, und: Ich habe dich lieb.

Dann erscheint das hohe Gericht: der Richter namens Richter, der Staatsanwalt Lehmann, die Schöffen Frau Wallrodt und Herr Vogel sowie die Justizprotokollantin Naß. Unser Prozess findet unter Ausschluss der Öffentlichkeit statt.

Staatsanwalt Lehmann wird das Wort erteilt. Seine Ausführungen folgen zunächst im Wesentlichen der Anklageschrift, doch dann kommt er zur Sache. Wie Schläge prasseln seine Hasstiraden auf uns herab: Wir hätten niemals aus einem Gewissenskonflikt heraus gehandelt, sondern seien in gewissenloser Weise unseren kriminellen Neigungen gefolgt. Denn im Sozialismus seien ja die Ideale des Christentums verwirklicht, während sie in der imperialistischen Gesellschaft mit Füßen getreten würden. Und weiter geht es: »Mit ihrem Handeln haben sie den imperialistischen Herrschaftsbereich gestärkt und den Frieden in Europa gefährdet. Die Angeklagten waren sich der Gesellschaftsgefährlichkeit ihres Handelns bewusst, mit dem sie den Kampf der imperialistischen Kräfte gegen die DDR und damit gegen den Fortschritt unterstützt haben.« Das ist ja toll, so viel politischen Einfluss hatten wir uns selbst gar nicht zugetraut!

Nur nicht aufregen. Mit diesen Phrasen sind wir doch groß geworden, doch dieses Mal treffen sie uns ganz persönlich, nicht irgendeinen verschwommenen Klassenfeind. Wir sind die Feinde, Rudolf und ich. Und es heißt ja immer, dass man gegen den Klassenfeind mit aller Härte vorgehen muss.

Endlich kommt der Staatsanwalt zum Ende. Ich höre, dass wir uns eines Verbrechens und eines Vergehens in schwerem Falle schuldig gemacht hätten. Und ich kann nur staunen, wie viele Paragraphen des Strafgesetzbuchs wir verletzt haben.

Anschließend wird unser Fluchthelfer als Zeuge aufgerufen. Man fragt Manfred Kowalski nicht viel. Er muss vor allem bestätigen, dass wir es sind, die er im Kofferraum in den Westen »verbringen« wollte. Er schaut uns nur ganz kurz an, nickt und wird wieder abgeführt. Er wirkt müde.

Wir werden noch einmal zum Tathergang befragt, es muss alles seine sozialistische Ordnung haben.

Jetzt ist Lehmann wieder an der Reihe: Der Staatsanwalt beantragt drei Jahre für mich und dreieinhalb für Rudolf, und mir ist klar, dass wir dieses Strafmaß auch erhalten werden. Drei Jahre. Dreieinhalb für Rudolf. Ich kämpfe mit den Tränen. Nur nichts anmerken lassen.

Die Plädoyers unserer Anwälte sind nur noch eine Farce, die man sich hätte ersparen können. Rudolfs Anwalt Dr. Ulbricht spricht überzeugend und mit viel Wärme für uns, aber es hilft ja doch nichts. Er beantragt für Rudolf, auf drei Jahre herunterzugehen.

Mein Anwalt kommt wieder mit der alten Geschichte, ich sei doch noch so jung und nur von meinem Mann beeinflusst worden. Ich weiß, dass er es gut meint, trotzdem bin ich wütend. Wie kann er das Rudolf nur antun? Und dann sagt er noch, ich hätte eine berufliche Enttäuschung erlitten, da ich in Leipzig nur auf Honorarbasis tätig werden konnte und sich mein Arbeitsbeginn an der Dresdener Hochschule aufgrund unserer Wohnungsmisere verzögert hatte. Will er damit um Verständnis für meine »Tat« werben? Die Dinge liegen tiefer, viel tiefer. Doch ich merke, dass aus seinem Plädoyer Resignation spricht. Resignation darüber, dass er nicht helfen kann. Wie viele solcher Leute wie uns musste er in seinem Leben schon »verteidigen«? Und immer umsonst. Es muss schwer sein, als Rechtsanwalt in einem Unrechtsstaat zu arbeiten, ich möchte nicht mit ihm tauschen. Jedenfalls beantragt er zweieinhalb Jahre für mich. Alle wissen, dass die Anträge der Rechtsanwälte nur zeigen sollen, wie unvoreingenommen unsere Justiz ist. Der demokratische Touch sozusagen.

Die Verhandlung ist damit geschlossen. In zwei Tagen wird die Urteilsverkündung sein. Ich frage mich, was das noch soll: Es ist doch alles klar.

Drei Jahre. Dreieinhalb Jahre. Und ein halbes Jahr haben wir erst geschafft.

Wie gerädert komme ich in unsere Zelle zurück. Eule versucht mich aufzubauen. Nach diesen schweren Anklagen hätte es viel schlimmer kommen können! So gesehen ist das Strafmaß geradezu milde.

25. August 1977. Urteilsverkündung. Die Beschuldigten empfangen stehend ihr Urteil.

IM NAMEN DES VOLKES:

In der Strafsache gegen Eva-Maria und Rudolf Neumann hat der Erste Strafsenat des Bezirksgerichts Leipzig in seiner Hauptverhandlung am 25. August für Recht erkannt: Wegen staatsfeindlicher Verbindungsaufnahme, teilweise in Tateinheit und teilweise in Tatmehrheit mit mehrfach versuchtem Grenzübertritt in schwerem Fall und Verletzung der Ordnung im Grenzgebiet und Verbrechen und Vergehen nach § 100 Abs. 1, § 213 Abs. 1 und 2 Ziff. 2 und 3 Abs. 3 StGB, § 6 Abs. 1 Ziff. 2 Verordnung zum Schutze der Staatsgrenze – werden der Angeklagte Rudolf Neumann zu

3 – drei – Jahren und 6 – sechs – Monaten Freiheitsstrafe und die Angeklagte Eva-Maria Neumann zu

3 – drei – Jahren Freiheitsstrafe verurteilt.

Auf einmal kommt mir der Anfang eines Liedes in den Sinn:

Die Partei, die Partei, die hat immer Recht,
Genossen, es bleibe dabei!
Denn wer für das Recht kämpft, hat immer Recht
gegen Lüge und Heuchelei.

Jemand zupft mich an der Bluse. Es ist Dr. Weisse. Ich habe gar nicht bemerkt, dass wir uns setzen dürfen, und bin die Einzige, die noch steht.

Der Richter namens Richter schreitet zur Urteilsbegründung. Zunächst wird kurz unser Werdegang geschildert. Danach der so genannte Tathergang, der unsere Fluchtvorbereitungen, die Fluchtversuche und die Verhaftung umfasst. Als der Richter zu der Bewertung und damit zur Einordnung unserer Handlungen in die Paragraphen kommt, habe ich das Gefühl, in einem schlechten Provinz-Theater zu sein. Das alles ist so lächerlich und kleinkariert, dass es einfach gar nicht wahr sein kann.

Der Richter liest vor, dass wir die Absicht hatten, das Gebiet der DDR ohne staatliche Genehmigung zu verlassen, auch »reisten« wir ohne eine solche in das Grenzgebiet ein. Das sind schon zwei Tatbestände. Ich erfahre auch, dass wir »in Gruppe handelten«, weil meine Schwiegermutter an der Organisation und die Schleuser an der Ausübung der Tat beteiligt waren. Und dass schon die Absicht, nicht mehr in unsere Wohnung zurückzukehren, strafbar ist. Da wir diese Absicht mehrfach hegten, besteht »Tatmehrheit«. Aber auch eine »Tateinheit« gibt es, »da es sich hierbei um ein einheitliches Tatgeschehen handelt, bei dem zugleich mehrere Strafrechtsnormen verletzt wurden«. Alles ist schlecht für uns: die Tateinheit, die Tatmehrheit, die Gruppe, einfach alles.

Ich versuche mich zu konzentrieren, um mir wenigstens einiges davon zu merken, denn das Urteil werde ich nur kurz zu sehen bekommen. Denke ich jedenfalls. Ich kann zu diesem Zeitpunkt nicht ahnen, dass ich es viele Jahre später in meinen Stasiakten bei der Gauck-Behörde finden werde.

Schließlich ist der Richter mit Namen Richter mit seinen Ausführungen fertig. Die Schöffen sitzen mit wichtigen Mienen da, der Staatsanwalt gähnt. Das Ganze scheint ihn zu langweilen. Wie viele Unschuldige hat er schon in den Strafvollzug geschickt, er zusammen mit seinem Genossen Richter. Ob ihm nachher sein Mittagessen schmeckt?

Alle stehen auf, und mit voller Wucht trifft mich die Erkenntnis, dass ich Rudolf nun sehr lange nicht sehen werde. Wahrscheinlich erst wieder, wenn dieser Albtraum zu Ende ist. Aber wann wird das sein?

Dr. Weisse sagt »Alles Gute« zu mir und geht. Ich schaue ihm nach: Er verlässt den Gerichtssaal mit gesenktem Kopf. Zu spät fällt mir ein, dass ich ihn doch noch einmal fragen wollte, ob er meint, dass wir nach Absitzen unserer Strafe in der DDR bleiben müssen. Der Vernehmer hat keinen Zweifel daran gelassen. Oder ob Tanja Recht hat, mit dem Freikauf nach der Hälfte der Haftzeit?

Rudolf verabschiedet sich von Dr. Ulbricht. Seine Bewacher stehen schon neben ihm und drängen. Noch ein letztes Mal sehen wir uns an, dann schließt sich die Tür hinter ihm. Ich schaue mich nach meinen Begleitern um. Ich will weg von hier. Sie stehen vor der Tür und rauchen ihre Zigarette zu Ende. In diesem Moment kommt Dr. Ulbricht auf mich zu.

»Kopf hoch, Mädchen! Sie werden sehen, die Zeit vergeht schneller, als Sie jetzt glauben.«

»Was denken Sie, wie lange noch?«, frage ich hastig, denn meine Bewacher haben eben ihre Zigarettenpause beendet.

»Ich hoffe, Sie müssen nur zwei Drittel der Strafe absitzen. Halten Sie sich tapfer.«

Zurück im Gefängnistrakt, muss ich meine Privatsachen abgeben und werde in die Zelle geführt. Ich bin am Boden zerstört. Zwei Drittel, das sind noch anderthalb Jahre, für Rudolf sogar vier Monate mehr. Constanze ist dann schon in der sozialistischen Schule ...

»Reiß dich am Riemen. Du musst das Gefängnis gut überstehen, alles andere ist zweitrangig.« Eule füttert mich mit denselben Durchhalteparolen, die ich bei den anderen immer benutzt habe: Dass es im Gulag, irgendwo in Sibirien, viel schlimmer wäre, weil in diesen Weiten so viel geschehen kann, was kein Mensch erfährt. Und weil die DDR dagegen ein Glashaus ist.

»Ja, meinetwegen«, stöhne ich. »Aber besonders schön ist es hier auch nicht.«

Meine gemeinsamen Tage mit Eule sind gezählt. Wir reden und reden und reden. Doch schließlich heißt es: »Zwei, Sachen packen und mitkommen.« Eule steht unglücklich und hilflos in der Zelle und winkt mir hinterher. Dann fällt die schwere Tür krachend ins Schloss.

12

Das »Haus der Tränen«

Ich werde in die Effektenkammer geführt, in der sich meine Sachen befinden, und darf meine privaten Kleidungsstücke anziehen. Meine Uhr wird mir nicht ausgehändigt. Und was geschieht mit der Handtasche, den Papieren und vor allem der Geige? Hat die Stasi das alles requiriert?

Ich erfahre erst viel später, dass meine Mutter die Sachen nach meinem Abtransport holen durfte.

Vor der Effektenkammer nehmen mich zwei kräftige Männer in Empfang und bringen mich in den Gefängnishof. Dort steht die »grüne Minna«, in die ich einsteigen muss. Das Innere dieses Gefängniswagens besteht aus einem einzigen Raum, der durch Gitter vom Fahrer getrennt ist. Zwei Bänke sind seitlich festgeschraubt, darüber befinden sich vergitterte Fenster, durch die man nach draußen sehen kann.

Ich erwarte noch andere Gefangene, aber bald darauf erscheint der Fahrer und fährt mit den beiden Bewachern und mir los.

Mein Gehirn arbeitet fieberhaft. Allein transportieren sie mich bestimmt nicht nach Hoheneck. Was ist sonst noch in der Nähe? Der so genannte Rote Ochse in Halle vielleicht? Dieses Gefängnis soll zu einem Teil Untersuchungshaftanstalt der Stasi und zum anderen Strafvollzugsanstalt sein. Oder Dessau? Dort gibt es auch ein Gefängnis.

Nach etwa zehn Minuten ist die Fahrt beendet, und ich muss aussteigen. Gerade habe ich noch das Straßenschild erspähen können, ehe der Wagen in einen großen Gefängnishof einfährt:

Alfred-Kästner-Straße. Ich wusste nicht, dass es in Leipzig auch noch dieses Gefängnis gibt. Und was für eins: riesig, dunkel, laut, schmutzig.

Und keiner der Gefangenen weiß, dass sich hier auch ein Todestrakt befindet: eine alte Hausmeisterwohnung, in der Todesurteile vollstreckt werden. Bis 1968 durch die Guillotine, im sozialistischen Sprachgebrauch »Schwertfallmaschine« genannt, und jetzt durch »unerwarteten Nahschuss in den Hinterkopf«. Wie ich viel später erfahre, verhängten DDR-Gerichte nach seriösen Schätzungen etwa 250 Todesurteile, von denen ungefähr 200 vollstreckt wurden, ab 1960 für die gesamte DDR nur noch in diesem Gebäude. Dabei handelte es sich um Naziverbrecher, Mörder und Sexualtäter, aber auch um politische Häftlinge. Ab den siebziger Jahren wurden vorwiegend abtrünnige Stasi-Mitarbeiter hingerichtet. Letztes Opfer war 1981 der neununddreißigjährige Werner Teske, ein promovierter Volkswirtschaftler und Stasi-Hauptmann, der sich nicht nur mit Fluchtgedanken trug, sondern auch geheime Akten mitnehmen wollte.

1987, kurz vor dem Besuch Honeckers in der Bundesrepublik, wurde in der DDR die Todesstrafe offiziell abgeschafft – und dies als »überzeugender Ausdruck des zutiefst menschlichen Charakters der sozialistischen Gesellschaftsordnung« gepriesen.

Während ich in eine völlig überbelegte und stinkende Zelle geschlossen werde, denke ich mit Sehnsucht an das »gepflegte Ambiente« in der Untersuchungshaftanstalt der Staatssicherheit. Es gibt in diesem Raum Dreistockbetten und mindestens zehn Bewohnerinnen. Solche Frauen habe ich noch nie gesehen. Fast alle sind sehr jung, dick und unvorstellbar ungepflegt, einige auffällig tätowiert.

Ich werde sofort umringt und ungeniert gemustert. »Wie heißt du? Wo kommst du her? Bist du Selbststeller? Was hast du mitgebracht? Hast du schon 'ne Mieze? Kommst du vom Thonberg? Oder etwa von der Tripperburg?« Gelächter.

»Die doch nicht, die ist was Besseres als wir.«

Das klingt gehässig und feindselig. Ich versuche, die Fragen zu ordnen, in solche, die ich verstehe, und solche, die ich nicht verstehe, dann sage ich meinen Namen und zeige, was ich mitgebracht habe. Viel ist es ja nicht: Ein Kamm, eine Zahnbürste, aber immerhin ein paar Zigaretten.

»Mehr habe ich nicht dabei, aber die Zigaretten könnt ihr gern haben.« Wieder schallendes Gelächter.

»Mann, ist die doof.« Das war die Dicke mit den roten Haaren, registriere ich. Wahrscheinlich so eine Art Anführerin. Sie greift schnell nach meinen Zigaretten, steckt sie ein, und niemand hindert sie daran. Dann wendet sie sich wieder mir zu.

»Ich will wissen, wie viele Jahre du mitgebracht hast, wie lange du sitzen musst. Verstehst du das?«

»Drei Jahre«, sage ich und bemerke, dass ich in ihrer Achtung steige. Ob die alle weniger haben?

»Was hast du denn gemacht?« Die Dicke ist offensichtlich erstaunt.

»Ich wollte abhauen.«

»Mensch, Klasse! Wie hast du denn das angestellt?«

Ich will nicht wieder von der Flucht erzählen und sage nur das Nötigste. Dann frage ich: »Was ist ein Selbststeller? Und was der Thonberg?«

Selbststeller, so werde ich aufgeklärt, sind Gefangene, die nach der Gerichtsverhandlung noch einmal nach Hause dürfen und sich von dort ins Gefängnis begeben. Bei politischen Gefangenen völlig undenkbar. Der Thonberg wiederum ist ein kleiner Stadtteil von Leipzig, mit einem Gefängnis, in dem viele »Assis« sitzen.

»Mieze« und die »Tripperburg« lasse ich lieber aus, ich kann mir denken, was damit gemeint ist. Ich habe schon früher einmal gelesen, dass Lesbierinnen ihre Freundin im Gefängnis gern »Mieze« nennen. Und die »Tripperburg« wird wohl ein Krankenhaus sein, in dem Geschlechtskrankheiten behandelt werden.

Aber ich will wissen, warum die Frauen hier sind und was das Wort »Assis« bedeutet. Ihren weitschweifigen und lautstarken Erklärungen kann ich entnehmen, dass »Assi« eine Abkürzung für »Asoziale« ist. Diese Frauen sitzen hier nicht, weil sie etwas gemacht, sondern weil sie etwas *nicht* gemacht haben, nämlich arbeiten, und das muss jede Frau in der DDR, wenn sie nicht verheiratet ist. Alle müssen eine Strafe von ein bis zwei Jahren absitzen, lediglich ein Mädchen hat ein höheres Strafmaß vorzuweisen als ich.

Gabi, die dicke Rothaarige, ist jetzt schon viel freundlicher und weist mich in die Modalitäten dieses Verwahrraums ein: »Das Essen reicht nicht für alle. Du musst sehen, wo du bleibst. Es ist sowieso ungenießbar. Die Kanne mit Wasser dort auf dem Klodeckel muss stehen bleiben, sonst springen die Ratten heraus. Du kannst sie vor allem nachts hören. Tagsüber geht es, da können wir sogar telefonieren.«

Telefonieren? Ich staune. Aber Gabi zeigt mir gleich, wie das geht. Nachdem sie festgestellt hat, dass gerade keine Ratten da sind, schöpft sie das Wasser mit einem Becher aus dem Toilettenbecken und ruft immer wieder »Andreas« hinein. Doch ehe sie Antwort erhält, klappern Schlüssel. Eine Wachtmeisterin erscheint, und Gabi muss ihren Kopf in die Toilette halten, während die Aufseherin die Spülung betätigt. Die anderen lachen schadenfroh, ich bin entsetzt. Ich kann nur hoffen, dass ich hier nicht lange bleiben muss. Doch Gabi trocknet ungerührt ihr Gesicht ab und sagt: »Scheißwachtel.«

Wachtel? Auch dieses Wort höre ich zum ersten Mal. Ich werde aufgeklärt, dass dies der Ausdruck für weibliche Wachtmeister im Gefängnis ist.

Nach einer Weile kommt eine andere Aufseherin und spricht mich direkt an: »Meldung!«

Ich weiß nicht, was sie von mir hören will, also sage ich: »Ich melde mich.«

»Das heißt: ›Frau Hauptwachtmeister, Strafgefangene sowieso meldet sich.‹ Verstanden?«

»Ja.«

Bisher habe ich alle Aufseher immer nur mit »Wachtmeister« angeredet und nie Ärger gekriegt. Jetzt wird es richtig kompliziert. Und eine Nummer bin ich nun auch nicht mehr, sondern eine Strafgefangene.

Die Frau Hauptwachtmeister bringt mich zum Arzt. Bei der Untersuchung wird wieder ein viel zu hoher Blutdruck festgestellt, und mir wird klar, wo meine ungewohnten Kopfschmerzen herrühren. Ich frage nach Tabletten, aber der Arzt erklärt, dass das nur von der Aufregung käme und ich sowieso nicht lange hier bleiben werde. Gott sei Dank, denke ich und zeige ihm meine Hände erst gar nicht. Die Gelenkigkeit meiner Finger hat sich in der Untersuchungshaft zwar nicht verschlechtert, verbessert allerdings auch nicht.

Ich werde von einer anderen Wachtel abgeholt und mache vorschriftsmäßig Meldung: »Frau Hauptwachtmeister, Strafgefangene Neumann meldet sich.«

»Zuerst müssen Sie sich beim Arzt, dem Herrn Leutnant, abmelden, dann mitkommen, und am Schluss melden Sie sich bei mir ab, verstanden? Und dann lassen Sie sich von den anderen mal die Dienstränge erklären. Ich bin Obermeister.«

Ich melde mich also bei Herrn Leutnant ab und werde wieder in meine Zelle gebracht. Die »Assis« wissen über die Dienstränge genau Bescheid: »Ein Obermeister steht über dem Hauptwachtmeister, und Wachtmeister ist der niedrigste Rang. Leutnant ist der erste Offiziersrang, dann kommt der Oberleutnant, dann der

Hauptmann, am höchsten ist der Major. Erkennen kann man das an ihren Schulterstücken.« Ich weiß nicht genau, ob ich jetzt alles richtig verstanden habe, aber mit der Zeit werde ich es schon lernen. »Was Höheres als einen Major gibt es im Knast nicht.«

Als das Licht gelöscht wird, geht ein wüstes Schreien und »Telefonieren« los. Männerstimmen rufen, Aufsichtspersonal schimpft und Türen krachen. Ein wahrer Hexensabbat. Stunden vergehen, bis endlich Ruhe einkehrt.

Ich liege in der Mitte eines Dreistockbetts, es ist eng, und die Dunkelheit erdrückt mich. Wie im Kofferraum. Ich verbringe die Nacht auf dem Fußboden. Am nächsten Tag bietet mir die Rothaarige an, Betten zu tauschen, wenn ich ihr Lesen und Schreiben beibringe. Sie liegt ganz oben, da ist etwas mehr Platz. Ich versuche in den nächsten vierzehn Tagen, ihr wenigstens das Alphabet einzurichtern, aber es ist hoffnungslos.

Auf dem Freihof müssen wir in Zweierreihen antreten und auf Kommando unsere Runden drehen. Die Männer sind zu anderen Zeiten an der Reihe. Ob Rudolf auch hier ist? Ich weiß inzwischen, dass die Kästner-Straße »Drehscheibe« genannt wird, weil von hier aus die Leipziger Häftlinge in die verschiedenen Gefängnisse der DDR abtransportiert werden. Davon hatte Tanja nichts erzählt, aber wer kann schon alles wissen.

Meine Zellengenossinnen sind sich einig: Ich komme nach Hoheneck, dem strengsten Frauenknast der DDR. Aber sie erzählen mir auch eine uralte Legende von einem einst stolzen Schloss, Hoheneck genannt. Es lag hoch oben auf dem Berg über dem kleinen Städtchen Stollberg, und von seinen Zinnen hatte man einen wunderbaren Blick über die Berge und Täler des Erzgebirges.

Vor langer Zeit lebte dort ein finsterer Schlossherr mit seiner wunderschönen Tochter und seiner Schwester. Die Frau des Ritters war schon vor vielen Jahren gestorben. Seitdem war der Ritter immer grausamer geworden, und alle hatten Angst vor ihm.

Als das Fräulein sechzehn Jahre alt war, ließ der Schlossherr einen jungen Mönch holen, der das Mädchen unterrichten sollte. Natürlich kam, was kommen musste: Die beiden verliebten sich ineinander und trafen sich oft heimlich im Wald. Als der Vater das merkte, wurde er so zornig, dass er die beiden jungen Leute bei lebendigem Leibe einmauern ließ. Vergebens bat ihn seine Schwester um Gnade, er ließ sich nicht umstimmen. Da wurde sie aus Kummer um ihre geliebte Nichte wahnsinnig und geistert seitdem als »Ahnfrau« durch das alte Gemäuer. Der Fluch, den sie in ihrer Verzweiflung ausstieß, sollte sich erfüllen: »Dieses Haus wird ein Haus der Tränen werden!«

Einige meiner Mitgefangenen scheinen diese traurig-schöne Geschichte zu glauben: »Sei froh, dass du dunkle Haare hast, die Ahnfrau steht auf Blonde!«

»Na und, ist das gefährlich?«

»Klar, einmal ist eine hübsche junge Gefangene verschwunden und nie wieder aufgetaucht. Wahrscheinlich sah sie dem Schlossfräulein ähnlich.«

Ich muss lachen, aber die Berichte, die nun über Hoheneck folgen, sind beunruhigend. Einige von den Assis kennen Frauen, die schon einmal dort waren, und berichten von überfüllten Zellen, Kälte, schlechten Arbeitsbedingungen und vor allem von den berüchtigten Arrestzellen. Sogar eine Wasserzelle soll es dort geben. Ich versuche, mich zu beruhigen: Erstens wird im Knast immer maßlos übertrieben, und zweitens ist nicht sicher, dass ich dort hinkomme.

Die Haftbedingungen hier in der Kästner-Straße sind jedenfalls alles andere als gut, und so bin ich heilfroh, als es endlich heißt: »Neumann, Sachen packen«.

Man bringt mich wieder in den Gefängnishof, wo schon zwei »Minnas« warten. In der einen befinden sich Männer, in der anderen Frauen. Ich suche Rudolf, vergebens.

Der Wagen ist voll. Ich muss mich hineindrängen und bin noch nicht einmal die Letzte. Am Schluss sitzen wir mehr über- als nebeneinander.

»Nu hammse sich nich so, es geht ja nur zum Bahnhof.«

Zum Bahnhof? Also fahren wir mit dem Zug.

Der Bus hält an einem Seiteneingang des Leipziger Haupt- bahnhofs, wir müssen uns zu zweit nebeneinander stellen, zuerst die Männer, danach die Frauen. Jedes Paar wird mit Handschel- len aneinandergekettet. Es ist früh am Morgen, trotzdem sind schon viele Leute unterwegs. Ich stelle mir wieder vor, Freunde oder Bekannte kämen vorbei ...

Die Männer sehen geradezu gefährlich aus, viele Schläger- typen sind dabei. Manche haben sich von Kopf bis Fuß täto- wieren lassen, und ich frage mich, ob wohl überhaupt noch eine Körperstelle frei ist. Sogar Hakenkreuze erkenne ich. Armer Rudolf, sicher sind die Gefangenen dort, wo er hinkommt, nicht viel anders.

Anschließend geht es durch den Bahnhof, ein Stück durch den allgemeinen Publikumsverkehr. Leute bleiben stehen und schauen uns an, als wären wir der letzte Dreck.

Eine Frau sagt zu ihrem Kind: »Das sind ganz böse Menschen, gefährliche Verbrecher.« Das Kind, ein kleines Mädchen, sieht uns mit großen Augen ängstlich an. Sie muss in Constanzes Alter sein, und ich lächle ihr zu. Erschrocken verbirgt sie sich hinter ihrer Mutter.

Glücklicherweise biegen wir bald ab und gelangen durch einen Tunnel zu einem Gleis, auf dem weit draußen unser Zug steht. Einige Gefangene sprechen vom »Grotewohl-Express«, Otto Grotewohl war der erste Ministerpräsident der DDR.

Der Zug besteht aus einer langen Reihe von Waggons, in de- ren Innerem sich Holzbänke befinden, und er ist schon jetzt über- füllt. Da wir die Letzten sind, müssen wir stehen. Fenster gibt es nicht, sämtliche Luken sind zugenagelt. Und dann fahren wir und fahren und fahren. Manchmal bleibt der »Express« auf freier Strecke stehen.

Ich zähle mir immer wieder alle Gründe auf, warum ich gar nicht nach Hoheneck kommen *kann*. Der gewichtigste: Stollberg ist nicht weit von Leipzig entfernt, und wir fahren schon Stunden. Was ich zu diesem Zeitpunkt noch nicht weiß: Dieser Zug »beliefert« den ganzen Südteil der DDR mit Gefangenen und ist deshalb so lange unterwegs.

Manchen wird es schlecht, andere, darunter auch ich, müssen zur Toilette: Aber es ist keine in der Nähe. Ein Höllenspektakel geht los, schimpfend kommt ein Bewacher und führt uns durch engste Gänge zu einer Toilette. Sie ist in einem unglaublichen Zustand, und nun wird auch mir schlecht.

Endlich darf ich zusammen mit einigen anderen Frauen aussteigen. Auf der Bahnhofsuhr sehe ich, dass es auf Mitternacht zugeht. Sechzehn Stunden waren wir unterwegs, um einen Ort zu erreichen, der nicht einmal hundert Kilometer von Leipzig entfernt ist, sechzehn Stunden, ohne etwas gegessen oder getrunken zu haben. Aber ich bin nicht hungrig.

Und dann erkenne ich das Bahnhofsschild: Stollberg. Die kleine Stadt am Hang des Erzgebirges, südwestlich von Chemnitz. Also doch Hoheneck, denke ich beklommen.

Über die Geschichte dieses Gefängnisses weiß ich wenig. Das ehemalige Jagdschloss Augusts I., an dessen Stelle es jetzt steht, brannte im 17. Jahrhundert bis auf die Grundmauern nieder. Es wurde erst 1862 wieder aufgebaut, aber nicht mehr als Schloss, sondern als »Königlich Sächsisches Weiberzuchthaus«. Zu NS-Zeiten waren hier zunächst Mitglieder der SPD und KPD in so genannter Schutzhaft untergebracht, dann wurde es ein Jugendgefängnis. Nach 1945 Speziallager der Sowjets, erlangte es bald als der schrecklichste Frauenknast der DDR traurige Berühmtheit.

Dass man heute noch »Schloss« zu Hoheneck sagt, mag daran liegen, dass der jetzige Bau an der Stelle des alten Schlosses auf dem Schlossberg steht.

Es ist dunkel. Ich versuche, einen Blick auf das Gefängnis zu erhaschen, sehe aber nur dicke Mauern, hell angestrahlt, und schwere Eisentore. Wir werden gefilzt und müssen unsere Sachen in der Effektenkammer wieder gegen die »Kleidung des Hauses« eintauschen. Das ist dieses Mal eine Art Kostüm aus hartem, dunkelblauem Uniformstoff, dazu zwei Blusen und ähnlich charmante Unterwäsche wie in Leipzig. Mir werden noch Strümpfe samt einem Strumpfhaltergürtel und schwere, derbe schwarze Schuhe ausgehändigt. Dann erhalten wir jeweils zwei schmutzige Decken, Nachthemden und Bettwäsche, blaukariert. Das Ganze wird in eine der beiden Decken gepackt. Ab und zu werden diese Decken mal ausgeschüttelt, aber ganz bestimmt nie gereinigt. Wird eine einstige »Besitzerin« entlassen, werden sie übergangslos der nächsten Ankommenden in die Hände gedrückt. Kein Wunder, dass sie stinken. Wer weiß, wer vorher darin gelegen hat. Meine beiden Decken sind geflickt. Glücklicherweise scheint wenigstens die Bettwäsche etwas Waschwasser abbekommen zu haben.

Es geht zunächst einmal in den Zugang. Von hier aus werden die Häftlinge später auf die einzelnen Arbeitskommandos verteilt. Die Frauen in der voll belegten Zugangszelle sind unfreundlich und vulgär. Nur eine ältere, weißhaarige Frau gefällt mir gut, aber sie fragt mich etwas zu genau aus. Später erfahre ich, dass sie die Politischen stets aushorcht. Sie ist eine Mörderin und hofft, auf diese Art vorzeitig entlassen zu werden – wegen »guter Führung«.

Am nächsten Tag werden alle Neuen zum Arzt gebracht. Wir laufen treppauf und treppab, durch endlose Gänge, überall werden Eisentüren auf- und zugeschlossen. Die Strafanstalt erscheint mir wie ein gewaltiges Labyrinth. Wieder sehe ich gespannte Drahtnetze über weiten Öffnungen zu den Unter- und Obergeschossen. Später wird mir gesagt, dass unser Knast ähnlich wie Alcatraz gebaut ist, das zum ersten Mal 1861 als Gefängnis genutzt wurde.

Endlich werden wir in eine relativ kleine Zelle geschlossen und warten lange, ehe die Erste von uns geholt wird. Als ich an die Reihe komme, staune ich, wie gründlich mich der Arzt, ein kleiner unscheinbarer Mann mit Brille, untersucht. Wenn ich meine Lektion richtig gelernt habe, ist er Major, und wenn die Frauen in der Kästner-Straße Recht haben, gibt es im Gefängnis nichts Höheres.

Sehr schnell stellt er die Frage, warum ich hier sei. Ich habe inzwischen gelernt, dass es genügt, »RF« zu sagen, und jeder weiß Bescheid: eine Republikflüchtige. »Lieber zehn Mörderinnen als eine Politische«, das ist die Meinung des Personals von Hoheneck. Auch der Major verzieht das Gesicht.

»Was wollen Sie denn da drüben? Dort leben doch noch die ganzen alten Nazis.«

Er mustert mich von oben bis unten und denkt gar nicht daran, mich weiter zu untersuchen, obwohl ich völlig nackt vor ihm stehe. Ich weiß, dass ich mager bin und von meiner früheren Figur nicht mehr viel übrig ist. Und ich friere. Aber er kann mich stehen lassen, solange er will. Ich bin derart hilflos und wütend, dass ich mich zu der Äußerung hinreißen lasse, Kommunisten seien rotlackierte Nazis. Dieses Zitat stammt von Kurt Schumacher, dem ersten SPD-Vorsitzenden nach dem Krieg.

Das hätte ich nicht sagen dürfen. Der Major herrscht mich an: »Wissen Sie, dass Sie diese Äußerung Jahre Ihres Lebens kosten kann? Noch nie etwas von ›Nachschlag‹ gehört? Ziehen Sie sich an, die Untersuchung ist beendet. Sie sind hafttauglich.«

Ich wage nicht mehr, nach Blutdrucktabletten zu fragen, obwohl ich auch dieses Mal wieder 180 zu 120 habe. Das scheint jetzt wohl ein Dauerzustand zu sein. Warum tut auch der Major nichts dagegen?

Meine Hände zeige ich ihm allerdings noch. Deren Zustand hat sich in der letzten Woche in der Kästner-Straße wieder verschlimmert, und die Knie- und Ellenbogengelenke schmerzen neuerdings ebenfalls.

»Ich sagte doch, die Untersuchung ist beendet.«

Ich melde mich vorschriftsmäßig ab. Draußen warte ich mit den anderen, bis alle beim Arzt waren. Ich bin deprimiert, fühle mich elend und krank. Wie konnte ich nur so etwas sagen. Das war ein unentschuldbarer Fehler.

Tagelang bin ich unruhig und denke, sie holen mich und bringen mich wieder zur Staatssicherheit. Ich frage unsere »Verwahrraumälteste«, die alte Frau mit den weißen Haaren, nach dem Wort »Nachschlag«.

»Es bedeutet, dass eine neue Anklage erhoben wird und zu dem jetzigen Strafmaß noch etwas dazukommt. Warum willst du das wissen?« Ich sage es ihr nicht, falls sie wirklich ein Spitzel ist.

Doch die Tage vergehen und nichts passiert. Dafür bin ich dem Major sehr dankbar. Wieder einmal nehme ich mir vor, keine politischen Äußerungen mehr zu machen, und ich halte mich in Zukunft auch daran.

Im Zugang bleibe ich eine Woche. Während dieser Zeit arbeite ich in der Küche und muss die Strafgefangenen im Arrest mit Essen versorgen. Hier unten, im Keller des Gefängnisses, ist es eiskalt, selbst jetzt im Spätsommer. Wie viel schlimmer muss es im Winter sein? Ich sehe nirgendwo eine Heizung. Auch keine Betten, die Frauen schlafen auf dem nackten Boden. Und es gibt wirklich eine Wasserzelle. Ob sie noch benutzt wird?

Bei geschlossener Tür geht in einigen Zellen das Licht aus. Dann ist es stockdunkel, kein Lichtstrahl dringt in die Finsternis. Dunkelzellen nennt man diese Löcher, die an mittelalterliche Ker-

ker erinnern. Die Gefangenen hier unten sind zum Teil an das Gitter ihrer Zelle gekettet.

Ich bin deprimiert. So etwas hätte ich in unserem »aufgeklärten« Jahrhundert nicht für möglich gehalten, allenfalls in irgendwelchen fernen Militärdiktaturen. Ich höre von den anderen, dass man sehr schnell im Arrest landen kann, beim geringsten Übertreten eines Verbots. Minimum sind drei Tage, Maximum einundzwanzig. Ich beschließe, sehr vorsichtig zu sein.

Die Küchenarbeit ist für mich mit meinen kranken Händen anstrengend. Es gibt eine Kartoffelschälmaschine, die aber die Schale und vor allem die schlechten Stellen eher dranlässt denn entfernt. Wir putzen die Kartoffeln nach. Da diese »Schweinekartoffeln« aber fast nur aus schwarzen Stellen bestehen, haben wir viel zu tun. Noch schlimmer ist es, die harten Kürbisse klein zu schneiden. Meine Hände schmerzen immer stärker.

Eines Abends werde ich in den Zellentrakt gebracht. Wieder einmal stehe ich vor einer Eisentür und habe keine Ahnung, was sich dahinter verbirgt. Und wieder einmal sind viele neugierige Augenpaare auf mich gerichtet, dieses Mal mindestens zwanzig.

Dreistockbetten, Neonlicht, in einer Ecke ein Tisch mit Hockern, schlechte Luft, aber keine Toilette und kein Waschbecken. Eine der Frauen macht Meldung. Dann verlässt Frau Obermeister, die mich hergeführt hat, die Zelle. Ich stehe mit meinem geknoteten Bündel etwas verloren da und weiß nicht so recht, wohin mit mir. In diesem Moment tritt eine kleine zierliche Frau mit dicken braunen Locken und einem schmalen Gesicht auf mich zu.

»Ich bin Brigitte und sitze wegen RF. Du doch sicher auch, oder?«

Aha, die Gesichtsprüfung hat also ergeben: RF! Ich nicke. Ein Teil der Gefangenen wendet sich ab, fünf Frauen aber bleiben stehen und schauen mich freundlich an: RFlerinnen. Wir machen uns miteinander bekannt, und ich habe das Gefühl, dass auch sie sich freuen, dass ich keine Kriminelle bin. Sie zeigen mir mein Bett, ich liege glücklicherweise oben. Neunzig Zentimeter Abstand bis zum Nachbarbett.

Dass die Kriminellen in der Zelle uns nicht mögen, merke ich gleich. Ich frage Brigitte danach.

»Das liegt daran, dass sie neidisch auf uns sind. Offiziell dürfen wir alle drei Monate ein kleines Paket mit maximal zwei Kilogramm Inhalt empfangen und werden am Schluss auch noch in den Westen entlassen, bevor wir unsere gesamte Strafe abgesessen haben. Da muss man ja neidisch werden, oder?«

Also stimmt es wirklich, was Tanja über den Häftlingsfreikauf erzählt hatte. Doch meine Begeisterung wird sogleich gedämpft.

»Aber Pakete kriegst du nur, wenn du die Norm erfüllst, und es gibt unter den Politischen auch welche, die müssen die gesamte Haft absitzen und landen dann wieder in der DDR.«

»Und warum?«

»Das weiß niemand, jeden kann es treffen.«

»Und Frau Obermeister...?«, frage ich weiter.

»Sie ist unsere ›Erzieherin‹. Unsere und die der Insassinnen der beiden Nachbarzellen, die alle in einem großen Saal für Esda arbeiten, in derselben Schicht.«

Die Esda-Werke sind mir ein Begriff, dort werden Strumpfhosen hergestellt.

»Die Obermeisterin ist zwar nicht sehr freundlich, aber sie schikaniert uns nicht mehr als vorgesehen. Es gibt schlimmere Wachteln.«

In der mit einundzwanzig Gefangenen eindeutig überbelegten Zelle herrscht ständig ein hoher Geräuschpegel. Aber eines finde ich wunderbar: Es gibt hier große Fenster, wenn auch vergitterte, und man kann hinausschauen. Ich sehe in der Ferne

Wiesen, Wälder und Felder und unter uns das kleine Städtchen Stollberg mit einigen Fachwerkhäuschen. Wie ein Versuch zur Idylle weiden auf den Wiesen ein paar Schafe, weiße Tupfen auf grünem Grund.

Wie schön das ist. Mir kommen die Tränen. Ich kann mir nicht vorstellen, dass ich eines Tages wieder einmal durch einen Wald gehen werde. Schon in der U-Haft träumte ich davon, unter einer großen Tanne zu liegen und in den blauen Himmel zu schauen ...

Der Ausblick direkt nach unten ist weniger schön. Die Außenmauern sind hell gestrichen, sie werden von den Scheinwerfern der Wachtürme, die im Abstand von dreißig Metern stehen, gut ausgeleuchtet. Nach einem schmalen Rasenstück folgt eine vier Meter hohe Mauer, die oben mit Glasscherben bespickt ist. Dahinter ein Graben, in dem Hunde herumlaufen, dann wieder eine Mauer, ein Signalzaun und schließlich ein drei bis vier Meter hoher Maschendrahtzaun. Zu DDR-Zeiten ist es keiner Frau gelungen, aus diesem Gefängnis zu fliehen. Nach der Wende dann schon.

Johanna, eine Kriminelle, kommt zu mir.

»Schönen Gruß von Karin. Sie hat in deinem Bett gelegen. Wir waren befreundet.«

Karin. Als ich noch im Zugang war, hatte ich sie beim Ausschütteln von Decken an einem Fenster gesehen. Die widerstreitendsten Gefühle kämpfen in mir. Wie schade, dass sie weg ist. Wie schön, dass sie weg ist, hoffentlich auf Transport in Richtung Westen. Doch wieso hatte sie eine kriminelle Freundin? Schnell lerne ich zwischen wirklich brutalen Verbrecherinnen und jenen Frauen zu unterscheiden, die einmal etwas falsch gemacht haben oder einfach nur Pech hatten. Johanna hatte irgendetwas nicht bei der Steuer angegeben. In der Bundesrepublik wäre es ein Kavaliersdelikt und nicht der Rede wert gewesen. Doch in der DDR ist dies ein Vergehen am Volkseigentum. Ich verstehe mich gut mit ihr, schon deshalb, weil sie Karins Freundin war.

Am Abend erhalte ich einen ganzen Packen mit kleinen Rechtecken aus Stoff, auf denen Nummern aufgedruckt sind. Ich soll sie in meine Wäsche und Oberbekleidung einnähen. Es fällt mir schwer, meine Hände versagen bei so filigranen Dingen den Dienst. Die anderen RFlerinnen helfen mir.

In der Nacht finde ich wenig Ruhe. Zu viel ist in den letzten Tagen auf mich eingestürmt. Jetzt bist du also in Hoheneck, denke ich immer wieder.

Ich verbuche auf der Habenseite die netten Politischen und die Regelung mit der Post: Mutter kann mir so oft schreiben, wie sie möchte, ebenso meine Schwiegermutter, Rudolf nur einmal im Monat. Ich darf jedem von den dreien monatlich einen Brief schicken. Sicher ist es dann auch erlaubt, für Constanze kleine Bildchen zu malen. Allerdings bin ich schon gewarnt worden: Auch hier gibt es eine Zensur, und es ist verboten, über Hoheneck und die Haftbedingungen zu berichten. Das stört mich nicht. Ich werde doch meine Familie nicht beunruhigen und Schlechtes berichten.

Positiv ist auch die Tatsache, dass es einen separaten Waschraum gibt, in dem sich zwei Toiletten befinden. Das ist zwar nicht viel für mehr als zwanzig Gefangene, aber man hat wenigstens das Gefühl, nicht immer beobachtet zu werden. Waschbecken gibt es nicht, dafür Tröge wie bei einer Viehtränke, mit drei Wasserhähnen. Aus diesem Grund können sich nur drei Gefangene gleichzeitig waschen, und da ich schon gemerkt habe, dass hier alles sehr schnell gehen muss, beschließe ich, sofort nach dem Wecken aus dem Bett zu springen, damit ich die Erste bin. Wie ich am nächsten Morgen feststelle, sind andere genauso schlau, und so gibt es jedes Mal regelrechte Kämpfe um die Wasserhähne. Die Siegerinnen haben manchmal noch lauwarmes Wasser, doch es reicht nur für ein paar Frauen. Der Rest muss sich kalt waschen. Bis vor kurzem hat es hier überhaupt nur kaltes Wasser gegeben und statt Toiletten Kübel, die einmal am Tag geleert wurden.

Ich merke bald, dass die schönen großen Fenster nicht unbedingt ein Vorteil sind: Es sieht alles so normal aus. Wie oft schaue ich hinaus und stelle mir vor, dort unten ginge meine Mutter mit Constance. Dann bin ich voller Sehnsucht und Traurigkeit. Nein, es wäre besser, gar nichts zu sehen.

Und immer wieder dieselben Fragen: Wo ist Rudolf? Wie geht es ihm? Wann bekomme ich endlich ein Lebenszeichen von ihm? Was macht Constance, geht es ihr gut? Und meinen Eltern? Wissen sie überhaupt schon, wo ich bin?

Es ist feucht und kalt in der Zelle, obwohl wir erst Oktober haben. Und auch in diesem Fall erweisen sich die großen, einfach verglasten Fenster als Nachteil. So wie hier habe ich noch nie gefroren. Wie soll das erst im Winter werden?

Die ganze Nacht hört man, wie Frauen im Hof Kohlen schaufeln. Es sind zumeist Kriminelle, die diese schwere Arbeit für kleine Vergünstigungen machen. Ich verstehe, dass sie sich arrangieren müssen. Sie haben zum Teil lange Haftstrafen. Aber auch Politische melden sich manchmal zum Schippen, um an die frische Luft und hinterher an eine funktionierende Dusche zu kommen.

Das Essen wird hier nicht in der Zelle ausgeteilt. Wir nehmen unsere Mahlzeiten in einem Raum ein, den die Gefangenen Pferdestall nennen. Es scheint wirklich so, als hätte man aus diesem dunklen Loch einfach nur die Tiere herausgenommen und lange Bänke, Tische und uns hineingeschoben. Es soll noch einen anderen, besseren Essensraum geben.

»Sie sind hier im allgemeinen Vollzug«, hatte Frau Obermeister nach dem Abendessen zu mir gesagt. Später erklärt mir Johanna, dass es früher einen erleichterten, einen allgemeinen und einen strengen Strafvollzug gegeben habe. Offiziell wurde der strenge abgeschafft, aber zwischen ihm und dem allgemeinen

Vollzug soll es kaum Unterschiede geben. Jedenfalls bedeutet es für uns, dass wir weniger Pakete und »Sprecher« bekommen und unsere Zellen immer geschlossen sind.

Schlafen kann man hier kaum, denn Tag und Nacht ertönen Durchsagen aus dem Lautsprecher, den wir nicht abschalten können.

»Esda 1, fertig machen zum Raustreten.«

»Esda 1, raustreten.«

»Elmo 2, fertig machen zum Ausspeisen.«

»Elmo 2, raustreten zum Ausspeisen.«

Tagsüber werden wir zusätzlich unentwegt mit Schlagern, lustiger Volksmusik und politischen Sendungen beschallt. Heute noch geht mir der damals bekannte Schlager »Liebelei« nicht aus dem Kopf.

Außerdem kommt dauernd irgendjemand in die Zelle, auch wenn wir Nachtschicht hatten und dies unsere Schlafenszeit ist. Es wird Post gebracht, jemand zum Arzt oder »Sprecher« geholt oder einfach nur mal so kontrolliert. Und auch der zweimal täglich wiederkehrende Zählappell macht vor unserer Nachtruhe nicht halt.

»Schlafen können Sie, wenn Sie wieder draußen sind.« Frau Obermeister versteht nicht, warum wir uns aufregen.

Außer Esda gibt es in der Haftanstalt noch die Kommandos Elmo, WKL, Planet und das so genannte Lumpenkommando. Die Gefangenen stellen Bettwäsche, Oberhemden und Strumpfhosen her – und zwar im Dreischichtbetrieb. Nur das Lumpenkommando arbeitet nicht für einen volkseigenen Betrieb. Dort wird vor allem ausgebessert und geflickt. Am anstrengendsten soll es bei Elmo sein, wo Spulen für Motoren gewickelt werden. Darunter kann ich mir nichts vorstellen.

Die Frühschicht beginnt um fünf Uhr morgens und endet um 13 Uhr, Spätschicht ist von 13 bis 21 Uhr, sie wird von der Nachtschicht abgelöst. Die Maschinen laufen ununterbrochen.

Alle acht Tage wechselt die Schicht. Es gibt bei jedem Betrieb eine Schicht 1, 2 und 3. Jeweils die Einser-, Zweier- und Dreierschichten haben gemeinsam Freigang auf dem Innenhof des Gefängnisses. Ich male mir aus, Eule käme hierher und wäre auch in einer Einserschicht. Im Augenblick ist sie wohl noch in Leipzig.

Ich erkundige mich nach Tanja. Ja, die war hier, bekomme ich zur Antwort, ist aber schon lange weg.

»Wie kann das denn sein? Sie hatte doch vier Jahre?«

»Ach, weißt du, manche gehen schon nach ganz kurzer Zeit auf Transport und manche nie. So ist das eben.«

Stasi-Roulette, muss ich wieder denken. Obwohl wir nun in den Händen der Volkspolizei sind, bestimmt die Staatssicherheit auch weiterhin unser Schicksal.

Mein erster Arbeitstag. Der Maschinensaal ist überfüllt und stickig, gelüftet wird wahrscheinlich nie. Einige fehlende Fensterscheiben hat man durch dicke Pappen ersetzt. Den ganzen Tag brennt Neonlicht, die Strümpfe, die wir verarbeiten, sind strahlend weiß und damit eine Katastrophe für die Augen, aber das kümmert die Verantwortlichen nicht. Die Maschinen sind völlig veraltet, die Norm ist extrem hoch. Erfüllen können sie eigentlich nur erfahrene Knaster, die schon lange oder zum wiederholten Mal hier sitzen. Manche von ihnen sind hoch motiviert: Zum einen wollen sie mehr Geld verdienen, um sich etwas am Kiosk kaufen zu können, zum anderen möchten sie schneller entlassen werden.

Mein neuer Job ist der einer Heißformerin. Ich stehe an einem glühend heißen Bügeltisch, über den ich Tausende von Strumpfteilen am Tag ziehen muss, um sie zu glätten, bevor sie dann zu Strumpfhosen zusammengenäht werden.

Heißformen ist die schwerste Arbeit, die bei Esda zu vergeben ist. Durch die große Hitze, der das synthetische Material ausgesetzt ist, steigen unaufhörlich unangenehme Dämpfe in meine Nase.

Aufgrund der Unbeweglichkeit und Schmerzen in meinen Händen kann ich das vorgeschriebene Soll nicht im Entferntesten erfüllen, was bedeutet, dass ich fast nichts verdiene, um die schmale Gefängniskost aufbessern zu können. Das Stehen fällt mir zunehmend schwerer, da auch meine Kniegelenke und der Rücken wehtun. Ich bin mutlos. Wie soll ich das auf die Dauer durchhalten?

Wir dürfen während der Arbeit nicht sprechen, nur nach Erlaubnis zur Toilette gehen und werden streng bewacht. Neben den Wachteln gibt es Meisterinnen von draußen, die nicht unfreundlich sind, wie ich finde.

Die Gefangenen erzählen, dass ein großer Teil der in den Haftanstalten der DDR hergestellten Waren zu Dumpingpreisen an westdeutsche Firmen verkauft wird. Man kann es nicht leugnen: Wir sind für unseren Staat doppelt lukrativ, zuerst werden wir ausgebeutet und dann verkauft.

Eine junge Frau fällt mir besonders auf. Sie arbeitet mit größter Geschwindigkeit, ohne nach rechts oder links zu schauen.

»Die schafft ihre Norm manchmal zu 180 Prozent. Natürlich ein Assi, draußen tun die nichts, aber hier im Knast sind solche die Arbeitseifrigsten und treiben die Norm in die Höhe«, erzählt Brigitte.

Die Frau mit dem hohen Tempo hat traurige Augen und ist besonders blass. Sie interessiert mich. Beim nächsten Freihof unterhalte ich mich mit ihr. Sabine heißt sie und stammt aus Thüringen. Sie ist schon zum zweiten Mal in Hoheneck. Und sie hat zwei Kinder, Zwillinge. Ihr Problem war, dass in der DDR nicht nur das Recht auf Arbeit, sondern auch die Pflicht zur Arbeit besteht. Da es überall Krippen für Kinder ab drei Monaten gibt, hätte Sabine, als ihre beiden Jungen so alt waren, weiterarbeiten müssen. Sie aber blieb zu Hause und kümmerte sich selbst um die Babys. Der

Vater der Zwillinge hatte schon lange das Weite gesucht, überwies aber wenigstens regelmäßig genug Geld zum Leben. Wäre sie verheiratet gewesen, hätte sie nicht arbeiten müssen. So aber wurde sie wegen »asozialen Verhaltens« vor einigen Jahren das erste Mal verhaftet und zu zwei Jahren verurteilt. Kurze Zeit vor dem Ende ihrer Haft auf Bewährung rausgekommen, musste sie ihren Wohnsitz in Mecklenburg nehmen und durfte die ihr zugewiesene Stadt nicht verlassen. Den Personalausweis nahm man ihr ab, und sie erhielt den so genannten PM 12, einen Ersatzausweis. Aus diesem kann die Polizei sofort ersehen, ob sich jemand an einem bestimmten Ort »unrechtmäßig« aufhält. Was besonders perfide war: Die Kinder wurden in Thüringen, also weit weg von ihr, in einem Heim untergebracht, offensichtlich hatte man ihr das Sorgerecht entzogen.

Natürlich versuchte Sabine ihre Zwillinge zu sehen, wurde erwischt und wieder verhaftet. Zu ihrer neuen Strafe kamen zwei Jahre Bewährung hinzu, sodass sie insgesamt schon fast vier Jahre sitzt. In einigen Wochen soll sie entlassen werden, aber was dann? Die Bewährungshelfer haben den Schlüssel zu den Wohnungen der von ihnen »betreuten Personen« und können Tag und Nacht bei diesen auftauchen. Ich finde das unfassbar. Kann man es glauben oder lügt Sabine? Ich erkundige mich bei anderen Assis, die aber mit ähnlichen Geschichten aufwarten.

Sabine erzählt mir auch, dass die Gefangenen vor der Reform des Strafvollzugs, die erst einige Monate zurückliegt, bei Arreststrafen manchmal in kaltem Wasser stehen mussten. Erst bis zur Hüfte, dann kniehoch, schließlich »nur« die Füße. Mehr als eine der Arrestantinnen zog sich dadurch eine schwere chronische Erkrankung zu. Später erfahre ich, dass dem Erbauer dieser Wasserzelle gesagt wurde, man bräuchte sie für einen DEFA-Film, der hier gedreht werden sollte. Man wolle die brutalen Praktiken der Nazis dokumentieren.

Hoheneck, Arrest – Wasserzelle im Keller

Den Gefangenen steht laut Anstaltsordnung täglich eine Stunde Freihof zu, doch tatsächlich sind es zumeist nur zwanzig bis dreißig Minuten. Es gibt auf dem gepflasterten Freihof keinen Baum, keine Bank, nichts. Wir müssen in Zweierreihen marschieren, aber manche Wachtel sieht das glücklicherweise nicht so eng. Auf jeden Fall ist es die einzige Gelegenheit, Frauen zu sehen, gar zu sprechen, mit denen man nicht zusammenarbeitet oder dieselbe Zelle bewohnt.

Eines Tages werden mir mehrere ehemalige KZ-Aufseherinnen gezeigt. Sie bleiben unter sich. Ihre Haare sind noch immer zu deutschen Knoten zusammengesteckt. Ich kann meine Augen nicht von ihnen wenden und muss aufsteigenden Hass unterdrücken. Es gelingt mir kaum. Ich sehe das freundliche Gesicht meines Großvaters vor mir, sehe, dass diese Verbrecherinnen über irgendetwas lachen, und raste völlig aus. Ich wusste, dass es solche Menschen gibt, aber noch nie habe ich ihnen direkt gegenübergestanden. Die anderen müssen mich zurückhalten, damit ich mich nicht auf diese Unmenschen stürze.

In der Nacht finde ich keine Ruhe. Immer wieder sehe ich die KZ-Aufseherinnen vor mir. Ich möchte wissen, wie man sich fühlt, wenn man solche Verbrechen begangen hat. Ob eine von ihnen in Auschwitz war? Dort, wo mein Großvater umkam?

13

Eine Familie, zwei Diktaturen

Ich habe keinen meiner Großväter kennen gelernt. Der eine starb in Leipzig, der andere in Auschwitz. Für mich als Kind machte das keinen Unterschied: Sie waren nicht da, und ich hätte so gern einen Opa gehabt.

Als ich noch klein war, sprach mein Vater niemals in meinem Beisein über seine Vergangenheit und das Schicksal seines Vaters. In der Schule hörte ich viel über die Zeit des Faschismus, den Kampf der Arbeiterklasse gegen die Nazis und die Verfolgung und Ermordung von Millionen Menschen, vor allem von Kommunisten und Juden. Ich verabscheute die Nazis, aber mit meinem Großvater, der in einem Konzentrationslager den Tod fand, brachte ich diese Dinge damals noch nicht in Verbindung.

Eines Tages – ich war acht oder neun Jahre alt – hörte ich in der Schule das Wort »Auschwitz«. Das kannte ich doch. Ich fragte meine Eltern danach und erfuhr, dass mein Großvater väterlicherseits Jude gewesen und deshalb in diesem KZ umgebracht worden war. Ich nahm das zur Kenntnis, konnte aber die Dimension dessen, was ich eben erfahren hatte, nicht ermessen.

Ein paar Jahre später fiel mir ein Foto dieses Großvaters in die Hände. Es ist außer den Erinnerungen meines Vaters alles, was von Heinrich Reichenheim geblieben ist. Das Bild zeigt einen eher kleinen Mann, schlank, mit freundlichem Gesicht. Er geht mit seinem Dackel spazieren. Ängstlich blickt er nicht drein, eher gelassen. Er weiß noch nicht, was auf ihn zukommt. Aber ich

Der Großvater mit seinem Dackel

weiß es. Ich sehe ihn an, und schlagartig wird mir die ganze Ungeheuerlichkeit dessen bewusst, was damals geschah.

Ich sehe ihn, von NS-Schergen durch die Straßen getrieben, in Waggons gesperrt, gedemütigt und geschlagen. Wie mag er gestorben sein? Verreckt in einer Baracke oder in der Gaskammer? Ganz bestimmt nicht im Stadtkrankenhaus Auschwitz, wie man seiner Witwe Marie schrieb. Man bot ihr sogar die Urne mit seiner Asche an, gegen Bezahlung. Ob meine Großmutter wirklich geglaubt hat, dass dies die Asche ihres Mannes war? In Dresden, wo sie lebte, fand sie keinen Pfarrer, der sich traute, die Urne beizusetzen. Ganz plötzlich empfand ich tiefe Trauer um den Mann auf dem Foto.

Nicht lange nach unserer Hochzeit war ich in Auschwitz, zusammen mit Rudolf. Danach habe ich nie wieder ein KZ betreten können. Es gab dort kein Stadtkrankenhaus, und wir fanden auch den Namen meines Großvaters nicht, die Häftlingsliste war zu lang. Das Grauen hatte für mich trotzdem einmal mehr ein Gesicht bekommen, das Gesicht von Heinrich Reichenheim.

Dabei war ihm das alles nicht an der Wiege gesungen worden. Als ältester Sohn des Tuchfabrikanten Julius Reichenheim und seiner Frau Anna wuchs er in besten Verhältnissen auf. Seine weit verzweigte Familie, deren Vorfahren Anfang des 18. Jahrhunderts aus Mähren einwanderten, war nicht nur schnell reich geworden, sondern auch sehr sozial eingestellt. Die Reichenheims hatten Stiftungen ins Leben gerufen, Waisenhäuser und Altenheime errichten lassen.

Heinrichs vielseitig gebildete Eltern interessierten sich besonders für Wissenschaft und Kunst. Zufällig fand ich in einer der Gästelisten der ersten Bayreuther Festspiele 1876 den Fabrikanten Julius Reichenheim zwischen Nikolaus Rubinstein und Tschaikowski und im Stammbaum der Reichenheims Namen wie Liebermann, Mendelssohn oder Kerr. Mein Großvater tanzte allerdings aus der Reihe, er liebte das Leben, genoss es in vollen Zügen und brachte sein ganzes Geld durch. Er heiratete eine Nichtjüdin und ging mit ihr nach Amerika. Als der Erste Weltkrieg ausbrach, kam er zurück, um für Deutschland zu kämpfen, und erhielt das Eiserne Kreuz zweiter Klasse für besondere Tapferkeit. Später arbeitete er in Dresden im Büro einer Schiffswerft. Mein Großvater liebte Deutschland, es war seine Heimat, und nichts deutete darauf hin, dass sich dies einmal ändern würde. Die Nazis hielt er – wie so viele – für einen Spuk, der schnell vorübergehen würde. Er konnte sich einfach nicht vorstellen, dass man ihn allein seiner »Rasse« wegen diskriminieren, verfolgen oder gar umbringen würde, und überhörte alle Warnungen. Während die anderen Reichenheims emigrierten, blieb er in Deutschland. Als er merkte, dass es für ihn in diesem Land inzwischen lebensgefährlich geworden war, mag es zu spät gewesen sein, zumal er kein Geld hatte, um eine Ausreise zu finanzieren. So war er 1943 noch immer in Dresden, vorerst unbehelligt, was an meiner nichtjüdischen Großmutter gelegen haben mochte.

Der Dackel. Er wurde meinem Großvater zum Verhängnis, denn auf seinen Spaziergängen traf er manchmal eine Frau, die auch einen solchen Hund hatte. Sie kamen ins Gespräch, der Mann mit dem Judenstern, der sich inzwischen Heinrich *Israel* Reichenheim nennen musste, und die »arische« Frau. Wahrscheinlich wurden sie beobachtet. Kurze Zeit darauf holte die Gestapo ihn ab. Was ihm dann widerfuhr, hat er nie erzählt; nach seiner Entlassung soll er um Jahre älter gewirkt haben. Wenig später wurde er ein zweites Mal von der Gestapo geholt, dieses Mal für immer.

1990 unternahm mein Vater den Versuch – es war nicht der erste – eine Spur von ihm zu finden. Er erhielt eine Antwort aus Auschwitz, darin stand, dass Heinrich Reichenheim am 21. Mai 1943 mit einem Sammeltransport in das Konzentrationslager gebracht und mit der Nummer 122714 gekennzeichnet wurde. Er starb dort am 3. August 1943.

Zwei Tage zuvor war mein Vater, auch er ein Heinrich Reichenheim, einundzwanzig Jahre alt geworden. Er durfte als »Halbjude« immerhin noch das Abitur machen. Die Schwierigkeiten begannen erst danach. An ein Studium war nicht zu denken, und so war es ein großes Glück, dass er eine landwirtschaftliche Lehre machen konnte. Er landete auf einem großen Gut in Pommern, wo er als eine Art »Oberknecht« arbeitete. Bis auch er sich eines Tages melden musste, und zwar bei der Wehrmacht. Die ließen ihn sogleich nach Frankreich abtransportieren. Dort leistete er Zwangsarbeit in einer Munitionsfabrik, später brachte man ihn zurück nach Deutschland, wo er bei der Speditionsfirma Bohne in Bremen ebenfalls Zwangsarbeit verrichtete. Kurz vor Kriegsende wurde er bei einem Luftangriff von mehreren Bombensplittern getroffen. Als er sich – einigermaßen wiederhergestellt – nach dem Zusammenbruch auf den Weg nach Dresden machte, kamen ihm auf einer kleinen Straße mehrere Männer entgegen, die brutal auf ihn einschlugen. Er verstand, dass sie den »hässlichen Deutschen« umbringen wollten. Ihrer Sprache nach waren sie slawischer Herkunft, also auch Zwangsarbeiter. Mein Vater wurde bewusstlos aufgefunden und in ein Krankenhaus gebracht, er schwebte zwischen Leben und Tod. Die gesundheitlichen Folgen waren gravierend: Er ging damals am Stock, hatte starke Gleichgewichtsprobleme und war teilweise gelähmt.

Ein Jahr nach Kriegsende ging mein Vater nach Leipzig, um Landwirtschaft zu studieren. Im Studentenwerk lernte er meine Mutter Irene kennen, die dort arbeitete. Eigentlich wollte sie Ärztin werden, aber für ein Studium kam sie nicht infrage, da ihre Mutter ein kleines Weißwarengeschäft betrieb und somit zu den Kapitalisten zählte. Dass eine allein stehende Frau sich und ihre Tochter irgendwie durchbringen musste und der winzige Laden wahrlich keine Goldgrube war, tat dabei nichts zur Sache. Meine Eltern heirateten Anfang 1951, im Dezember wurde ich geboren.

Je länger ich über unsere Familiengeschichte nachdenke, desto mehr drängt sich mir ein Vergleich der braunen und der roten Diktatur auf. Die Singularität der zielgerichteten Judenverfolgung, der industriellen Ermordung Millionen Unschuldiger steht außer Frage. Sie ist der absolute Tiefpunkt in der deutschen Geschichte und darf weder vergessen noch relativiert werden. Dennoch: Zeigt die Ideologie des Kommunismus nicht eine gewisse Nähe zur der des Nationalsozialismus? Bei den Nazis muss-

Vater von Eva-Maria Neumann, um 1950

ten die »rassisch Minderwertigen« weg, bei den Kommunisten der »Klassen- oder Volksfeind«, der Andersdenkende.

In Nazideutschland war man bei Zugehörigkeit zu einer »minderwertigen Rasse« der Vernichtung unentrinnbar preisgegeben, es sei denn, man entzog sich ihr durch Emigration. Diese Form der Verachtung und Erniedrigung anderer Rassen und Völker ist einmalig, ein Zivilisationsbruch ohnegleichen.

In der Sowjetunion wütete Stalins Schreckensherrschaft nicht nur unter Andersdenkenden, sondern auch unter seinen eigenen Kampfgefährten, den Bolschewiki, unter möglichen Konkurrenten ebenso wie unter der Intelligenz. Nicht zuletzt auch unter dem Klerus und den Gemeinden der russisch-orthodoxen und anderer christlicher Kirchen sowie den Bauern, die einen Großteil der Bevölkerung ausmachten und die zu Millionen verhungerten, weil sie alle ihre Erträge abgeben mussten.

In der DDR errichtete man Gedenkstätten gegen das Vergessen. Dabei vergaß man nur eins: auch der Opfer der stalinistischen Gewaltherrschaft zu gedenken.

Und heute in der DDR? Immer noch lassen Menschen bei dem Versuch zu fliehen ihr Leben oder verschwinden hinter Gittern, Lebensentwürfe gehen kaputt, die Suizidrate ist signifikant hoch.

Im Unterschied zur Herkunft kann man freilich seine Gesinnung wechseln und dadurch im Kommunismus Nachteilen, bis hin zu Verfolgungen, entgehen. Aber wie soll man auf Dauer mit einer solchen Lüge leben? Möglicherweise fehlt es einem dann an nichts – außer an dem Menschen, der man einmal gewesen ist.

14

Wiedersehen mit Rudolf

Das Heißformen fällt mir immer schwerer. Der Zustand meiner Hände verschlechtert sich von Tag zu Tag, und bald sind die Finger morgens so gekrümmt, dass ich sie kaum noch bewegen kann. Zunächst tue ich so, als ginge es mich nichts an. Aber bald muss ich einsehen, dass es mich doch betrifft. Ich habe Tag und Nacht Schmerzen, nun auch in den Knie- und Handgelenken, und die Bewegungseinschränkungen machen mir zu schaffen. Ich fühle mich elend und unendlich müde. Dabei bin ich erst seit zweieinhalb Monaten im Strafvollzug.

Ich melde mich zum Arzt, aber meine »Erzieherin« scheint zu meinen, dass dies nicht nötig sei. Eines Tages höre ich auf, Strümpfe zu glätten, was mir zunächst als Arbeitsverweigerung ausgelegt wird. Doch selbst die Angst vor dem Arrest kann mich nicht mehr schrecken. Ich bin einfach erledigt, und es geht nichts mehr. Das merken auch die Wachteln und bringen mich nun zur Krankenstation, die hier GW (Gesundheitswesen) heißt.

Das GW hat wenig Ähnlichkeit mit einem Krankenbereich. Hier gibt es dieselben Zellen wie im normalen Trakt, wieder sind wir eingeschlossen. Allerdings ist es erlaubt, auch tagsüber im Bett zu liegen. Manchmal darf ich zwecks Lauftherapie auf dem Gang hin- und hergehen. Untersuchungen werden gemacht, die aber offensichtlich nichts ergeben. Obwohl mein Blutdruck zu hoch, der Hormonhaushalt gestört und meine Beweglichkeit inzwischen stark eingeschränkt ist, werden keine weiteren gezielten therapeutischen Maßnahmen ergriffen.

Hoheneck, Gebäude, in dem sich die Krankenstation befand

An einem grauen Novembermorgen schaue ich zufällig zum gegenüberliegenden Gebäude, da erscheint hinter den Gittern ein Gesicht, das ich nur zu gut kenne: Eule. Also ist sie jetzt auch hier, aber in einer anderen Schicht. Ich nehme an, dass dort die Maschinensäle sind. Sie erkennt mich ebenfalls, wir winken uns zu, und alles sieht nicht mehr ganz so grau aus.

Gleich danach klappern die Türschlüssel, schon zum dritten Mal an diesem Tag. Ich erwarte wieder einen »Zählappell«, aber es erscheint ein hoch gewachsener Mann im weißen Kittel, gefolgt von zwei Wachteln. Das muss ein »Freiheitsarzt« sein, einer, der nicht fest im Gefängnis angestellt ist. Er sieht gut aus, ein bisschen wie der Schauspieler Paul Hörbiger.

»Stehen Sie bitte auf«, sagt er höflich zu mir.

Ich glaube, mich verhört zu haben. Er hat tatsächlich »bitte« gesagt. Ich versuche aus dem Bett hochzukommen, es geht erst beim dritten Mal. Gründlich betrachtet er meine Gelenke, fragt, wo ich Schmerzen habe, und bittet mich, ihm die Hand zu drücken.

»Hände drücken«, wiederholt er.

Ich gebe mir alle Mühe, doch offensichtlich meint er, ich simuliere. Erstaunt schaut er mich an.

»Heben Sie mal die Arme.«

Auch das schaffe ich nicht. Als er noch einmal meine Hände untersucht, schüttelt er den Kopf. Auf den Grundgelenken haben sich inzwischen große, bläuliche Knoten gebildet.

Ich höre deutlich, dass er den Wachteln zuraunt: »Die Frau ist doch gar nicht haftfähig.«

»Frau!« Das bin ich schon lange nicht mehr.

Die Wachteln werden unruhig, die ältere von beiden flüstert dem Arzt etwas ins Ohr. Anschließend sieht mich Herr Dr. »Hörbiger« kühl an und sagt in geschäftsmäßigem Ton: »Strafgefangene, ich nehme an, Sie haben Gelenkrheuma.«

Jetzt ist die Welt wieder rund. Sicher hat er zu Beginn der Untersuchung nicht gewusst, dass ich eine Politische bin, sonst hätte er nicht von Haftunfähigkeit gesprochen. Politische Gefangene werden nicht haftverschont, egal, wie krank sie sind.

Aber Gelenkrheuma! Den Gedanken an diese Krankheit hatte ich bisher immer erfolgreich verdrängt. Jetzt hat ein Arzt dieses Wort zum ersten Mal ausgesprochen. Hätte er Recht, würde dies das berufliche Aus für mich als Geigerin bedeuten, und das kann ich einfach nicht akzeptieren. Ich beschließe, kein Gelenkrheuma zu haben.

Auch nach dem Besuch des »Freiheitsarztes« ändert sich nichts. Eines Tages stellt der Major eine neue Diagnose: »Ich nehme an, Sie haben ›Schnellende Finger‹. Deshalb überlege ich mir, Sie ins Haftkrankenhaus Meusdorf zu schicken. Die sollen dort Ihre Sehnen durchtrennen.«

Ich erschrecke: »Ich lasse doch meine Hände nicht aufschneiden, die brauche ich noch! Außerdem habe ich ja schon oft gesagt, dass ich auch in anderen Gelenken Schmerzen habe.«

Aber der Major ist schon wieder auf dem Weg nach draußen. Er ignoriert meine übrigen Beschwerden, weil man nichts sieht und weil Gefangene, vor allem politische, a priori unter dem Verdacht stehen zu simulieren.

Hände aufschneiden – das fehlte mir noch. An die lasse ich nur Spezialisten. Ich bin froh, dass der Major diese Idee anscheinend wieder vergisst.

Mit meinen Mitgefangenen im GW habe ich Glück, es sind Politische dabei, im Augenblick Renate und Bärbel. Renate hatte auf ein Plakat geschrieben, dass sie mit ihrer Familie in den Westen ausreisen möchte. Dafür bekam sie zwei Jahre. Ihr Mann hängte dieses Plakat in den Trabi und fuhr damit zur Arbeit. Resultat: vier Jahre. Bärbel, eine hoch gewachsene, schöne junge Berlinerin mit langen schwarzen Haaren, die als Fotomodell arbeitete, verdiente sich ab und zu ein Zubrot damit, dass sie mit ihrem Auto fluchtwillige DDR-Bürger zum Treffpunkt brachte. Sie wurde zu fünf Jahren verurteilt.

Besonders leid tut mir eine fünfundsechzigjährige Frau, die nur ein paar Tage in meiner Zelle liegt. Sie arbeitete bei einer Sparkasse und verdiente sehr wenig. Um ihre Kinder trotzdem beim Ausbau ihres alten Hauses finanziell unterstützen zu können, unterschlug sie Geld – etwa 100 000 Mark – und erhielt dafür sieben Jahre Haft. Vor zwei Wochen teilte ihr die »Erzieherin« mit, dass das von ihr »mitfinanzierte« Haus durch eine Gasexplosion in die Luft geflogen ist. Die ganze Familie kam dabei um. Die Frau ist hochgradig traumatisiert und extrem suizidgefährdet. Ich passe Tag und Nacht auf sie auf und versuche, ihr zu helfen. Aber was kann ich denn tun? Was soll man einer solchen Frau sagen? Ich merke bald, dass Zuhören für sie die größte Hilfe ist.

Manchmal habe auch *ich* den Wunsch, dass mir jemand zuhört.

Wenn man nur wüsste, wie alles ausgeht, dann wäre vieles leichter. Jetzt befürchte ich, dass man mich nicht an die Bundesrepublik »verkauft«, weil mein Gesundheitszustand so schlecht ist oder weil ich meine Geschichte veröffentlichen könnte. Ich bin nicht haftfähig, trotzdem im Gefängnis und muss sogar arbeiten. Ist denn so etwas nicht Körperverletzung? Nein, die DDR kann unmöglich zulassen, dass ich vielleicht vor westliche Fernsehkameras trete und auspacke.

Ich überlege, an wen ich mich wenden, mit wem ich darüber reden könnte. Ich versuche einen »Sprecher« mit Dr. Ulbricht oder mit Dr. Weisse zu bekommen, aber das gibt es in Hoheneck nicht.

Eines Tages scheint der Major endlich einzusehen, dass es mir wirklich schlecht geht. Jedenfalls ordnet er an, meine Hände abends fest zu bandagieren, damit sie sich nicht wieder krümmen können. Das Resultat: Sie sind steif wie Bretter und tun genauso weh wie immer. Ich frage ihn wieder und wieder, ob es nicht eine andere Behandlung gebe. Seine Antwort ist stets dieselbe: »Das müssen Sie schon mir überlassen.«

Als meine Stimmung auf dem Nullpunkt ist, teilt eine Wachtel namens »Bettenschreck« Renate und mir mit, dass wir in drei Tagen einen »Sprecher« mit unseren Männern in Cottbus hätten. Das schlägt ein wie eine Bombe. Wir sind überglücklich. Das Leben kann manchmal sogar in Hoheneck schön sein.

In einer besonders großen »grünen Minna« werden mehrere Frauen aus unserem Gefängnis nach Cottbus transportiert. Zu meiner großen Freude ist auch Eule dabei. Wir haben uns so viel mitzuteilen, dass die lange Fahrt vom Erzgebirge bis in die Niederlausitz wie im Flug vergeht.

Sie erzählt mir, wie ihr Prozess verlaufen ist und dass sowohl sie als auch ihr Mann Lutz zwei Jahre und zehn Monate bekommen haben. Und sie ist ganz sicher, Rudolf in der Kästner-Straße gesehen zu haben.

»Ich bin aus der ›Minna‹ gestiegen, überzeugt davon, die einzige Gefangene in dem Auto gewesen zu sein. Aber plötzlich tauchte noch ein Mann auf. Er muss in einem abgetrennten Abteil gesessen haben. Wir konnten uns nur kurz anschauen, aber ich könnte wetten, dass es Rudolf war. Er sah genauso aus wie auf dem Foto.«

War Rudolf denn noch bei der Stasi, als ich schon in Hoheneck war? Hatte er Probleme? Hoffentlich erfahre ich gleich Näheres dazu.

Das Cottbuser Gefängnis. Stacheldraht, Hunde, Wachtürme, Gräben, hohe Mauern – auch hier sieht alles sehr grau aus. Zunächst müssen wir uns wieder nackt ausziehen und werden befühlt und abgeklopft, ob sich nicht in irgendeiner Falte unseres Körpers ein Kassiber oder gar ein Molotow-Cocktail befindet. Anschließend ruft man uns zu je vieren auf und verteilt uns auf einzelne Räume. Eule und ich sitzen nebeneinander, die beiden anderen Frauen sind ebenfalls politische Gefangene.

Obwohl ich von Lutz bislang nur ein Foto gesehen habe, kenne ich ihn genau. Ich weiß, was er gern isst, wie groß er ist, wie er politisch denkt. Hundertmal haben Eule und ich einander unsere Männer beschrieben.

Wir vier Frauen dürfen nicht mehr miteinander reden. Die Spannung ist kaum auszuhalten. Eule hat rote Flecken im Gesicht, und mir zittern Hände und Knie. Plötzlich hören wir einen Mann laut brüllen. Die einzelnen Worte sind nicht zu verstehen, aber es klingt schrecklich. Dreht da jemand durch? Wird einer der Gefangenen geschlagen? Wir hören Bewacher fluchen und Geräusche, die unverwechselbar sind: Jemand wird fortgeschleift. Dafür ist das »Rollkommando« zuständig. Angst um Rudolf schnürt mir die Kehle zu.

»Das geht hier genauso zu wie bei uns«, raunt mir Eule zu. Auch wir hören manchmal Frauen schreien.

»Wer hat hier geredet?« Wütend baut sich einer der Wachtmeister vor uns auf, er ist sehr dick. Natürlich war es niemand.

»Noch ein Wort und der Sprecher ist für alle zu Ende, für *alle*, verstanden!«

In diesem Moment betreten die Männer den Raum, Rudolf kommt als Erster. Er sieht weniger schlecht aus, als ich befürchtet habe, und strahlt mich an. Erleichtert atme ich auf.

Doch was denkt er wohl über mein Aussehen? Sicher ist er erschrocken, aber er lässt sich nichts anmerken, nur Wärme und Liebe kann ich in seinem Gesicht entdecken.

Es ist verboten, sich die Hände zu geben, und wir haben vorher genaue Anweisungen erhalten, worüber wir nicht reden dürfen: über unseren »Fall«, über Mitgefangene und schon gar nicht über die Haftbedingungen. Es bleibt, so scheint es im ersten Moment, nicht viel übrig, worüber man sprechen kann, und so sitzen wir erst einmal da und schauen uns an.

Rudolf bricht das Schweigen. Er hat gerade einen Brief von meiner Mutter bekommen und möchte mir von Constanze berichten.

»Sie hat zum Großvater ›du dummes Schwein‹ gesagt und dafür das erste Mal in ihrem Leben eine Ohrfeige gekriegt.«

»Das darf doch nicht wahr sein. Ich hätte mir das nie erlauben dürfen.«

»Sie ja auch nicht.«

»Trotzdem, ich wäre nie auf die Idee gekommen. Was hat Constanze denn so wütend gemacht?«

»Ich glaube, dein Vater hatte ihr verboten, sich in der Kaufhalle auf den Fußboden zu legen und nach einer Kartoffel zu angeln, die hinter ein Regal gerutscht war.«

Das kann ich mir gut vorstellen, Constanze hatte schon immer ihren eigenen Kopf.

Ich habe aber auch etwas beizusteuern. Gerade gestern bekam ich den ersten Brief im Strafvollzug von meiner Mutter, und ich erzähle: »Manchmal weiß unsere Tochter aber besser, wie sie ihren Willen durchsetzen kann. Mutter hatte Besuch, und es war schon lange Schlafenszeit für die Kleine. Aber einige Gäste aßen noch, und sie durfte so lange aufbleiben, bis das Abendessen beendet war. Also animierte sie die Leute freundlich mit den Worten: ›Esst, Leute, esst!‹ Ist das nicht klasse?«

Wir müssen beide laut lachen.

Regina und Lutz nutzen die Gelegenheit, um sich leise etwas zuzuflüstern. Keiner hat's gemerkt, obwohl vier Bewacher im Raum sind, für jedes Paar einer. Schließlich reden Eulenbergers wieder lauter, so laut, dass ich Rudolf von meiner geplanten Verlegung nach Meusdorf erzählen kann, für die sich der Major nun doch entschieden hat. Vom Händeaufschneiden ist aber nicht mehr die Rede.

Rudolf macht mir Mut: »Ich habe gehört, dass die Ärzte dort gar nicht schlecht sein sollen. Besser als Hoheneck ist es allemal.«

Er hat viel Schlechtes über unser Gefängnis gehört, und ich versuche, ihn zu beruhigen.

Dann will ich wissen, warum er noch so lange in U-Haft war: »Du konntest dich wohl nicht von der Stasi trennen?«

Rudolf lacht: »Ich hatte noch einen großen Auftritt.«

»Was?«

»Ja, beim Prozess unserer Schleuser. Ich musste aussagen, dass sie es waren, die uns ›in den Westen verbringen‹ sollten«, sagt Rudolf leiser.

»Wenn Sie nicht aufhören zu flüstern, ist der Sprecher für Sie beendet«, bellt der dicke Wachtmeister wieder.

Ich möchte Rudolf gern sagen, dass ich immerzu an ihn denke und mich nach ihm sehne, dass ich ihn sehr liebe, aber nichts dergleichen kommt über meine Lippen. Ständig fürchte ich, dass die halbe Stunde Besuchszeit bald vorbei ist – und bin total blockiert. Rudolf kriegt das wesentlich besser hin.

Viel zu schnell ist es so weit. Wir müssen uns verabschieden. Ganz zum Schluss geben wir uns doch die Hand. Unsere Bewacher brüllen uns wütend an, doch den »Sprecher« können sie uns nun nicht mehr nehmen.

Wir winken uns zu, solange wir können. Ich ahne nicht, dass wir uns erst in fast einem Jahr wiedersehen werden, in dem Bus, der uns in die Freiheit bringt.

Auf der Rückreise reden wir natürlich von nichts anderem als von unseren Männern und versichern uns gegenseitig, wie sympathisch sie sind. Eule ist ganz begeistert, dass der Mann in der Kästner-Straße wirklich Rudolf war, und sie hat gleich noch eine Neuigkeit für mich: Unsere Männer haben in der U-Haft zusammen gesessen. Das hatte ihr Lutz eben noch schnell zugeflüstert.

Dann hat Rudolf in der U-Haft zumindest einen Freund gefunden, denke ich zufrieden.

Weihnachten naht und das GW füllt sich. Mehrere Frauen haben versucht, sich das Leben zu nehmen, einer ist es gelungen: Eine Mörderin, die allein in einer kleinen Zelle lag, hat sich mit einer Strumpfhose am Fensterkreuz erhängt, jede Hilfe kam zu spät.

Renate geht es seit dem »Sprecher« in Cottbus ebenfalls nicht gut. Die Begegnung mit ihrem Mann hat sie besonders aufgewühlt, sie weint viel in diesen Tagen. Bei mir überwiegt die Freude, Rudolf gesehen zu haben; immer wenn ich traurig werde, stelle ich mir sein fröhliches Gesicht vor. Doch: Wann sehen wir unsere Männer wieder? Es ist ja nicht so, dass man einfach sagen könnte: Hallo, Liebling, ich komme morgen mal wieder bei dir in Cottbus vorbei.

Der Heilige Abend ist hier ein Tag wie jeder andere. Kein Weihnachtsbaum oder wenigstens etwas Tannengrün, kein Geschenk von draußen, keine Kerzen, keine Post, obwohl mir Mutter ganz bestimmt geschrieben hat. Auch das Essen ist genauso schlecht wie immer. Zum Gottesdienst werde ich nicht geholt, obwohl ich mich schon lange gemeldet hatte, um daran teilnehmen zu dürfen. Aber ich weiß ja nicht einmal, ob einer stattfindet, obwohl es hier in Hoheneck eine Kapelle geben soll.

Meine Gedanken wandern nach Hause. Ich bin sicher, meine Eltern tun alles, um Constanze vergessen zu lassen, dass wir nicht da sind. Sie wird Weihnachten erleben, wie es immer bei uns war – nur ohne ihre Eltern:

Am Heiligen Abend ist die Weihnachtsstube tagsüber verschlossen, weil der schön geschmückte Baum mit Kugeln, Strohsternen, Engelshaar und echten Kerzen eine Überraschung für die Kleine sein soll. Groß darf der Baum nicht sein, denn er muss in einen ganz besonderen Ständer passen: in einen Weihnachtsberg von 1886. Wird die darin befindliche Spieluhr aufgezogen, beginnt das Bäumchen, sich langsam zu drehen, und glockenzart erklingen vier Lieder: »Vom Himmel hoch ...«, »Ehre sei Gott in der Höhe«, »Stille Nacht« und »Ihr Kinderlein kommet«.

Constanze wartet ungeduldig draußen vor der Tür, bis sie die Musik hört. Dann darf sie reinkommen, und die Kerzen strahlen mit ihren Augen um die Wette. Unter dem Baum liegen die Geschenke. Die Großeltern werden mit ihr spielen und ihr aus einem der neuen Bücher vorlesen. Außerdem gibt es Bratkartoffeln und Sülze, was sie furchtbar gern mag. Der Gänsebraten steht erst am nächsten Tag auf dem Tisch.

Ich stelle mir vor, wie Constanze jetzt aussehen könnte. Auf dem Foto, das ich von ihr habe – vom vielen Anfassen ist es schon ziemlich ramponiert –, lächelt sie. Ob sie jetzt gerade weint, weil wir nicht bei ihr sind? Die Vorstellung ist bedrückend. Ich denke ganz intensiv an meine Tochter, schicke ihr lauter gute Gedanken und hoffe, dass sie bei ihr ankommen und ihr helfen. Und immer wieder bete ich für sie.

Das Licht geht aus. Der Heilige Abend ist vorbei. Ich fühle mich einsam und verlassen und kann nicht schlafen. Über mir höre ich Renate leise schluchzen. Sie hat auch eine kleine Tochter, nur wenig älter als Constanze. Wieder denke ich an meine Lieben zu Hause, an meine Freunde und an Rudolf, und ich weiß plötzlich, dass alle auch an mich denken. Nein, ich bin nicht einsam und verlassen, und unterkriegen lasse ich mich schon gar nicht.

Das Jahr 1978 hat begonnen – ich begrüße es mit einer Mischung aus Hoffnung und Skepsis. Wird es uns die Freiheit bringen? Es gibt drei Möglichkeiten: Westen – DDR – Weitersitzen. Ich entscheide mich für vorsichtigen Optimismus.

2. Januar. Der Zählappell ist gerade vorbei, als erneut die Schlüssel klappern.

»Hat man denn hier nie Ruhe«, stöhnt Renate, die gerade wieder in ihr Bett geklettert ist. Seit Bärbel, die nach vier Jahren wieder in die DDR entlassen wurde, fort ist, muss sie Meldung machen, aber die Wachtel lässt sie gar nicht erst zu Wort kommen.

»Fleischer, Sachen packen, aber schnell!«

»Warum denn das? Ich will hier bleiben.«

Renate ist empört. Diese Verlegung ist wieder einmal reine Schikane.

»Halten Sie die Klappe, und beeilen Sie sich«, schnauzt die Aufseherin.

Plötzlich fällt bei Renate der Groschen. Sachen packen – das bedeutet Transport. Transport in den Westen. Sie stößt einen Schrei aus und fängt an, in rasender Eile ihr Bett abzuziehen.

»Mensch, such lieber deine Klamotten zusammen, was willst du denn mit dem Bett?« Ich bin selber aufgeregt. Transport! Und Renate ist dabei.

Sie lacht und weint gleichzeitig, rennt hin und her und ruft plötzlich:

»Ich bin ja noch gar nicht angezogen.«

Schnell lasse ich sie noch einmal den Namen meiner Schwägerin in Würzburg wiederholen. Es reicht, wenn sie weiß: Helga Buschmann, Unibibliothek Würzburg. Renate hat den Auftrag, bei Rudolfs Schwester anzurufen, um sie über meinen schlechten Gesundheitszustand zu informieren.

Kurz darauf erscheint die Wachtmeisterin wieder, die zwischenzeitlich die Zelle verlassen hatte. Renate und ich umarmen uns noch ein letztes Mal, dann bin ich allein, allein mit einer geschlechtskranken Diebin und einer alten Frau, die die Sprache verloren hat.

Ich setze mich an das Bett der alten Gefangenen und frage sie nach ihrem Namen. Keine Antwort.

»Was hast du gemacht, warum bist du hier?« Wieder kommt keine Reaktion. Ich erzähle ein bisschen von meiner Tochter und meinem Mann, aber ihre Augen verraten nicht, ob sie mich versteht. Simuliert sie, um nicht mehr arbeiten zu müssen?

»Hör auf damit, das hat doch keinen Zweck«, mischt sich die Diebin ein. »Hast du nicht ein paar Süßigkeiten für mich? Du bist doch eine Politische, und die haben immer Beziehungen. Wieso solltet ihr sonst die Scheiß-DDR verlassen dürfen?«

Dass ich wirklich keine Süßigkeiten habe, glaubt sie mir nicht und beschimpft mich unflätig.

Langsam gehe ich an das Fenster und sehe auf den Gefängnishof. Er kommt mir noch grauer vor als sonst.

Auf dem Freihof erfahre ich am nächsten Tag, dass mindestens dreißig Frauen geholt worden sind. Es gibt viele Tränen und fast alle beteuern, dass sie eigentlich längst hätten dabei sein müssen.

Müssen? Wie oft höre ich das: »Die müssen doch einsehen, dass ...« Oder: »Die müssen sich doch an die Gesetze halten ...«

Ich kann darüber nur lachen. Nichts, aber auch gar nichts *müssen* »die«. Wenn das so wäre, dann säßen wir nicht hier.

Einige Tage später gehe auch ich auf Transport – allerdings nicht gen Westen, sondern nach Meusdorf.

15

Ein Händedruck für eine Strafgefangene

Zum ersten Mal in meinem Leben fahre ich in einem Krankenwagen, wenn auch in einem vergitterten. Aber ich kann hinausschauen auf schneebedeckte Felder, von einzelnen kargen Bäumen flattern ein paar Krähen in die Luft. Ich sehe Straßen, Häuser und dick vermummte Menschen, die in der Kälte Atemwolken ausstoßen. Kaum vorzustellen, dass auch ich eines Tages wieder gehen kann, wohin ich will, ohne Bewacher im Rücken.

»Leipzig 20 km« – es ist ein eigenartiges Gefühl, in Richtung Heimat zu fahren. Der Gebäudekomplex, der nach einer Weile vor mir auftaucht, sieht mehr nach Haft als nach Krankenhaus aus. Auch in Meusdorf gibt es hohe Mauern mit Glasscherben bespickt, Wachtürme und Gräben, in denen Hunde laufen.

Steif vom Sitzen humple ich zur Schleuse, dem gefängnisüblichen Kontrollraum, und werde zunächst einmal wieder gefilzt. Dieselbe Prozedur hatte ich in Hoheneck schon beim Wegfahren über mich ergehen lassen müssen, und seitdem hat man mich strengstens bewacht. Ich weiß, dass dies reine Schikane ist, und die Wachtel weiß, dass ich es weiß. Ich habe den Eindruck, sie genießt ihre Macht über mich. Ob ihr schon mitgeteilt wurde, dass ich eine Politische bin? Das Ausziehen fällt mir schwer und geht langsam, zu langsam für die Aufseherin.

»Schneller!«, herrscht sie mich ungeduldig an.

Wenn ich es richtig sehe, ist sie eine Frau Leutnant, aber ich kenne mich mit den Dienstgraden noch immer nicht aus. Vielleicht deswegen, weil es mich nicht interessiert.

Sie ist nicht nur ungeduldig, sondern auch gründlich und kontrolliert jede Hautfalte. Da es nicht das erste und ganz bestimmt auch nicht das letzte Mal ist, dass ich auf diese Weise gedemütigt werde, bleibe ich ganz ruhig. Auch anziehen muss ich mich schnell, dann verlässt die Wachtel den Raum. Stundenlang warte ich dann darauf, dass ich aus dieser Zelle herauskomme, aber es tut sich nichts. Ein Bett wäre jetzt keine schlechte Alternative zu der harten Holzbank. Mein erster Eindruck von diesem »Krankenhaus« ist nicht gerade der beste.

Endlich werde ich in eine große finstere Zelle gebracht, deren Fensterscheiben mit dunkelgrüner Farbe zugestrichen sind. Soll das ein Krankenzimmer sein? Ich kann auch hier keinen Unterschied zu einer normalen Zelle erkennen.

Ein unangenehmer Geruch schlägt mir entgegen. Was ich sehe, als ich meine Mitpatientinnen betrachte, ist nicht gerade ermutigend. Eine verwilderte Gestalt, mit Ketten an ihr Bett gefesselt, eine ganz alte Gefangene, die am Tropf hängt, eine Frau mittleren Alters mit stechenden Augen und ein junges Mädchen mit einem gebrochenen Arm. Letztere erscheint mir am vernünftigsten, und so wende ich mich an sie, um zu erfahren, nach welchen Spielregeln hier der Alltag abläuft.

Ich höre, dass in meinem Bett bis vor einer Stunde eine Tote gelegen hat. Sie war an der Galle operiert worden, und man hatte einen Tupfer vergessen... Ich kann es nicht glauben. Doch das Mädchen weiß es genau. Eine Strafgefangene, die als OP-Schwester dabei war, hat es ihr auf dem Hof zugeflüstert.

Wir werden unterbrochen. Meine alte Bekannte, die unfreundliche Frau Leutnant, betritt die Zelle.

»Strafgefangene, kommen Sie mal her«, spricht sie mich an. »Ich habe eine Aufgabe für Sie. Ab heute versorgen Sie die Strafgefangene mit dem Tropf.«

Sie zeigt mir, wie man ihn einstellt und wo man drehen muss.

»Wenn er leer ist, werfen Sie Licht. Und hier ist der Urinbeutel.« Sie schlägt die Bettdecke zurück und verzieht angewidert das Gesicht. Mir wird klar, warum es hier so stinkt. Mit spitzen Fingern drückt sie mir den Beutel in die Hand. Als ich ihn ausleere, wird mir übel. Dann wische ich Blut und Urin ab und schließe den Beutel wieder an. Frau Leutnant freut sich, dass sie eine Dumme gefunden hat, die ihr die Arbeit abnimmt, und verlässt zufrieden die Zelle.

»Das war die Chefin der Station, ein hundsgemeines Biest.« Christel, das Mädchen mit dem gebrochenen Arm, schickt ihr einen wilden Fluch nach.

»Ist das hier so üblich, dass die Gefangenen sich gegenseitig versorgen müssen?«, frage ich.

»Üblich ist eher, dass sich die Wachteln um nichts kümmern. Du hast doch bestimmt gesehen, dass der Tropf überhaupt nicht lief? Am Anfang habe ich noch das Lämpchen gedrückt, aber meistens erscheint sowieso keiner. Na, mir soll's egal sein. Ich würde denen an deiner Stelle die Arbeit nicht abnehmen. Das Einzige, was die Wachteln machen, ist, dass sie morgens mit dem Frühstück und den Medikamenten kommen und den Puls fühlen. Elvira, die in deinem Bett lag, hatte schon längst den Löffel abgegeben, aber die haben das beim Pulsen nicht einmal gemerkt.«

Den Löffel abgegeben? Diesen Ausdruck habe ich noch nie gehört.

»Was hat sie?«

»Den Löffel abgegeben, tot war sie, mausetot! Als die Wachtel raus war, habe ich Elvira nämlich was gefragt und keine Antwort erhalten. Also habe ich mal nachgesehen. Da war sie schon ganz kalt. Aber bis jemand kam, hat es noch zwei Stunden gedauert.«

»Bist du schon lange in Meusdorf?«

»Seit einer Woche. Das war das Rollkommando.« Sie deutet auf ihren gebrochenen Arm. »Die wollten mich filzen, und ein Aufseher war dabei. Würdest du dich vor einem Mann ausziehen? Ich jedenfalls nicht. Da haben sie das Rollkommando gerufen, und die sind über mich hergefallen. Ein Scheißspiel war das, glaub es nur.«

Christel ist noch sehr jung, ich schätze sie auf siebzehn und liege damit nicht ganz falsch. Achtzehn ist sie.

»Warum bist du im Knast?«

»Weil ich keine Lust zum Arbeiten hatte.«

Ich lasse mich auf mein Bett fallen. Mir tut alles weh, und ich habe nur einen Gedanken: ausruhen.

Doch bald werde ich wieder geholt.

»Frau Major will Sie sehen.«

Ich habe eigentlich genug vom weiblichen Personal, allerdings muss ich zugeben, dass die Majorin sympathisch aussieht: klein, rundlich, mit freundlichen Augen hinter einer dicken Brille. Trotzdem beschließe ich, auf der Hut zu sein.

Die Untersuchungen der Chirurgin sind noch gründlicher als die von »Dr. Hörbiger«. Ich staune.

»Sieht böse aus. Ich weiß aber nicht, ob Sie ein Fall für die Chirurgie sind.«

»Ich möchte meine Hände nicht aufschneiden lassen, ich bin Geigerin«, sage ich bestimmt und erwarte ein Donnerwetter. Es bleibt nicht nur aus, sondern die Ärztin meint sehr freundlich: »Das kann ich verstehen.« Sie nimmt mir Blut ab und winkt der Aufseherin, mich abzuführen. Ich bin so beeindruckt, dass ich vergesse, Meldung zu machen.

»Abmelden!«, brüllt die Wachtmeisterin.

Die Majorin winkt ab. »Ist schon gut.«

Eine Stunde später erscheint sie in unserer Zelle.

»Kommen Sie doch bitte noch einmal mit.«

Wieder hat jemand »bitte« zu mir gesagt. Sie führt mich in ihr Untersuchungszimmer, in dem wir dieses Mal allein sind. Lange schaut sie mich prüfend an.

»Sie gehören doch nicht in ein Gefängnis. Warum sind Sie hier?«

»RF und staatsfeindliche Verbindungsaufnahme.«

»RF – das ist Republikflucht, nicht wahr? So etwas ist mir hier noch nicht begegnet.«

Wir sind beide verlegen. Offensichtlich ist die Majorin noch nicht lange in Meusdorf, und ich bin wahrscheinlich im Augenblick die einzige Politische hier.

»Sie sind Geigerin?« Ich nicke und entdecke Mitleid in ihren Augen.

»Damit dürfte es nun vorbei sein. Warum sind Sie nur so ein großes Risiko eingegangen? Kann man in der DDR denn wirklich nicht leben? Physisch haben Sie sich schon ruiniert, und psychisch werden Sie das auf die Dauer auch nicht verkraften. Wie lange sitzen Sie denn schon?«

»Ein knappes Jahr.«

Eine solche Anteilnahme habe ich nicht erwartet. Ich möchte ihr so viel sagen und erklären, aber wieder einmal fehlen mir die Worte. Sie ist wirklich nett, und wenn ich ihr zu verstehen gebe, was ich über diesen Staat denke, beleidige ich sie vielleicht.

In diesem Moment tritt Frau Leutnant, die Chefin der Station, ein.

»Ich habe Frau Neumann noch einmal untersucht, ich tippe auf Gelenkrheuma«, sagt die Majorin nervös.

Frau Leutnant scheint dieser höfliche Umgangston nicht zu passen, jedenfalls macht sie ein Gesicht, als hätte sie gerade eine Kröte verschluckt.

»Mitkommen!«

Ich melde mich ab und verlasse mit ihr den Raum. Die Majorin lächelt mir noch einmal zu, und ich bin ihr dankbar dafür. Aber auch sie hat von Gelenkrheuma gesprochen ...

Am Ende meines ersten Tages in Meusdorf versorge ich noch einmal die Frischoperierte, die einen Darmverschluss hatte, und steige etwas beklommen in das Bett, in dem heute eine Frau »den Löffel abgegeben hat«. Ob man die Bettwäsche gewechselt und das Bett desinfiziert hat, frage ich lieber nicht.

Als ich die Augen schließe, sehe ich das freundliche Gesicht der Majorin vor mir, und alles erscheint leichter.

Fast eine Woche bin ich schon in Meusdorf. Mein erster Eindruck hat sich bestätigt: Mit einem Krankenhaus hat diese Einrichtung wenig zu tun, und ich bezweifle, dass das Wachpersonal wirklich nur aus ausgebildeten Schwestern besteht.

Medikamente oder eine andere Behandlung habe ich bis jetzt nicht bekommen. Physiotherapie, Massagen, Gymnastik, Bestrahlungen – Fehlanzeige. Eine Intensivstation gibt es nicht, offensichtlich auch keine Apparate, die nach einer Operation dringend notwendig wären. Die Frischoperierten werden direkt wieder in ihre Zellen geschoben, danach kümmert sich kaum jemand um sie; nur das Allernötigste wird gemacht.

Putzen müssen wir auch hier selbst. In den meisten Zellen wird nichts getan, unser Verwahrraum ist so schmutzig, dass ich viele Tage brauche, um ihn wieder einigermaßen in Ordnung zu bringen. Helfen kann mir keiner. Rolli, jene verwilderte Gestalt, ist angekettet und nicht ansprechbar, Christel hat einen gebrochenen Arm, und die Frischoperierten dämmern mehr oder weniger nur vor sich hin.

Mein Pflegefall hat sich inzwischen so weit erholt, dass er mich nicht mehr braucht. Nun versorge ich Gisela, die Frau mit den stechenden Augen, und das fällt mir schwer. Sie hat ihr Baby in der Badewanne ertränkt. Heute wurde ihr eine Brust abgenommen. Eine ganze Woche musste sie auf die Operation warten. Jeden Tag wurde sie geholt, man gab ihr eine Beruhigungsspritze, und nach einigen Stunden, die sie auf dem Gang verbringen musste, schloss man sie wieder zurück in die Zelle.

Es geht Gisela schlecht, sie hat große Schmerzen, aber meine Zellengenossinnen nehmen darauf keine Rücksicht. Ihr üblicher Umgangston ist, sich gegenseitig anzuschreien, was nicht nur für Gisela strapaziös ist. Irgendwann fange *ich* an zu schreien. Sofort tritt Ruhe ein: Das sind sie von mir nicht gewöhnt.

Nur Rolli kann ich nicht in Schach halten. Nachdem man ihr gestern die Ketten abgenommen hatte, bekam sie einen Tobsuchtsanfall und schlug alles kurz und klein. Nun ist sie wieder angekettet und macht einen Höllenlärm. Im Grunde genommen gehört sie auf die »Hoppla-Station«, wie wir die Zelle nennen, in der die psychisch Schwerkranken liegen.

Rolli ist hier, weil sie einen Löffel verschluckt hat. Verschluckt, nicht abgegeben. Doch das kenne ich schon aus Hoheneck: Viele Frauen tun sich auf diese Weise etwas an. Sie verschlucken Gabeln, Messer oder Löffel, um auf sich aufmerksam zu machen oder etwas durchzusetzen. Manche wollen sich auch wirklich umbringen, aber das sind die wenigsten. Das Ende ist in allen Fällen eine OP.

Ich frage Frau Leutnant, ob man Rolli mit Rücksicht auf die Frischoperierte nicht verlegen könne. Das ist ein Sakrileg.

»Seit wann haben Gefangene hier etwas zu bestimmen? *Sie* schon gar nicht, Strafgefangene!«

Deutlich, aber ruhig sage ich: »Die Zustände hier sind menschenunwürdig, und die Verantwortung dafür tragen Sie.«

Frau Leutnant erstarrt. Jetzt habe ich eine Feindin.

»Sie werden schon noch sehen, wer hier am längeren Hebel sitzt.«

Chefvisite. Einmal im Monat kommt Dr. Zacharias, der einen guten Eindruck auf mich macht. Ich nehme an, er ist wie »Dr. Hörbiger« ein »Freiheitsarzt«. Er sagt nicht viel, aber gegen Abend werde ich zur Majorin gebracht.

»Wir gehen davon aus, dass Sie Gelenkrheuma haben, obwohl Ihr Rheumatest negativ ist. Aber das ist nichts Außergewöhnliches und besagt wenig, denn alle Symptome sprechen für eine primärchronische Polyarthritis. Sie werden jetzt von der Chirurgischen auf die Innere verlegt. Ich wünsche Ihnen alles Gute.«

Sie lächelt mich an und gibt mir die Hand. Obwohl Frau Leutnant daneben steht und es offensichtlich nicht glauben kann. Ein Händedruck für eine Strafgefangene!

Wenig später werde ich in die Nachbarzelle geschlossen. Jetzt befinde ich mich also auf der »Inneren Station«. Der einzige Unterschied zur Chirurgie: eine andere Ärztin. Gisela schiebt man gleich hinterher, damit ich nicht aus der Übung komme. Und weil ich die Kranken so gut versorge, werden im Laufe der Zeit noch viele frisch Operierte in meine Zelle gefahren. Das hat einen großen Vorteil: Ihretwegen muss die Majorin von der Chirurgie auch bei uns Visite machen, und darüber freue ich mich. Oft bleibt sie an meinem Bett stehen und unterhält sich mit mir.

Die Majorin von der Inneren schätze ich auf Ende dreißig. Ihre kalten Augen lassen nichts Gutes ahnen. Sie ist mir unsympathisch, und ich merke bald, dass dies auf Gegenseitigkeit beruht. Ihre Visiten sind reine Formsache, es scheint sie überhaupt nicht zu interessieren, wie es uns geht. Sie hat mir hohe Dosen Prednison verordnet.

Ich will sie fragen, was das für ein Medikament sei, aber da ist sie schon wieder entschwunden. Eine Mitgefangene klärt mich auf:

»Das ist so was Ähnliches wie Cortison, soll gegen Entzündungen wirken. Macht aber dick.«

Wie auch immer, ich bin froh, dass endlich etwas gegen meine Krankheit getan wird. Die Majorin soll mir ja nicht sympathisch sein, sondern helfen.

Es beunruhigt mich, dass ich so lange nichts von Rudolf gehört habe. Einmal im Monat dürfen wir uns schreiben. Auch wenn alles zensiert wird, die Briefe kamen immer regelmäßig, und jetzt warte ich schon seit zwei Monaten auf Nachricht von ihm. Ob er krank ist? Ich mache mir Sorgen. Wer weiß, wie die Haftbedingungen in Cottbus sind. Vielleicht sitzt er im Arrest? Dann darf er auch nicht schreiben. Oder sollte er am Ende schon in . . .? Nein, nicht träumen. Ich gestatte mir nicht, den Gedanken zu Ende zu denken. Wie viele Zusammenbrüche habe ich schon erlebt, weil die Gefangenen an ihre Träume glaubten und die Realität dann nicht verkraften konnten.

Schließlich erhalte ich einen Brief von meiner Mutter. Der wichtigste Satz: »Mein Sprecher mit Rudolf wurde gestern abgesagt, da er in eine andere Einrichtung verlegt wurde.«

Gott sei Dank, es ist ihm also nichts passiert. Und ich weiß, dass »in eine andere Einrichtung verlegen« oft ein Synonym für den Transport in das Stasigefängnis in Karl-Marx-Stadt ist. Von dort aus werden die freigekauften Häftlinge direkt in die Bundesrepublik überstellt. In diesem Fall wäre Rudolf schon mit einem Fuß im Westen. Schlagartig ist es mit meinen guten Vorsätzen vorbei. Und je länger ich nichts von Rudolf höre, desto optimistischer werde ich.

Inzwischen bin ich vier Wochen in Meusdorf. Alle drei Monate steht jedem Gefangenen ein »Sprecher« mit einem Besucher von »draußen« zu, aber ich hatte seit fünf Monaten keinen mehr. In Hoheneck wäre ich eigentlich längst an der Reihe gewesen, aber es gab immer andere Ausflüchte. Und dann ging ich auf Transport.

Ich beschließe, mich selber um meinen »Sprecher« zu kümmern.

Als »Puppenfurz«, die Stellvertreterin der Stationschefin, in der Zelle erscheint, spreche ich sie darauf an.

»In drei Monaten können Sie mal wieder nachfragen«, ist die schnippische Antwort.

Ich bin empört. »Ich möchte bitte mit Frau Leutnant sprechen.«

»Ist nicht da.«

Am nächsten Tag versuche ich es wieder. Doch Frau Leutnant ist für mich nicht zu sprechen. Ich höre ihre Stimme draußen auf dem Gang und kann nichts machen. Ich gebe nicht auf und wage noch einen dritten Versuch. Wieder dieselbe Antwort. Mir ist klar, dass sie nebenan in ihrem schönen Zimmer sitzt und sich freut, wie sie mich ärgern kann. Dieses Ausgeliefertsein! Man kann einfach nichts tun. Oder doch?

Bei der nächsten Medikamentenausgabe werfe ich die Tabletten vor den Augen der Aufseherin in die Toilette. Es ist »Sonnenschein«, die einzige nette Wachtel hier.

»Sagen Sie bitte Frau Leutnant, dass ich sie sprechen möchte. Bis dahin verweigere ich die Aufnahme der Medikamente, ich werde auch nicht essen.«

»Sonnenschein« ist fassungslos.

»Machen Sie doch so etwas nicht!«, beschwört sie mich. Es tut mir leid, dass ich ausgerechnet mit ihr aneinander gerate.

Auf einmal ist Frau Leutnant da. Sie brüllt mich an, schüttelt mich, gerät völlig außer sich und versucht, mir die Tabletten mit Gewalt in den Mund zu stopfen. Ich wehre mich mit Erfolg.

»Sachen packen! Arrest!«

Sie lässt mich nicht zu Worte kommen. Ich versuche es trotzdem.

»Bitte genehmigen Sie mir einen Sprecher mit meiner Mutter, den letzten hatte ich vor fünf Monaten.«

Sie tobt weiter.

»Arrest habe ich gesagt!«

Ich bemühe mich, ganz ruhig zu bleiben, obwohl vor meinem inneren Auge die Arrestzellen von Hoheneck auftauchen. Als ich jedoch die entsprechende Zelle von Meusdorf sehe, begreife ich, dass Frau Leutnant mir soeben den allergrößten Gefallen getan hat: ein kleiner Raum, ein Bett, sonst nichts. Und vor allem Ruhe. Erst jetzt fällt mir auf, wie belastend es ist, immer von schwatzenden und kreischenden Frauen umgeben zu sein. Seit einem Jahr bin ich das erste Mal allein. Es ist wunderbar.

Ununterbrochen werde ich durch den Spion in der Tür beobachtet. Ich kann nicht erkennen, von wem, aber meistens habe ich das Gefühl, dass es Frau Leutnant ist. Oder leide ich schon an Verfolgungswahn? Sie kann doch nicht Tag und Nacht hier sein.

Das Essen lasse ich stehen, die Tabletten wandern in die Toilette. Tags darauf dasselbe. Ich rechne damit, dass sie mich zwangsernähren, doch nichts passiert. Am Abend ist mir so schlecht vor Hunger, dass ich zu zweifeln beginne, ob meine Aktion eine wirklich gute Idee war.

Am nächsten Vormittag taucht »Puppenfurz« auf.

»Anziehen und mitkommen!«, schreit sie.

Ich befürchte Schlimmes. Doch ich werde in ein nettes Zimmer geführt und stehe meiner Mutter gegenüber. Frau Leutnant ist als Aufpasserin dabei, sie ist die Freundlichkeit in Person. Wir dürfen uns sogar umarmen, und mit kummervoller Miene versichert sie meiner Mutter, wie bemüht man sei, mir zu helfen.

»Wir machen uns solche Sorgen um Ihre Tochter.« Ein Chamäleon ist nichts dagegen.

Dankbar sieht meine Mutter sie an, und ich verschlucke eine Bemerkung. Ich bin froh, wenn sie glaubt, dass ich in Meusdorf in den besten Händen bin. Obwohl sie auch bemerkt, dass ich nicht gut aussehe und mich nur mühsam bewegen kann.

Auf dem Tisch liegen Süßigkeiten, eine Salami und andere gute Dinge, und mir wird wieder schlecht vor Hunger, Schwäche und Aufregung. Ich könnte alles auf einmal verschlingen.

»Darf meine Tochter denn das alles haben?«

Meine Mutter ist Kummer gewöhnt: In der Untersuchungshaft musste sie das meiste wieder mitnehmen, weil es verboten war. Frau Leutnant beruhigt sie. »Selbstverständlich«, sagt sie zuckersüß, und ich traue meinen Ohren kaum.

Meine Mutter hat mir ein neues Foto von Constanze mitgebracht, ich darf es gegen das alte eintauschen. Ganz anders sieht die Kleine jetzt aus, und so hübsch. Ihre nun kurz geschnittenen Haare sind viel dunkler geworden, die Kinderlöckchen völlig verschwunden. Drei Kinder will ich noch haben, mindestens, denke ich.

Constanze hätte nun den anfänglichen Schock überwunden, berichtet meine Mutter. Jedenfalls weint sie schon lange nicht mehr. Ich habe meine Zweifel, und diese stellen sich schließlich

Constanze mit den Großeltern im Urlaub, Sommer 1978

auch als berechtigt heraus. Noch Jahre später werden wir abends das Haus nicht verlassen können, weil Constanze Angst hat, dass wir nicht wiederkommen.

Ich erfahre weiter, dass meine Mutter ein Telegramm erhalten hatte, sie solle sofort in Meusdorf erscheinen. Es geht eben doch! Und auch sie scheint zu glauben, dass Rudolf sich in der Auslieferungshaft in Karl-Marx-Stadt befindet. Sie sagt es nicht direkt – das ist ja auch nicht möglich –, spricht aber von meinem alten Klavierlehrer, der wahrscheinlich bald in den Westen übersiedeln wird, da er inzwischen Rentner geworden ist.

Aha, denke ich, alles klar.

Beim Abschied nutzen wir noch einmal aus, dass wir uns umarmen dürfen, dann folgt die Rache der Frau Leutnant. Sie nimmt mir die Blumen, den Kuchen, das Orangen- und das Kakaopulver weg, wirft die Kekse und die liebevoll eingepackten Pralinen auf einen Haufen und zerschneidet die Wurst in kleine Stücke. Schließlich muss sie kontrollieren, ob meine Mutter nicht etwas Verbotenes hineingesteckt hat, ehe sie mir diese Dinge aushändigt. Anschließend darf ich meine Sachen aus der Arrestzelle holen und sie zusammen mit meinen neuen Habseligkeiten in meinen alten Verwahrraum bringen. Ich habe nur einen Gedanken: essen und dann ins Bett.

Frau Leutnant aber sieht die Sache anders. Ich bekomme Schrubber, Besen und ähnliche Utensilien in die Hand gedrückt.

»Ab heute werden Sie jeden Tag mein Zimmer, die Flure und die Treppe putzen. Das wird Ihnen gut tun.«

Hämisch grinsend stellt sie *meine* Blumen auf *ihren* Schreibtisch. Ob sie den Kuchen und die Pulvergetränke mit nach Hause nimmt? Wenn das meine arme Mutter wüsste.

Sie erwartet, dass ich mich zur Wehr setze. Aber ich sage nichts und mache mich an die Arbeit. Lieber falle ich vor Hunger um.

Als meine Peinigerin mit dem Resultat zufrieden ist, darf ich endlich in mein Bett. Vorher will ich noch die kläglichen Überreste der Mitbringsel meiner Mutter essen, muss aber leider feststellen, dass sie noch kläglicher geworden sind. Meine Zellengenossinnen sind während meiner Abwesenheit darüber hergefallen.

Ein Brief von meiner Schwiegermutter: So optimistisch hat sie noch nie geschrieben. Zwischen den Zeilen lese ich, dass sie Rudolf jeden Tag in der Bundesrepublik erwartet.

Die nächsten Tage sind die schönsten meiner Gefängniszeit. Ich lebe in einem traumhaften Zustand. Immer, wenn Schlüssel klappern, denke ich: JETZT! Wieder und wieder male ich mir aus, dass man mir eines Morgens sagt: »Neumann, Sachen packen!« Ich warte, warte, warte … Je länger es dauert, desto sicherer werde ich. Jetzt habe ich schon ein Vierteljahr nichts mehr von Rudolf gehört, er muss drüben sein!

Endlich kommt ein Brief.

Aus dem Zuchthaus Brandenburg.

Es dauert lange, bis ich wieder Boden unter den Füßen habe.

Der Brief ist vom 19. Februar 1978, dem Jahrestag unserer »Bruchlandung«, und jetzt ist schon April. Erst allmählich kann ich aufnehmen, was mir Rudolf geschrieben hat. Er erinnert mich daran, wie er Constanze in unserer Fluchtnacht vom Exodus der geknechteten Israeliten aus Ägypten unter der Führung Mose erzählt und deren Flucht durch das Schilfmeer beschrieben hatte. Die Kleine fand damals vor allem prima, dass der starke Ostwind die Wassermassen zurückgetrieben hatte und die Flüchtenden trockenen Fußes durch das Meer gelangten, während die »Bösen« überspült wurden.

Ich lese auch, wie viel Rudolf der Text im zurückliegenden Jahr bedeutet hat, zeugt er doch von Moses' unendlichem Gottvertrauen.

Weiterhin hoffe er, dass die medizinische Betreuung in Meusdorf gut sei und meine Schmerzen nachlassen würden. Ich erfahre noch ein wenig aus seinem Leben in Brandenburg, so, wie es eben erlaubt ist: gut eingelebt, sauberer Verwahrraum, angenehme Zimmerkameraden, leistungsfähige Verkaufsstelle, bei der man am Wochenende Bohnenkaffee kaufen könne, einmal monatlich Gottesdienst. Von diesen Dingen kann ich nur träumen, obwohl manches natürlich mit Absicht schöngefärbt ist; seine »angenehmen Zimmerkameraden« sind, wie ich später erfahren werde, zur Hälfte Mörder.

Noch einmal kommt er auf Constanze zurück, die ja nun bald ihren fünften Geburtstag habe, und schreibt, dass er sehnlichst auf Post aus Leipzig und einen neuen Bericht über das »Goldkind« warte. Eines Tages würden wir alle Geburtstage nachholen, macht er mir Mut.

Am Schluss des Briefes teilt er mir noch etwas »durch die Blume« mit: Er habe Helga geschrieben, sie solle sich bei der Kammermusik mehr auf die Geige als auf das Klavier konzentrieren (also sich mehr um *meine* Freilassung bemühen als um *seine*). Natürlich freue ich mich über seine Fürsorge. Aber gibt es für uns überhaupt Hoffnung, in den Westen zu kommen? Manchmal glaube ich nicht mehr daran.

Ich werde wieder einmal geholt und in einen kleinen Raum gebracht. Kein Bett, kein Tisch, kein Stuhl, nichts. Mein erster Gedanke: Arrest. Aber dann sehe ich auf dem Fußboden eine Bibel liegen. Seit ich im Strafvollzug bin, kämpfe ich darum. Und da liegt sie nun, vor meinen Füßen.

»Sie haben genau eine halbe Stunde Zeit«, sagt »Dackelbein«, eine winzig kleine Aufseherin mit pechschwarzen Augen, die mich hierher gebracht hat. Sie schaut mich an, als käme ich von einem anderen Stern: Was will die denn mit einer Bibel?

Ich denke an Rudolf in Brandenburg, an meine Tochter, meine

Eltern und bin voller Bitterkeit. Wann ist dieser Albtraum endlich vorbei? Warum hilft Gott mir nicht? Doch dann drängen sich mir andere Gedanken auf: Ich bin ja nicht zufällig hier. Es ist unsere freie Entscheidung gewesen, die DDR zu verlassen. Mit den Konsequenzen mussten wir rechnen.

Vorher war es einfach gewesen zu sagen: »Wenn es schief geht, dann geht es eben schief.« Etwas anderes ist es, die Realität hinzunehmen. Aber hätte die Flucht nicht auch gelingen können? Weshalb musste ich so krank werden? Und Rudolf? Warum kam er noch nach Brandenburg und nicht direkt nach Karl-Marx-Stadt? Ich habe keine Kraft mehr, ich bin am Ende.

Doch die Bibel zieht mich magisch an. Zögernd schlage ich Hiobs Geschichte auf. Sie ist für mich tröstlich, weil dieser Mann so viel mehr durchmachen, so unendlich viel mehr Leid ertragen musste als ich. Er verlor fast alles: seine Kinder, seinen Besitz und schließlich auch noch seine Gesundheit. Aber er vertraute auf Gott, und nach einer langen Talwanderung wendete sich sein Geschick wieder zum Guten.

Ich kann mich der Wirkung dieser uralten Geschichte nicht entziehen und habe auf einmal den Eindruck, sie sei nur für mich geschrieben. Auch ich muss lernen hinzunehmen, was ich nicht ändern kann. Vor allem darf ich mich nicht selbst aufgeben.

Die Zeit drängt. Ich suche noch nach der Bergpredigt, aber da klappern bereits wieder die Schlüssel. Eine halbe Stunde war das nicht, aber hier gehen die Uhren bekanntermaßen anders.

Als ich in meine Zelle zurückkomme, wartet noch eine andere angenehme Überraschung auf mich: ein Brief von Uschi, meiner Freundin seit den Hallenser Tagen.

Wie sie mir später erzählen wird, hat sie mir oft geschrieben, aber nur dieser eine Brief hat mich erreicht. Wie gern würde ich ihr antworten, aber das darf ich nicht, weil sie nicht zu meinen »Schreibadressen« gehört.

Der Brief enthält ein Gedicht, das Dietrich Bonhoeffer im Gefängnis geschrieben hat. Nichts kann meinen eigenen Zustand besser ausdrücken als diese Zeilen:

Wer bin ich?

Wer bin ich? Sie sagen mir oft, ich träte aus meiner Zelle gelassen und heiter und fest, wie ein Gutsherr aus seinem Schloss.

Wer bin ich? Sie sagen mir oft, ich spräche mit meinen Bewachern frei, freundlich und klar, als hätte ich zu gebieten.

Wer bin ich? Sie sagen mir auch, ich trüge die Tage des Unglücks gleichmütig, lächelnd und stolz, wie einer, der zu siegen gewohnt ist.

Bin ich das wirklich, was andere von mir sagen?
Oder bin ich nur das, was ich selbst von mir weiß?
Unruhig, sehnsüchtig, krank, wie ein Vogel im Käfig,
ringend nach Lebensatem, als würgte mir einer die Kehle,
hungernd nach Farben, nach Blumen, nach Vogelstimmen,
dürstend nach guten Worten, nach menschlicher Nähe,
zitternd vor Zorn über Willkür und kleinlichste Kränkung,
umgetrieben vom Warten auf große Dinge,
ohnmächtig bangend um Freunde in endloser Ferne,
müde und leer zum Beten, zum Denken, zum Schaffen,
matt und bereit, von allem Abschied zu nehmen?
Wer bin ich? Der oder jener?
Bin ich denn heute dieser und morgen ein anderer?
Bin ich beides zugleich? Vor Menschen ein Heuchler und vor mir selbst ein verächtlicher wehleidiger Schwächling?
Oder gleicht, was in mir noch ist, dem geschlagenen Heer, das in Unordnung weicht vor schon gewonnenem Sieg?

Wer bin ich?
Einsames Fragen treibt mit mir Spott.
Wer ich auch bin, Du kennst mich, Dein bin ich, o Gott!

Liebe Uschi, du hast mir sehr geholfen!

Ein lebloses Bündel Mensch wird hereingeschoben. Die Majorin von der Chirurgie sieht erschöpft aus.

»Ich habe sie soeben operiert, Leberzirrhose, sieht gar nicht gut aus ...« Sie beugt sich über die Kranke und zieht ihr die Bettdecke vom Gesicht. Ich sehe ein gelbes Gesicht, schwarze Haare, lange schwarze Wimpern, einen eingefallenen Mund.

Doch nach einigen Tagen entpuppt sich meine neue Zellengenossin als der fröhlichste Mensch, den ich im Gefängnis kennen gelernt habe. Immer gut aufgelegt, erzählt sie den ganzen Tag lustige Geschichten und bringt mich immer wieder zum Lachen. Dabei lügt sie wie gedruckt, aber ich kann ihr nie richtig böse sein.

Elkes Geschichte – wenn sie denn wirklich stimmt – ist deprimierend. Als Lehrausbilderin in einem großen Betrieb hatte sie beruflich viel mit Männern zu tun und traf sich auch oft in ihrer Freizeit mit ihnen. Natürlich wollte sie beim Trinken mithalten, und nach und nach wurde sie zur Alkoholikerin. Ihr Mann ließ sich scheiden, und sie saß mit den beiden Kindern allein da. Sie trank immer mehr und wurde krank davon. Als ihr der Arzt sagte, dass sie im Höchstfall noch sechs Jahre zu leben habe – sie ist jetzt fünfunddreißig –, setzte sich Elke in ihren Trabi und fuhr im volltrunkenen Zustand gegen die nächste Laterne. Das kostete sie ihre Zähne und ihre Freiheit, wegen Trunkenheit am Steuer. Die Laterne musste sie bezahlen.

Nun sitzt sie schon ein Dreivierteljahr in U-Haft und wartet auf ihren Prozess. Neue Zähne hat sie in der Zwischenzeit nicht bekommen, obwohl sie immer wieder danach fragt.

»Wir sind ja hier nicht in einem Schönheitssalon!« Die Majorin von der Inneren ist entrüstet. Elke nimmt es gelassen. Sie hat große Schwierigkeiten beim Essen und ist durch das fehlende Gebiss richtig entstellt. Doch ihre blauen Augen bilden einen schönen Kontrast zu dem pechschwarzen Haar. Von den vielen Medikamenten ist sie aufgeschwemmt, aber früher war sie sicher einmal sehr hübsch.

Ich bewundere Elkes Lebensmut täglich von neuem. Obwohl ich manchmal auch den Eindruck habe, dass sie weiß, wie schlimm es um sie steht, sprechen wir nie darüber. Ich sorge mich um sie und finde es gar nicht gut, dass sie sich überhaupt nicht an die ärztlichen Vorschriften hält. Sie bekommt salzlose Kost, die natürlich noch scheußlicher schmeckt als das normale Essen. Immer wieder stibitzt sie von meinem Teller.

»Schon der alte Luther hat gesagt, ein jeder esse von seinem Teller«, doziere ich.

»Ja, aber der alte Luther musste auch nicht salzlos essen ...«

Elke ist heute ganz besonders in Form. Voller Begeisterung bringt sie mir sämtliche Knastlieder bei, die sie kennt, und das sind nicht wenige.

Die meisten sind natürlich nicht ganz jugendfrei. Am besten gefällt ihr das: »Ich wollte mal und konnte nicht und hielt ihn in der Hand. / Da bin ich voll Verzweiflung in der Stube rumgerannt. / Ich wollte mal und konnte nicht: Das Loch war viel zu klein. / Ich kriegte nicht den Hemdenknopf ins Oberhemd hinein.«

Eines Tages wird sie ganz ernst:

»Hör mal, ich habe dir so viel von mir erzählt. Zugegeben, nicht immer die Wahrheit ...«

»Ist schon okay«, erwidere ich großzügig.

»Aber was ist mit dir? Ich weiß nur, dass du abhauen wolltest und drei Jahre gekriegt hast. Du könntest ruhig auch mal ein bisschen mehr erzählen.«

Ich will nicht darüber sprechen. Sogar die Gedanken an jene Nacht im Februar verdränge ich. Doch Elke gibt nicht auf. Sie möchte alles wissen, von Anfang an.

»Nein, bitte lass mich damit in Ruhe.«

»Wenn du mir deine Story erzählst, dann sage ich dir auch, dass ich nicht zwei Kinder habe, sondern vier.«

Ich schnappe nach Luft. »Menschenskind, warum musst du immer lügen?«

»Das ist jetzt wirklich die Wahrheit, das kannst du mir glauben.« Treuherzig sieht sie mich an.

»Vielleicht hast du ja nicht vier Kinder, sondern sechs? Woher soll ich wissen, was richtig ist? Und außerdem – ich kann noch nicht über meine Geschichte sprechen.«

»Versuch es doch ganz einfach mal!«

Von »einfach« kann keine Rede sein, denke ich. Ich weiß, dass alte Wunden aufreißen werden, wie damals in der U-Haft.

Andererseits: Ist es nicht vielleicht sogar gut, es zu wagen, die Vergangenheit zu bewältigen? Oder zumindest damit anzufangen? Soll ich es wirklich »einfach mal versuchen«?

Meine Gedanken schweifen weit zurück . . .

Elke sieht mich erwartungsvoll an, und mir wird klar, dass ich lange geschwiegen habe.

»Also gut . . .«

Ich werde, wie jeden Tag, zum Putzen geholt. »Arbeitstherapie« nennt die Frau Leutnant das. Heute sitzt auf der Bank im Gang, den ich reinigen muss, eine Strafgefangene und wartet darauf, in eine Zelle geschlossen zu werden. Hoffentlich nicht in meine, denke ich. Die Frau ist ungefähr sechzig Jahre alt, und ihr Kopf gleicht einem Totenschädel. Ihre eng zusammenstehenden Augen mustern mich, sie grinst schadenfroh. »Na, du Schöne, du willst wohl 'ne Sonderration?«

Ihre Stimme erinnert an eine Autohupe.

Schweigend arbeite ich weiter. Das Zimmer der Frau Leutnant muss ich noch sauber machen, dann bin ich fertig. Als ich in die Zelle zurückkomme, sitzt die neue Strafgefangene auf meinem Nachbarbett. Ich wusste es!

Heimlich nenne ich sie den »Tod auf Latschen« und schelte mich sofort dafür. Was kann sie dafür, dass sie so aussieht? Ich frage sie nach ihrem Namen und erhalte keine Antwort, auch später nicht.

Aber seit sie da ist, wird alles nur noch schwieriger. Sie ist nicht sehr reinlich und stiehlt. Und sie scheint auch nicht normal sprechen zu können. Eigentlich schreit sie nur herum, wenn sie den Mund aufmacht.

Heute ist es besonders schlimm. Aus dem Waschraum dringt ein »Gehupe«, das alles bisher Dagewesene in den Schatten stellt.

»Du dumme Sau, was hast du gemacht?«

»Klapp den Unterkiefer an, du lesbische Ziege!«

»Los, bring das gefälligst wieder in Ordnung, du Fotze.«

Genervt klettere ich aus dem Bett und sehe nach, was los ist. Ich sehe sofort: Die Toilette ist verstopft.

Die Neue hat wieder zu viel Brot verlangt und das, was übrig blieb, in das Toilettenbecken geworfen. Dies ist insofern eine Katastrophe, weil wir nichts mehr zu essen bekommen, wenn die Wachteln das herausfinden. Ich muss also schnell handeln.

»Hol das sofort wieder da raus«, sage ich zum »Tod auf Latschen«.

»Mach's doch selber!« Die Neue sieht mich herausfordernd an.

Jeden Augenblick kann eine Wachtel kommen. Ich stelle eine Schüssel neben die Toilette, halte die Luft an, greife mit bloßen Händen hinein und hole ein ekelhaftes Gemisch heraus. Mein Magen dreht sich um. Nie hätte ich geglaubt, dass ich so etwas fertig bringe. Nach und nach spüle ich den Mist wieder hinunter.

Noch einmal ziehe ich und sehe erleichtert, dass jetzt alles in Ordnung ist. Geschafft. Es war auch höchste Zeit, denn Frau Leutnant erscheint persönlich, um mir eine neue Gefangene zur Pflege zu übergeben. Und da man den Waschraum mit der Toilette nicht abschließen kann, findet sie mich hier. Es stinkt entsetzlich, und ich bin grün im Gesicht. Doch die Frau Leutnant interessiert sich glücklicherweise nicht dafür, wie es mir geht, und so kommen wenigstens keine unangenehmen Fragen.

Elke geht es heute Morgen sehr schlecht. Sie hat hohes Fieber und sieht strohgelb aus. Ich werfe Licht, aber nichts passiert. Ich bin außer mir vor Sorge, als endlich eine Wachtel erscheint.

»Schnell, holen Sie bitte die Frau Major!« Die Wachtel betrachtet Elke und verschwindet wieder. Es dauert und dauert. Ich werfe wieder Licht. Nach einiger Zeit erscheint die Majorin von der Inneren. Ungerührt sagt sie zu Elke: »Na, dieses Mal werden Sie dem Tod wohl nicht wieder von der Schippe springen. Es ist so weit.«

Elke lächelt nur schwach: »Ich schaffe es schon.«

Und wirklich, kurz darauf ist sie wieder vergnügt.

Eines Tages wird sie geholt, aufgeregt kommt sie zurück.

»Ich soll entlassen werden.«

»Mensch, das ist doch prima.«

»Aber ich muss mich von Peter trennen. Die sagen, er hätte angefangen zu trinken.«

Peter ist ihr Lebensgefährte. Sie hängt sehr an ihm. Ich frage mich, wie lange sie noch zu leben hat. Jeder Tag zählt. Und so rede ich ihr zu, alles zu unterschreiben. Was sie dann draußen tut, ist ihre Sache. Wahrscheinlich entlässt man sie auch nur, weil die Ärzte wissen, dass sie todkrank ist. Und sie weiß es auch.

So entscheidet sie sich für die Trennung von Peter – und damit für die Entlassung. Wieder ein Abschied, der schwer fällt.

Ein halbes Jahr später stirbt Elke in ihrem Heimatort in Mecklenburg.

Seit einigen Tagen rebelliert mein Magen. Die Majorin von der Chirurgie sieht eines Morgens, dass ich meine Medikamente auf nüchternen Magen herunterschlucke, wie es mir befohlen worden war.

»Kein Wunder, dass Ihnen immer schlecht ist«, meint sie und ordnet an, dass ich die Tabletten nach dem Essen einnehmen darf. Außerdem wird auf ihre Veranlassung hin ein Zuckertest gemacht, dieser ist positiv.

»Also, Sie haben tatsächlich Zucker«, sagt mir die Majorin von der Inneren. »Es gibt zwei Möglichkeiten: Entweder nehmen Sie weiter Prednison, und wir versuchen den Zucker zu behandeln, oder wir setzen es ab. Aber dann müssen Sie damit rechnen, bald ganz steif zu werden.«

Ich entscheide mich für die erste Behandlungsmethode, bekomme nun zusätzlich Medizin gegen den Zucker und ein Diätessen. Im Stillen leiste ich Elke Abbitte. Diese Kost ist tatsächlich ungenießbar, aber ich habe niemanden, von dessen Teller ich etwas stibitzen könnte.

Bei der monatlichen Chefarztvisite gefällt Dr. Zacharias die Sache mit dem Zucker überhaupt nicht. Kurzentschlossen setzt er das Prednison ab.

An den folgenden zwei Tagen merke ich noch nichts, aber dann geht es los. Die Schmerzen lassen mich nicht mehr zur Ruhe kommen, und ich bin kaum noch fähig, Arme und Beine zu bewegen. Jetzt müssen meine Zellengenossinnen mir helfen, und sie tun es auch.

»Ich habe Ihnen doch gleich gesagt, dass Sie bald ganz steif sein werden«, triumphiert die Majorin.

Sie gibt mir ein anderes Medikament, aber dieses zeigt überhaupt keine Wirkung. Immerhin muss ich nicht mehr putzen.

Manchmal möchte ich am liebsten einschlafen und nie mehr aufwachen. Aber dann denke ich an meine Lieben und stelle mir unser Wiedersehen vor: Ich fühle Rudolfs starke und Constanzes kleine Arme, die mich umfangen. Ich träume davon, dass wir zusammen lachen. Ich kann wieder richtig laufen, und wir gehen bei strahlendem Wetter über eine Wiese mit bunten Sommerblumen, bis wir an die grüne Tanne kommen, von der ich in der U-Haft schon immer geträumt habe. Wir legen uns in ihren kühlen Schatten, schauen in den blauen Himmel, und es gibt niemanden, der uns daran hindern könnte. Oft sehe ich auch Constanze mit der Schultüte und glänzenden Augen das erste Mal in eine Schule gehen, irgendwo im Westen. Schon allein dafür lohnt es sich zu leben.

Eines Tages gesteht mir Anja, eine neue Zellengenossin, im Waschraum, dass sie als »Spionin« angesetzt ist. Auf mich und auf eine Mörderin. Die Mörderin spielt verwirrt und gibt vor, sich an ihre Straftat nicht mehr erinnern zu können. Sie spekuliert auf »psychisch krank«. Anja muss alles melden, was sie über ihren Fall sagt und was ich in politischer Hinsicht von mir gebe. Warum nur? Ich bin doch wahrlich ein ganz »kleiner Fisch«. Aber eben einer, der in den Westen will. Ich bin Anja sehr dankbar, denn ich weiß, dass sie eher entlassen wird, wenn sie mich in irgendeiner Form anzeigt. Sie bräuchte nur zu sagen, ich hätte diese oder jene Bemerkung gemacht, ich wäre geliefert. Mein Wort gegen das einer Zeugin. Das Wort einer Verbrecherin gegen das einer harmlosen, kleinen Diebin. Trotzdem bin ich froh, als sie aus der Zelle geholt wird, und bald darauf auch die Mörderin. Hatte Anja bei ihr weniger Skrupel? Ich weiß es nicht.

Eines Tages ziehe ich Bilanz und muss feststellen, dass man mir in Meusdorf nicht nur nicht geholfen hat, sondern dass es mir so schlecht geht wie nie zuvor. Die Tabletten, die sowieso nicht helfen, kann ich auch in Hoheneck weiter nehmen, und im GW war es allemal besser als hier. Der Arzt dort ist im Vergleich zu

Frau Leutnant ein wahrer Philanthrop. Mein Entschluss ist gefasst: Ich will versuchen, zurück nach Hoheneck zu kommen.

Zunächst spreche ich mit der Majorin von der Inneren. Sie sagt sehr spitz: »Von mir aus können Sie gehen, aber auf eigenes Risiko.«

Das will ich gern, aber es ist ja leider nicht so, dass ich einfach gehen kann.

Erst in der zweiten Woche nach meinem Gesuch erscheint Frau Leutnant in der Tür.

»Sie wollen noch immer nach Hoheneck zurück? Ich habe nichts dagegen. Ihnen kann man sowieso nicht mehr helfen, weder hier noch dort.«

Ich weiß, dass sie diesen Auftritt genießt, aber ich ignoriere es. So frage ich nur: »Wann werde ich dorthin gebracht?«

»Wenn der nächste Transport geht. Sie bilden sich doch nicht etwa ein, dass Sie auf individuellen Wunsch mit dem Krankenwagen gefahren werden?«

»Es ist mir völlig gleichgültig, wie ich von hier wegkomme. Die Hauptsache ist, dass es bald passiert.«

»Den Zeitpunkt müssen Sie schon uns überlassen.«

Hatte ich nicht mal was von der Costa Brava gesagt? Erst einmal wäre ich sogar schon mit Hoheneck zufrieden.

16

Zurück nach Hoheneck

Vor dem Verlassen des Krankenhauses werde ich von Frau Leutnant gefilzt. Anschließend führt sie mich zur »Minna«. Als ich in den Gefängniswagen einsteigen soll, will sie mir Handschellen anlegen. Sie passen nicht, da meine Handgelenke stark geschwollen sind. Man ruft nach Männerhandschellen, die jedoch auch nicht zugehen. Frau Leutnant zitiert daraufhin einen Wachtmeister herbei, der sie mit aller Kraft zudrücken muss. Der Schmerz treibt mir die Tränen in die Augen.

Ich bin die Einzige aus Meusdorf, die auf Transport geht, und werde streng bewacht. Während ich in das Auto klettere, höre ich die Stimme der Frau Leutnant dicht hinter mir: »Bei Fluchtversuch wird geschossen!« Als wenn es auch nur die geringste Chance dafür gäbe.

»Wenn sie mich in die DDR entlassen, komme ich sowieso immer wieder, so lange, bis ich im Westen bin. Und Sie schließen dann immer noch die Türen auf und zu.« Gedacht hatte ich das schon oft, dieses Mal aber sage ich es laut.

Zunächst geht es wieder in Richtung Kästner-Straße, wo andere Gefangene zusteigen sollen. Ich fahre in der »großen Minna«, einem Gefährt, dessen Inneres nicht in Käfige eingeteilt ist. Ein winziges Loch im Blech erlaubt mir kurze Ausblicke nach draußen.

Es ist Mai, und die Lindenstadt Leipzig sieht nicht ganz so grau aus wie sonst. Ich stelle mir vor, wie Constanze mit anderen Kindern ausgelassen herumtollt. Ich bin jetzt ganz in ihrer Nähe – und doch so fern ...

In der Kästner-Straße füllt sich die »Minna«. Vor dem Leipziger Hauptbahnhof werde ich mit einer hochgewachsenen Frau zusammengekettet, sie ist eine Republikflüchtige, die bislang in U-Haft saß. Unaufhörlich stellt sie mir Fragen über den Strafvollzug.

Plötzlich stößt mir der Bewacher, der direkt hinter mir geht, den Gewehrkolben in den Rücken: »Ruhe, sonst passiert was!«

Die junge Frau schreit auf und bekommt eine schallende Ohrfeige.

Ich bin später im Westen oft gefragt worden, ob ich geschlagen worden sei, und habe immer »nein« gesagt. Diese Begebenheit hatte ich vergessen. Erst nach einigen Jahren ist sie mir wieder eingefallen. Es gab unendlich viele Dinge, die weitaus schlimmer waren als rohe Gewalt.

Wieder müssen wir in überfüllte Waggons steigen. Eine Frau kippt um, andere geraten in Panik und fangen an zu schreien. Auch dieses Mal sind wir wieder fünfzehn, sechzehn Stunden unterwegs.

Als wir mitten in der Nacht im Gefängnis ankommen, erwartet mich eine unangenehme Überraschung. Anstatt auf die Krankenstation, bringt man mich in den Zugang. Angeblich sollen meine Akten weg sein.

Im Zugang herrscht helle Aufregung. Einige lesbische Kriminelle haben ein junges Mädchen mit der Toilettenbürste vergewaltigt. Das Opfer liegt mit lebensgefährlichen inneren Blutungen im Stollberger Krankenhaus. Es ist noch ungewiss, ob sie es schafft. Ich bin entsetzt. Obwohl ich kein Neuling mehr bin, gibt es immer wieder Dinge, die mich schockieren.

Am nächsten Tag frage ich nach meinen Medikamenten.

»Wenn wir Ihre Akte nicht haben, können Sie auch keine Medikamente erhalten«, ist die lapidare Antwort.

Die Akte ist weg. Was soll das bedeuten? Ich fange schon wieder an zu fantasieren. Als Insider weiß ich, dass Akten immer dann weg sind, wenn man auf Transport in den Westen gehen soll ...

Doch dieses Mal glaube ich nicht an meine Träume, was gut ist, denn nach einigen Tagen holt man mich mitten in der Nacht. Jetzt werde ich wohl zur Krankenstation gebracht, denke ich, eine Arbeitsschicht könnte ich nicht mehr durchstehen. Ich vermag die Arme nicht mehr zu heben, muss mich am Geländer die Treppen hinaufziehen, habe Schwierigkeiten beim Aufstehen und Laufen. Und meine Handgelenke sind seit der Tortur mit den Handschellen noch schlimmer geschwollen.

Schlaftrunken stolpere ich vor der Wachtmeisterin her, doch auf einmal realisiere ich, dass wir nicht in Richtung GW, sondern zum Zellentrakt marschieren.

»Sie sind bedingt arbeitsfähig«, klärt mich die Wachtel auf.

»Und was heißt das, ›bedingt arbeitsfähig‹?«

»Sie müssen nur sechs Stunden arbeiten und keine Norm erfüllen. Allerdings kriegen Sie auch kaum Geld. Morgen geht's los.«

»Aber es hat mich niemand untersucht. Ich kann nicht arbeiten. Und was ist mit meinen Medikamenten?«

»Die müssen wir erst besorgen, das dauert ungefähr vierzehn Tage. Eine Untersuchung ist nicht nötig, wir haben ja jetzt Ihre Akte, da steht alles drin.«

Die Akte ist also wieder da. Und dort steht anscheinend drin, dass ich sechs Stunden arbeiten kann. Ob das ein »letzter Gruß« der Majorin von der Inneren ist? Wieder einmal frage ich mich, wie sich Menschen fühlen, die andere so quälen.

Immerhin führt man mich in meine alte Zelle. Die Frauen hatten Frühschicht und sind zunächst einmal wütend, dass das Licht meinetwegen angeht und für den Rest der Nacht auch anbleibt. Die Erste, die entdeckt, dass die Neue eine Alte ist, ist Brigitte.

»Eva, du wieder hier? Wir dachten, du bist längst im Westen.«

»Schön wär's«, sage ich wehmütig.

»Klappe«, schreit eine mir unbekannte Gefangene zornig. »Ich will schlafen.«

Brigitte wird nervös. »Komm, gehen wir in den Waschraum, da können wir uns weiter unterhalten. Oje, wie siehst du denn aus? Was haben die mit dir gemacht?«

Ohne darauf zu antworten, frage ich: »Wieso ist die Situation in der Zelle so angespannt?«

»Es gibt einige Kriminelle, die nur darauf warten, den RFlern etwas anhängen zu können. Sie schikanieren uns nach Strich und Faden.«

»Könnt ihr euch denn nicht wehren?«

»Wie denn, sie sind in der Überzahl. Wir sind nur noch drei Politische hier, Silvia, Ulrike, die du nicht kennst, und ich.«

»Jetzt seid ihr zumindest eine mehr«, sage ich überzeugt.

Ich muss von Meusdorf berichten; anschließend erfahre ich alles, was sich in Hoheneck während meiner viermonatigen Abwesenheit ereignet hat. Vor allem: Es sind inzwischen mehrere Transporte in den Westen gegangen. Eule ist auch weg. Ich stelle mir ihr Wiedersehen mit Lutz vor und denke an Rudolf ...

Als ich endlich im Bett liege, finde ich keine Ruhe. Jetzt bin ich die Einzige von uns U-Haft-Freundinnen, die noch hier ist.

Ich arbeite wieder bei Esda, tatsächlich werde ich zwei Stunden früher als die anderen zurückgeschlossen, zwei Stunden, die ich allein in der Zelle zubringen kann. Ich genieße die Ruhe und kümmere mich um den »Knastwein«. Mein Rezept: Man nehme eine Blechkanne, fülle sie mit Wasser und füge etwas Marmelade bei. In dieses Gemisch gebe man einen mit Brot gefüllten Nylonstrumpf und verklebe zum Zwecke des Gärens unter Luftabschluss sämtliche Öffnungen der Kanne mit Leukoplast. Die Kanne verstecke man gut hinter dem Spülstein und passe auf, dass die Kriminellen nichts davon mitkriegen. Es sei denn, man möchte in den Arrest.

Wenn der »Wein« – nach einer Woche – fertig ist, füllen wir ihn heimlich in unsere Zahnputzbecher und verziehen uns damit in die äußerste Zimmerecke, auf Brigittes Bett. Sie liegt oben, und da wir sowieso immer zusammenhocken, fällt das gar nicht auf.

Wir finden dieses Gebräu großartig. Die Kriminellen trinken lieber Kölnisch Wasser, um die Wirkung des Alkohols zu spüren. Mein »Knastwein« ist dagegen richtig gesund.

Ab und zu »backen« wir auch eine Torte aus Zwieback, Margarine und Marmelade und zünden eine »Kerze« an. Letztere basteln wir aus einer leeren Cremedose, Schuhcreme und Schnürsenkeln. Der Mensch braucht eben manchmal wenig, um glücklich zu sein.

Meine Medikamente sind immer noch nicht da. Ich hatte immer gedacht, sie helfen nicht, aber jetzt erkenne ich meinen fatalen Irrtum. Ohne sie ist es noch viel schlechter.

Gestern musste ich barfuß zur Arbeit gehen, weil meine Schuhe mir nicht mehr passten. Es sind nicht nur die geschwollenen Gelenke, ich habe auch wieder Wasser in den Beinen, die mittlerweile an die Stampfer von Elefanten erinnern. Heute brachte mir Frau Obermeister ein Paar »Quadratlatschen«, und nun ist des Spottens kein Ende. Ich weiß, wie ich aussehe, na und?

Meine Arbeit besteht darin, Gummis für halterlose Strümpfe auseinander zu schneiden, säckeweise. Die Gummis sind dick und hässlich gemustert. Ich möchte nur wissen, wer diese Dinger anziehen soll. Diese Tätigkeit strapaziert meine Hände so sehr, dass ich sie bald gar nicht mehr bewegen kann. Das sehen sogar die Meisterinnen ein, die die Produktion überwachen.

Ich hoffe im Stillen, auf die Krankenstation zu kommen, aber dem ist nicht so. An die Nähmaschine werde ich versetzt, um Strumpfhosen zu nähen. Die Nähte müssen gerade sein und werden kontrolliert, die Größen dagegen nicht. Ist die Naht nicht in

Ordnung, schneide ich den schiefen Teil ab, so lange, bis es gut aussieht. Der Fluch der bösen Tat folgte, als ich später in Aachen das erste Mal Strumpfhosen bei ALDI kaufte: Dass sie aus der DDR kamen, sah ich daran, dass die schöne Bärbel, die ich aus der Krankenstation kenne, als Model auf der Verpackung prangte. Dass ich sie genäht haben musste, an der Tatsache, dass sie mindestens drei Nummern zu klein waren ...

Im Juli habe ich endlich den lang ersehnten »Sprecher« mit meiner Mutter. Dieses Mal ist auch mein Vater dabei. An die zwischen uns aufgebaute Glasscheibe müssen wir uns erst einmal gewöhnen, in Meusdorf hatte es eine solche Trennwand nicht gegeben.

Mein Vater, der mich über ein Jahr nicht gesehen hat, kann sein Entsetzen über mein Aussehen nicht verbergen. Später erzählt mir meine Mutter, er habe mich zunächst gar nicht erkannt. Auch sonst läuft der »Sprecher« nicht gut. Durch die Blume geben mir meine Eltern zu verstehen, dass sich in unserem Fall nichts bewegt, obwohl meine Schwägerin im Westen eine Menge versucht. Dabei habe ich schon fast die Hälfte meiner Strafe hinter mich gebracht. Viele Politische hingegen sind schon lange vor Ablauf dieser »geheimen Frist« weggekommen. Wenn ich nur wüsste, woran es liegt, vielleicht doch an meiner Krankheit? Einige Neuankömmlinge haben erzählt, dass im Radio etwas über eine gelähmte Geigerin in Hoheneck berichtet wurde. Offenbar haben ehemalige Strafgefangene im Westen auf mich und meine Situation hingewiesen. Oder versucht meine Schwägerin auf diese Weise, mich freizukriegen? Später erfahre ich, dass Helga sich gegen die *Bild*-Zeitung wehren musste, die sie unaufhörlich bedrängte, über meinen Fall schreiben zu dürfen. Ihre Ablehnung war eine schwere Entscheidung, denn wer weiß schon, was in einem solchen Fall richtig ist? Manchmal hilft eine Veröffentlichung, manchmal schadet sie aber auch. Doch ich denke, sie hat richtig gehandelt, die *Bild*-Zeitung davon abzuhalten, meine Geschichte publik zu machen.

Inzwischen habe ich eine traurige Berühmtheit erlangt und werde auf dem Freihof mehrfach angesprochen, ob ich *die* Geigerin sei? Aber die Frage muss eher lauten, ob ich früher mal eine Geigerin *war*.

17

Transport Richtung Westen

»James und Daisy haben in dieser Nacht gearbeitet!«

James und Daisy nennen die Hoheneckerinnen die Genossen von der Staatssicherheit, die immer dann auftauchen, wenn am nächsten Tag ein Transport geht. Wer den Stasi-Leuten diese Namen verpasst hat, habe ich nie herausfinden können.

Der Buschfunk funktioniert wieder einmal hervorragend. Jeder hat etwas zum Thema zu sagen:

»Die ganze Nacht hat das Licht in den Stasi-Räumen gebrannt.«

»Die Effekten haben auch gearbeitet, das weiß ich genau.«

Natürlich, denn die Privatsachen für diejenigen, die auf Transport gehen, müssen zurechtgelegt werden.

»Aus dem GW sind viele Akten verschwunden.«

»Eva, deine Akte ist auch weg, jemand aus dem GW hat es erzählt.«

Ich versuche, ruhig zu bleiben. Umsonst. Meine Akte war schon einmal weg, aber das hatte mit dem Transport aus Meusdorf zu tun. Heute liegen die Dinge anders. Vielleicht bin ich jetzt endlich dran. Aber ich habe Angst, in ein tiefes Loch zu fallen, wenn ich zu fest damit rechne ... Ich weiß nicht, was ich denken soll.

Wir warten. Auch Brigitte, Silvia und Ulrike machen sich Hoffnungen.

Inzwischen wäre es längst an der Zeit, zur Arbeit herauszutreten, aber nichts geschieht. Das ist noch nie vorgekommen.

Wir lauschen angestrengt, selbst die Kriminellen sind ganz still. Mehr als einmal meine ich, Schlüssel klappern zu hören, es ist jedes Mal ein Irrtum. Es dauert mindestens noch eine Stunde, bis wir in der Ferne ein deutliches Schließen vernehmen. Schritte nähern sich ... und entfernen sich wieder.

Aus. Vorbei.

Eine halbe Stunde später werden wir zur Arbeit geholt. Ich sitze hinter meiner Nähmaschine und bin unfähig, mich auch nur zu bewegen. Ich gelange meiner Krankheit wegen nie in den Westen, denke ich. Es ist wirklich alles aus.

Die Meisterin tippt mir auf die Schulter. »Sie sitzen jetzt eine Stunde da, ohne sich zu rühren. Ich weiß, dass es Ihnen nicht gut geht, aber Sie müssen trotzdem arbeiten, sonst kriege ich Ärger.«

»Ja«, sage ich mechanisch und fange an zu nähen. Eine Weile später schaue ich mich im Maschinensaal um. Ich will wissen, wer fehlt, und stelle fest, dass aus unserem Kommando nur ein junges Mädchen weg ist: Franziska, neunzehn Jahre alt. Sie wollte ohne die erforderlichen Papiere mit dem Zug nach Westberlin fahren und ließ sich nicht dazu bewegen, vor der Grenze auszusteigen. Dafür bekam sie ein halbes Jahr.

Brigitte tritt an meine Maschine. Heute drücken die Meisterinnen anscheinend ein Auge zu. Sonst dürfen wir nicht herumlaufen und miteinander schwatzen.

»Man hätte das wie Franziska machen müssen. Andererseits hatten wir wenigstens noch die Hoffnung, dass die Flucht gelingen könnte.«

Da ist was dran.

Am Abend dieses Transporttages hole ich den Knastwein aus der Ecke. Neuer Anstich. »Kerzen« werden angezündet. Mein Wein ist gut und tut bald seine Wirkung. Wir sind recht beschwipst und nach einer Weile wieder etwas optimistischer.

»Das wird ja wohl nicht der letzte Transport gewesen sein, und wir haben die Freude wenigstens noch vor uns«, macht Brigitte sich selbst und uns Mut.

An einem regnerischen Tag im August werde ich zum Major auf die Krankenstation gebracht.

»Wie stehen Sie zu Ihrem Vater?«

»Warum?«

»Er hat sich für morgen angemeldet und will bei mir vorsprechen.«

»Darf ich ihn sehen?«

»Nein, das geht nicht.«

»Warum sagen Sie mir dann, dass Sie ein Gespräch mit ihm haben?«

»Ich gehe in den nächsten Tagen in Urlaub. Wenn ich wieder zurück bin, werden Sie auf die Krankenstation verlegt. Wir untersuchen Sie dann noch einmal gründlich. Das werde ich auch Ihrem Vater sagen.«

Sicher weiß der Major, dass mein Vater nicht nur Mitglied der SED, sondern auch ein »Opfer des Faschismus« ist. Hat er Sorge, in Schwierigkeiten zu geraten? Meinem Vater dagegen scheint der letzte »Sprecher« mit mir ziemlich in die Glieder gefahren zu sein, sonst hätte er dieses Gespräch nicht gesucht.

Wenn ich ihn schon nicht sehen darf, versuche ich wenigstens, die Situation für mich auszunutzen: Milch! Seit ich im Gefängnis bin, versuche ich, an Milch zu kommen. Ohne Erfolg. Ich weiß aber, dass der Major Milch verschreiben darf. Ich sage ihm, dass ich während der Haftzeit enorm abgenommen habe, und bitte ihn, mir eine tägliche Milchration zu verordnen. Seine Antwort habe ich mir genau gemerkt:

»Das steht Ihnen aber gut.«

Ich bin überzeugt davon, dass mein Vater nach der Unterredung mit dem Arzt zufrieden wieder abfährt, weil ihm der Genosse Major versprechen wird, sich um mich zu kümmern. Für mich aber wird alles beim Alten bleiben.

5. September 1978. Heute habe ich einen »Sprecher«, den dritten, seit ich im Strafvollzug bin. Ich freue mich darauf, obwohl ich befürchte, dass mir meine Eltern wieder zu verstehen geben, wir hätten noch immer keine Aussicht, in den Westen zu gelangen. Solange die Zuversicht nicht zerstört wird, ist sie da.

Vor dem Besuchstermin werde ich noch zur Blutuntersuchung ins GW geholt. Vielleicht hält sich der Major jetzt wirklich an sein Versprechen, bislang schien er es vergessen zu haben.

Auf der Krankenstation höre ich, wie das Wort »Transport« fällt. Eine Strafgefangene, die im GW arbeitet, sagt zu mir: »Du bist dabei, deine Akte ist weg.« Ich kann es kaum noch hören. Wie oft war meine Akte schon weg.

Als ich ins Arbeitskommando zurückkomme, summt es wie im Bienenstock.

»Transport!«

»James und Daisy waren gestern da, die Effekten ...«

Die ersten Frauen spielen schon wieder verrückt, obwohl noch gar nichts passiert ist.

»Die Obermeisterin hat dich gesucht.«

Na und, denke ich, soll sie doch. Ich sitze gerade auf der Toilette, irgendwie ist mir die Aufregung auf den Magen geschlagen. Auf einmal steht die Frau Obermeister vor mir, und es ist mir nicht einmal peinlich.

»Strafgefangene Neumann, ich habe mich geirrt, Ihr Sprecher ist erst morgen.«

Und da weiß ich plötzlich, dass heute mein letzter Tag in Hoheneck ist. Es gibt keinen Grund dafür, aber ich weiß es einfach. Langsam beginne ich, meine Sachen zusammenzulegen und ein paar Habseligkeiten zu verteilen. Brigitte fragt mich: »Und was machst du, wenn du nicht dabei bist?«

»Dann packe ich eben wieder aus, und du gibst mir meine Creme zurück.«

Bin ich jetzt verrückt geworden? Woher nehme ich diese Sicherheit?

Die Spannung ist greifbar, keine von uns rührt sich, alle starren gebannt auf die Tür, die aufgeschlossen wird.

»Neumann und Müller, Sachen packen!«

Neumann, Sachen packen! Ich bleibe merkwürdig ruhig, zu ruhig. Und da ist sie das erste Mal, diese Leere, dieses Ausgebranntsein, das so schwer zu beschreiben ist. Doch nach einer Weile geht dieser Zustand vorüber, und ganz langsam dringt in mein Gehirn die Erkenntnis, dass ich in wenigen Minuten durch diese Tür gehen und nie mehr zurückkommen werde. Ich wundere mich, dass ich vor Freude nicht ausraste. Wie oft hatte ich mir das ausgemalt!

Brigitte ist die zweite Glückliche. Sie fällt mir um den Hals und fängt an zu weinen. Ich weiß, wie lange sie auf diesen Augenblick gewartet hat. Brigitte ist Berlinerin und hat vor sieben Jahren einen Westberliner, der mit einem Tagesausweis in den Ostteil der Stadt kam, kennen gelernt. Es war Liebe auf den ersten Blick. Seitdem versucht sie, zu ihm überzusiedeln, erst auf Ausreiseantrag, dann durch Flucht.

Mit Tränen in den Augen verabschieden wir uns von Ulrike und Sibylle, den beiden letzten RFlerinnen in der Zelle, und lassen uns von ihnen noch ihre Westadressen geben.

Es sind etwa dreißig Frauen, die dieses Mal von Hoheneck aus auf Transport gehen. Pläne werden geschmiedet, Träume rücken in greifbare Nähe. Ich kann mir einfach nicht vorstellen, bald wieder frei zu sein, tun und lassen zu können, was ich will. Jetzt kann ich auch hoffen, Constanze und Rudolf bald wieder zu sehen. Wie mag die Kleine jetzt aussehen? Wie wird es im Westen sein? Bekommt Rudolf eine Stelle? Ob ich jemals wieder Geige spielen kann? Werde ich wieder gesund? Fragen über Fragen. Mein Lebensmut erwacht wieder – und mit ihm meine alte

Neugier. Den anderen ergeht es ebenso, alle schweben auf Wolke sieben.

Wieder werden wir gründlich gefilzt und danach strengstens bewacht zur Minna gebracht.

»Bei Fluchtversuch wird geschossen!«

Wer will denn jetzt noch fliehen?

Karl-Marx-Stadt, Auslieferungsgefängnis der Staatssicherheit. Die »Firma« hat uns wieder. Wie lange wir hier bleiben müssen, wissen wir nicht. Aber das stört im Augenblick niemanden von uns. Ewig kann es nicht mehr dauern, ein paar Tage höchstens, das glauben wir wenigstens.

Ich werde mit acht anderen Frauen in eine Zelle geschlossen und staune: Auf dem Fußboden kauert eine junge Frau, ganz allein und mit den Nerven völlig am Ende. Sie erzählt uns, dass sie schon wochenlang hier ist. Mein Herz setzt für einen Augenblick aus. Ich dachte immer, von hier aus gelangt man in jedem Fall in die Freiheit. Sollte es doch nicht so sein?

Am Abend geht ein wildes Rufen los. Wir wollen herausfinden, ob unsere Männer ebenfalls in diesem Stasi-Gefängnis sind. Als ich deutlich »Eva, Eva« höre, antworte ich mit lauten Pfiffen, was die Männer mit Lachen und Geschrei quittieren. Rudolf ist da, alles wird gut!

Die Wachen schimpfen zwar, aber nichts kann mich jetzt noch aus der Ruhe bringen. Davon bin ich jedenfalls in diesem Augenblick überzeugt.

Am nächsten Tag werden wir zum Duschen geholt. Vor uns muss sich eine ganze Kompanie ausgiebig gereinigt haben, es ist so stickig und heiß in dem Waschraum, dass einige Frauen Kreislaufprobleme bekommen. Wir beeilen uns, um ihn schnell wieder verlassen zu können. Doch niemand holt uns. Wir warten eine Ewigkeit. Verzweifelt hämmern wir gegen die Tür. Nichts. Wir steigern die Lautstärke, klopfen, rufen und pfeifen. Und plötzlich hören wir ein hundertfaches Echo im ganzen Haus. Es scheint so, als hätten alle Gefangenen nur darauf gewartet, ihre jahrelang aufgestauten Aggressionen loszuwerden. Fluchend rücken die Wachmannschaften an und holen uns endlich aus der »Sauna«.

An unserer Zelle angelangt, brüllt uns ein Leutnant an: »Sie rücken jetzt sofort die Bücher und Zigaretten raus!«

Ich gerate völlig außer Kontrolle und schreie zurück:

»Ihre Russenschwarten können Sie sich an den Hut stecken, die will hier sowieso keiner mehr lesen, aber die Zigaretten gehören uns. Außerdem will ich den Anstaltsleiter sprechen.«

»Der ist nicht da.«

»Dann trete ich in den Hungerstreik.« Erfahrungen habe ich damit ja schon.

Wütend schlägt der Leutnant die Tür zu. »Die ist ja völlig übergeschnappt. Lieber zehn Männer als so ein Weib.«

Die anderen Frauen freuen sich über die willkommene Abwechslung und sind gespannt, wie es wohl weitergeht. Ich weiß gar nicht, was mit mir los ist, so habe ich mich noch nie erlebt.

Doch bereits wenig später, als das Mittagessen gebracht wird, tritt die Versuchung auf – in Gestalt eines Würstchens, das in der dünnen Suppe schwimmt. Ein Würstchen! Brigitte ahnt die Gefahr und stellt sich so vor das Essen, dass ich es nicht mehr sehen kann, doch es ist zu spät. Ich habe es bereits erspäht. Mein Widerstand ist augenblicklich gebrochen. Ich schiebe Brigitte zur Seite. Das Würstchen lacht mich an. Ich muss es haben.

»Geben Sie schon her«, sage ich zu dem Aufseher. »Ich will ja nicht halbverhungert drüben ankommen.«

Mein zweiter Hungerstreik im Gefängnis endet, ehe er richtig begonnen hat.

Tage und Wochen vergehen. Mit einer solch langen Zeit hat keine von uns gerechnet. Zwei Frauen aus unserer Zelle wurden gestern geholt und kamen nicht wieder zurück. Sind sie in der DDR, in Hoheneck oder im Westen? Auch die junge Frau, die schon so lange hier ist, ruft man eines Tages heraus, und kurz darauf steht sie wieder in der Zelle, mit völlig verweinten Augen. Es geht um ihren kleinen Sohn, der jetzt bei ihrem Exmann lebt. Die Frau sollte ihren Ausreiseantrag zurückziehen, ansonsten müsse sie ohne das Kind gehen. Sie weigerte sich aber, weil sie glaubt, das Kind nachholen zu können.

Niemand hat uns bislang offiziell gesagt, dass wir von hier aus wirklich nach Westdeutschland gelangen. Wir hoffen es, wir glauben es, aber mehr nicht. Diese Ungewissheit ist schwer zu ertragen. Wir sitzen einfach nur herum und warten. Ich vergewissere mich jeden Abend durch Pfeifen und Rufen, ob Rudolf auch wirklich noch da ist.

Die Atmosphäre ist aufgeheizt, die Stimmung wird von Tag zu Tag schlechter; wir sind gereizt, nervös und manche reagieren ausgesprochen hysterisch. Es gibt oft Streit um Nichtigkeiten, und wir machen uns das Leben gegenseitig noch schwerer.

Es ist der 25. September 1978, drei Wochen sind wir nun schon bei der Stasi. Die Tür öffnet sich und Brigitte wird weggeführt. Wir sind starr vor Schreck. Werden wir sie wiedersehen? Doch nach und nach werden auch die anderen Frauen aus unserer Zelle geholt, ich als eine der letzten. Die gleichen Fragen wie in der U-Haft prasseln auf mich nieder: Warum ich die DDR verlassen wolle, was ich in der Bundesrepublik erwarte, und ob man denn in der DDR nicht leben könne? Ich beginne zu zittern und bemühe mich, es nicht merken zu lassen. Muss ich am Ende doch zurück nach Hoheneck oder gar in der DDR bleiben?

Doch dann kommt die entscheidende Frage: »Und Sie wollen immer noch in die Bundesrepublik entlassen werden?«

»Selbstverständlich.«

»Mitkommen!«

Ich werde fotografiert und anschließend zurück in die Zelle gebracht. Dort höre ich, dass es den anderen genauso ergangen ist, selbst der Frau, die schon lange hier ist. Gott sei Dank, das ist ein gutes Zeichen.

Wenig später dürfen wir mit dem Arbeitslohn, der für uns zurückgelegt wurde, in einer zu einem »Laden« umfunktionierten Zelle einkaufen. Von dem erarbeiteten Geld ist bei mir durch Forderungen für Unterkunft, Verpflegung und Krankenkassenbeiträge nicht viel übrig geblieben. Und aufgrund meiner schlechten Normerfüllung bekomme ich fast nichts, doch bei den anderen ist es auch nicht viel besser. Ich erstehe eine kleine »Plaste-Reisetasche«. Die kann ich brauchen, wenn ich an die Costa Brava fahre, denke ich schmunzelnd.

Keiner von uns hat in der vergangenen Nacht ein Auge zugetan. Inzwischen sind wir uns sicher, dass der lang ersehnte Tag gekommen ist. Wir haben unsere Privatsachen zurückbekommen. Ein wunderbares Gefühl! Aber nicht nur mir sind die Kleidungsstücke viel zu weit.

Wir sind eifrig bemüht, uns irgendwie ein halbwegs menschliches Aussehen zu geben: Toilettenpapier wird zu Lockenwicklern verarbeitet, jemand hat eine Haarklemme, mit der wir uns die Augenbrauen zupfen. Ich bin so aufgeregt, dass ich viel zu viel wegzupfe und hinterher aussehe wie ein gerupftes Huhn. Hätte ich es doch besser gelassen. Wie sehe ich nur aus?, denke ich immer wieder. Ich bin blass und mager, aber mein Gesicht ist aufgedunsen, ich habe eine unreine Haut und meine Haare sind dünn geworden. Selbst die vielen schrecklichen kleinen Löckchen – die Papierlockenwickler hätte ich mir ersparen sollen – können nicht darüber hinwegtäuschen. Und ich bin immer so stolz auf mein dickes langes Haar gewesen. Rudolf wird enttäuscht sein ... Dann muss ich wieder über mich selbst lachen.

Wen interessiert denn jetzt, wie meine Haare aussehen? Die Hauptsache ist doch, dass wir uns nun bald wiederhaben und endlich frei sind. Und wenn er nicht mitdarf? Unsinn, er ist doch auch hier, ich habe ihn doch gehört! Für alle Fälle rufe ich ihn noch einmal und kriege prompt Antwort.

Wieder werden wir einzeln geholt und erhalten einen kleinen Zettel, auf dem steht, dass wir am 26. September 1978 aus der Haft in die BRD entlassen wurden. Am 26. September? Das ist heute! Und noch etwas bekomme ich in die Hand gedrückt: die Entlassung aus der Staatsbürgerschaft der DDR. Zudem teilt man mir mit, dass ich nur auf »zwei Jahre Bewährung« raus darf. Anschließend werde ich zurück in die Zelle gebracht. Und wieder sitzen wir auf unseren Betten, stundenlang.

»Wahrscheinlich fahren wir erst bei Dunkelheit, damit uns niemand sieht.«

»Nein, das glaube ich nicht, dann kämen wir ja erst Mitternacht an.«

»Na und, das ist denen doch egal.«

Ich beteilige mich nicht an diesen Überlegungen. Ich sitze einfach nur da und warte.

Endlich geht es los. Im ganzen Haus ist Getrappel zu hören, Türen gehen auf und werden zugeschlagen, auch unsere öffnet sich. Wir laufen an einer Unzahl von Wachposten vorbei. Jedem müssen wir unseren Namen und das Geburtsdatum nennen. Dieses Mal wird bei Fluchtversuch nicht geschossen, jedenfalls spricht keiner mehr davon.

Auf dem Gefängnishof angelangt, sehen wir zwei große Mercedes-Busse. Wie im Traum steige ich ein. Der Platz neben mir bleibt leer. Nach einer Weile erscheinen die Männer. Wieder wundere ich mich, dass ich ganz ruhig bleibe. Es gibt sie also doch, die Schwelle, die verhindert, dass man vor Freude den Verstand verliert.

Einer der Letzten, die den Hof betreten, ist Rudolf. Er strahlt. Ein ganzes Jahr habe ich ihn nicht gesehen. Er scheint seitdem wieder zugenommen zu haben, aber viele der Männer sehen aufgeschwemmt aus.

Erste zaghafte Berührungen, die unter die Haut gehen. Obwohl nun niemand mehr auf uns aufpasst, sagen wir nicht viel. Was können Worte jetzt schon ausdrücken? Erst allmählich fangen wir an zu reden, auch die anderen im Bus, die ebenfalls ganz ruhig waren. Nur Brigitte sitzt mit großen sehnsüchtigen Augen da, allein. Weiß ihr Verlobter, dass sie unterwegs zu ihm ist?

Wir haben es nicht weit bis zur Grenze. Ohne anzuhalten, fahren die Busse mit überhöhter Geschwindigkeit auf einer Sonderspur weiter. Wachposten salutieren. So kann man die deutschdeutsche Grenze also auch passieren ... Wenige Minuten später fangen alle an zu schreien und zu jubeln, und es fließen viele Tränen, nicht nur bei den Frauen.

Wir sind in der Bundesrepublik, wir sind frei!

Der bundesdeutsche Busfahrer hat eine ganz eigene Anschauung von den Dingen: »Sie sehen, wie einfach das ist. Sie haben nur im falschen Auto gesessen. Herzlichen Glückwunsch, nun haben Sie es geschafft!«

Am nächsten Parkplatz hält er an und verteilt belegte Brötchen, Apfelsinen und Schokolade. Milch leider nicht, aber woher soll er auch wissen, dass es nicht einmal die im Knast gab?

Hier werden wir auch von den Rechtsanwälten Jürgen Stange (West) und Vogel (Ost) erwartet. Sie haben unseren Transport mit ihren Privatwagen begleitet, begrüßen uns auf bundesrepublikanischem Boden und geben erste Hinweise und Tipps. Zum Beispiel, dass es keinen Zweck hat, einen Antrag auf Überführung der Möbel oder anderer Sachen, die noch in der DDR sind, zu stellen. Doch das interessiert uns im Augenblick überhaupt nicht. Wir fragen, wann unsere Kinder nachkommen und wie sie in den

Westen gebracht werden. Von verschiedenen Möglichkeiten des Transports ist die Rede, und dass sich dies schon finden werde. Aber keiner der beiden Anwälte lässt einen Zweifel daran, dass die Kinder ausreisen dürfen.

Weiter geht es mit den Bussen zum Notaufnahmelager Gießen. Dort händigt man uns einen Brief meiner Schwägerin aus, der hier schon seit sieben Monaten liegt. Er ist datiert wie Rudolfs erster Brief aus Brandenburg, auf den Tag genau ein Jahr nach unserer missglückten Flucht, und beginnt mit den Worten: »Es ist vollbracht! Herzlich willkommen im besseren Deutschland!«

18

Endlich frei!

Als wir am nächsten Morgen den Frühstücksraum des Notaufnahmelagers verlassen, kommt eine große, schlanke, dunkelblonde Frau mit schnellen Schritten auf uns zu – Helga! Ich starre sie an wie eine Erscheinung. Es ist einfach nicht zu fassen, dass Rudolfs Schwester vor uns steht. Wie lange haben wir uns nicht gesehen, was ist seitdem alles passiert. Woher weiß sie, dass wir frei sind? Immer wieder fallen wir uns in die Arme.

Meine Schwägerin möchte uns am liebsten gleich mitnehmen, doch so schnell können wir Gießen nicht verlassen. Den ganzen Tag wandern wir innerhalb des Lagers von einem Büro zum nächsten. Wieder werden wir genau befragt: Warum und wie wir die DDR verlassen wollten, wie die Haftbedingungen waren, welche anderen politischen Häftlinge wir noch kennen. Ich mache auf die zurückgebliebenen RFlerinnen Ulrike und Sibylle aufmerksam, und mir wird gesagt, dass man diese Fälle schon bearbeite. Anschließend nimmt man wieder Fingerabdrücke und macht Fotos von uns. Einige der ehemaligen Häftlinge beschweren sich: »Das ist ja hier genauso wie im Gefängnis.«

Die Beamten sind genervt, klären uns aber auf: »Wir müssen uns vor dem Einschleusen von Spitzeln und DDR-Spionen schützen. Die DDR versucht immer wieder, uns auf diese Art ›Schläfer‹ unterzuschieben und manchmal auch Kriminelle loszuwerden.« Das glaube ich sofort, denn viele Frauen, die angeblich aus Hoheneck kommen, kannte niemand von uns, und Rudolf erzählt dasselbe von den Männern.

Die Stimmung im Lager ist nicht besonders gut. Einige sind enttäuscht, dass uns keine Abordnung der Regierung empfängt und jedem mindestens 40 000 Mark und einen Blumenstrauß in die Hand drückt. Immer wieder ist der Satz »Nach allem, was wir durchgemacht haben...« zu hören.

Auch über die spartanische Unterbringung und Verpflegung regt man sich auf. Natürlich ist das ein Notaufnahmelager und kein Luxushotel, na und? Die Bundesregierung und damit der Steuerzahler hat schon genug für unseren Freikauf gezahlt, bis 1989 werden es laut einer Dokumentation der ARD 3 436 900 755 Deutsche Mark und 12 Pfennige für insgesamt 33 755 politische Häftlinge sein – nur 33 755 von annähernd 180 000 politischen Gefangenen der zweiten deutschen Diktatur. Der Preis pro Person wurde 1977 von durchschnittlich 40 000 auf 95 847 Mark angehoben. Offiziell bemaß man die Summe an dem »Schaden«, den der Häftling der DDR zugefügt hätte, und den Kosten seiner vom Staat finanzierten Ausbildung. Außer Acht ließ man natürlich, dass die meisten Gefangenen schon im Arbeitsprozess gestanden und sich die staatlichen Ausgaben damit längst amortisiert hatten.

Verlassen dürfen wir das Lager nur mit einer Sondergenehmigung. Doch da Kreuztal, wo meine Schwiegermutter lebt, nur eine Autostunde von Gießen entfernt ist, erhalten wir die Erlaubnis, über Nacht dorthin zu fahren.

Während der Fahrt habe ich ein wenig Angst, dass meine Schwägerin die Frage »Wie war es denn im Gefängnis?« stellt. Aber sie tut es nicht, und ich bin ihr dankbar dafür. Jeder von uns hängt seinen eigenen Gedanken nach, ich schaue mir die Häuser, Wiesen und Bäume an. West-Häuser, West-Wiesen, West-Bäume, denke ich.

In Kreuztal erwartet uns meine Schwiegermutter schon vor der Haustür. Sie drückt Rudolf und mich, wie man nur verlorene und wiedergefundene Kinder drücken kann. Mit ihren siebenundsiebzig Jahren strahlt sie noch immer eine unglaubliche Vitalität aus, ich komme mir dagegen wie eine alte Frau vor.

Sie führt uns ins Wohnzimmer, das einer Kleiderkammer gleicht. Ich sehe aber auch Töpfe, Teller und andere Haushaltsgegenstände. Daran, dass wir gar nichts mehr besitzen, hatte ich überhaupt noch nicht gedacht.

Doch das Allerwichtigste ist jetzt ein Anruf in Leipzig. Ich möchte Constanzes Stimme hören. Meine Mutter nimmt den Hörer ab. Ich spüre Freude, Erleichterung, aber auch Kummer, dass wir so fern sind, in ihrer Stimme.

»Wir konnten uns denken, dass ihr endlich in der Bundesrepublik seid. Wir erhielten ein Telegramm, darin hieß es, dass der ›Sprecher‹ mit dir ausfällt, weil du ›in eine andere Einrichtung verlegt worden seist‹. Welche andere Einrichtung hätte das denn sein sollen?«

Zum Beispiel Brandenburg, denke ich.

Und dann ist Constanze am Apparat. Seit mehr als anderthalb Jahren spreche ich zum ersten Mal mit meiner Tochter. Freudentränen fließen über mein Gesicht.

»Mami, wann kommt ihr denn wieder?« Sie klingt anders, als ich es in Erinnerung hatte, irgendwie »erwachsener«.

»Wir kommen nicht wieder, aber du kannst jetzt zu uns kommen. Möchtest du?«

»Ja, aber darf ich denn schon in den Westen? Und wann ist das denn?«

»Bald, sehr bald«, sage ich mit großer Überzeugung. Ohne es zu wissen, habe ich soeben wieder gelogen.

Ich spüre, dass die Situation für die Kleine nicht leicht ist, und frage, was sie denn gerade macht.

»Ich male ein Bild.«

»Und was malst du?«

»Eine Sonne und Blumen.«

»Fragst du die Oma, ob sie mir das Bild schickt, wenn es fertig ist?«

»Klar, du hast ja auch immer für mich gemalt. Oma sagt, dass ich jetzt ins Bett muss.«

»Tschüss, Kleines, bis bald.«

»Bis bald.«

Nachdenklich lege ich den Hörer auf. Wie wird sich unser Wiedersehen gestalten? Ich freue mich darauf, aber ich habe auch Angst, dass wir uns entfremdet haben könnten. Die Geschehnisse werden bei dem Kind Spuren hinterlassen haben. Aber welche?

Auf dem Tisch steht ein herrlicher Braten mit viel Gemüse, hinterher gibt es frisches Obst. Wie lange haben wir das entbehren müssen! Wir essen und essen, und am Schluss schaffe ich noch eine ganze Packung Pralinen. Anschließend ist mir schlecht, aber das war es wert.

Es wird viel erzählt, auch möchte ich wissen, warum unsere Flucht missglückt ist. Man durfte laut Transitabkommen den

Helga, Oma Erna und Eva-Maria

Kofferraum ja nur bei einem begründeten Verdacht öffnen. Irgendjemand musste uns verraten haben, aber wer?

»Es gibt eine Theorie, die sehr logisch ist«, sagt Helga. »Schaut euch aber erst mal das hier an, bevor wir weiter darüber reden.«

Sie holt aus ihrer Handtasche einen Zeitungsartikel hervor und reicht ihn uns. Sofort erkenne ich auf dem großen Foto unseren Fluchthelfer, durch den daneben stehenden Artikel erfahren wir, wie seine Geschichte weiterging: Gleich nach dem Prozess – Manfred Kowalski wurde zu vier Jahren und drei Monaten verurteilt – brachte man ihn erneut zum Vernehmer. Bei Kaffee und Kuchen bot man ihm sofortige Entlassung an, wenn er für die Stasi arbeiten würde, ansonsten müsse er seine Strafe absitzen.

Sein Auftrag sollte darin bestehen, in die »Szene« einzudringen, Fluchtfahrzeuge zu registrieren und zu fotografieren und den Umgang mit Schleusern in Kneipen zu pflegen. Er würde gut verdienen, und wenn er genügend Flüchtlinge und Fluchthelfer verraten hätte, dürfe er sich sogar eine Frau in der DDR aussuchen, die er ohne Gefahr im Kofferraum mitnehmen könne. Kowalski ging zum Schein auf dieses Angebot ein. Als er dann zum ersten Treffen mit der Stasi nach Ostberlin bestellt wurde, wandte er sich an die westberliner Sicherheitsbehörden und berichtete über die geplante Zusammenkunft und ihre Hintergründe. Da es für ihn nun gefährlich war, in Berlin zu bleiben, wurde er kurz darauf ausgeflogen.

»Wahrscheinlich seid auch ihr durch einen angeheuerten Spitzel verraten worden«, sagt Helga, nachdem wir den Artikel zu Ende gelesen haben. »Auf euch haben sie an der Grenze sicher nicht gewartet, sondern auf den blauen Mercedes. Lenzlinger nimmt an, dass dessen Kennzeichen der Stasi von einem Mechaniker aus der Westberliner Werkstatt gemeldet wurde, in der Fluchtwagen präpariert werden. Die Grenzer hatten nur eine Liste mit Autonummern, eine simple Angelegenheit.«

»Und wie hast du das alles mit dem Lenzlinger arrangiert?«, fragt nun Rudolf.

»Allein wollte ich nicht zu ihm nach Zürich fahren«, berichtet Helga. »Also bat ich einen Freund, mich zu begleiten. Lenzlingers Villa ist weiß, groß und protzig, kein typisches Schweizer Haus, sondern ein moderner Neubau, bewacht von zwei Geparden, die auf dem Rasen herumlagen. Lenzlinger saß hinter einem weißen Schreibtisch, ein markanter Typ, schwarze Haare, mit grauen Schläfen. Als er aufstand, um uns zu begrüßen, sah ich, dass er nur mittelgroß war. Im Sitzen kam er mir größer vor.«

Ich versuche, mir den Mann vorzustellen, der in seinem Garten Raubtiere hält und dem wir uns anvertrauten. Was zum jetzigen Zeitpunkt noch niemand von uns wissen kann: Ulrich Lenzlinger wurde nur ein Jahr später erschossen in seiner Villa aufgefunden. Kam sein Mörder von der Stasi oder aus dem Rotlichtmilieu? Bis heute ist die Frage ungeklärt.

»Wie wirkte Lenzlinger auf dich?«, frage ich neugierig.

»Er machte auf mich den Eindruck eines durchtriebenen Geschäftsmannes, gleichzeitig gab er sich seltsam kumpelhaft. Als ich ihn fragte, wie eure Flucht ablaufen würde, sagte er, dass sie jede Aktion anders planen würden. Einmal hätte er aus dem Tierpark Friedrichsfelde einen Löwen abgeholt und in dessen Käfig einen doppelten Boden einbauen lassen, in dem zwei Leute in den Westen transportiert wurden. Sein Erfolgsgeheimnis aber sei, dass er nichts ausplaudern würde, wenn die Fluchtvorbereitungen noch liefen. Anschließend legte er mir einen Vertrag vor, in dem stand, dass ich für die Flucht von zwei Erwachsenen und einem Kind den Betrag von 74 000 Mark zu zahlen hätte. Ich unterschrieb den Vertrag, und wir fuhren wieder nach Hause.«

»Ein Wohlfahrtsunternehmen ist diese Organisation wahrlich nicht. Wir wären auch lieber offiziell ausgereist, als uns mit solchen Leuten einzulassen«, wirft Rudolf dazwischen. »Hattest du diese Summe bei Vertragsabschluss denn schon bei dir?«

»Nein, ich sollte das Geld erst bringen, wenn die Aktion lief. Unverständlicherweise hörte ich von den ersten Fluchtversuchen immer erst, wenn sie schon vorbei waren, auch das Geld wurde nie angefordert. Erst einige Tage vor eurem letzten Fluchtversuch erhielt ich einen Anruf, dass es am 19. Februar losgehen würde.

Die 74 000 Mark lagen schon auf meinem Konto – Verwandte und Freunde hatten es mir für euch geliehen. Ich holte das Geld am 17. Februar während der Mittagspause von der Sparkasse ab und verstaute es in einem Gürtel, den ich mir um den Bauch band. Abends fuhr ich mit dem besagten Freund erneut nach Zürich. Wir übernachteten in einer kleinen Pension und begaben uns am nächsten Morgen wieder in die Villa. Diesmal empfing uns Bernadette Lenzlinger, die ich ja schon von unserer Flucht her kannte. Ihr Mann saß gerade wegen schwerer Körperverletzung und Nötigung im Gefängnis. Sie ging mit uns zu einem Notar, bei dem das Geld deponiert wurde. Danach sind wir Ski gelaufen, um uns abzulenken. Tags darauf rief ich gleich morgens Frau Lenzlinger an. Sie sagte mir, dass es schief gegangen sei, dass man euch verhaftet hätte. Die Nachricht war furchtbar. Ich hatte das Gefühl, dass ich schuld daran sei, immerhin hatte ich diese Flucht ja organisiert.«

»Das ist Quatsch.« Rudolf und ich sagen es im Chor.

»Dennoch, diesen Gedanken konnte ich nicht loswerden. Aber neben meiner Verzweiflung und Trauer hatte ich eine unglaubliche Wut auf die DDR. Ich musste dann noch mal zu dem Notar, der mir ungefähr zwei Drittel der Summe zurückgab, insgesamt 47 000 Mark. Der Rest war verloren, eine so genannte Risikoentschädigung.

Als ich wieder zu Hause war, telefonierte ich mit dem Ministerium für Innerdeutsche Beziehungen und erzählte von eurem

Schicksal. Sie waren sehr freundlich und sagten mir, dass ihnen das leid täte, sie den Fall übernehmen würden, aber nichts machen könnten, bevor nicht das Urteil gesprochen sei. Und unabhängig davon müsstet ihr erst einmal die Hälfte der Zeit absitzen. Ich versuchte alles Mögliche, schrieb an Rechtsanwälte, Bundestagsabgeordnete, politische Organisationen und an kirchliche Stellen. Ich dachte immer, ich kann euch doch nicht einfach im Stich lassen. Die Vorstellung, dass ihr im Gefängnis sitzt, war für mich kaum zu ertragen. Ich konnte mir ja ungefähr vorstellen, was DDR-Knast bedeutet.

Noch im Juni 1978 hieß es offiziell, dass die DDR über euren Fall nicht mit sich reden lasse, selbstverständlich ohne Begründung. Im August kam dann endlich die Nachricht, dass es inzwischen gewisse Anzeichen gäbe, die eine ›positive Lösung in überschaubarer Zeit als möglich erscheinen lassen‹. Der erste Silberstreif am dunklen Horizont.«

»Von wem hast du eigentlich erfahren, wo wir sind?«

»Ich habe gleich nach eurer Verhaftung Kontakt zu Stange aufgenommen, dem Westberliner Anwalt, der sich mit Vogel in Verbindung setzte. Sämtliche weiteren Informationen erhielt ich von ihm. So wusste ich auch von deiner Krankheit, Eva. Von eurem Transport nach Gießen habe ich von Eulenbergers gehört. Die haben sich sehr um euch bemüht.«

Ich unterbreche sie: »Eulenbergers. Was machen die beiden inzwischen?«

»Lutz hat eine Stelle als Diplomingenieur in Karlsruhe und Regina ist schwanger.« Hurra, der erste Bundesbürger in unserem Kreis ist unterwegs! Es wurde dann eine Bundesbürgerin, Heike, die heute als Lehrerin in Leipzig arbeitet.

Wir sind müde und können kaum noch den Worten von Helga folgen. Erna bemerkt unsere Erschöpfung und besteht darauf, dass es nun Zeit sei, schlafen zu gehen.

Als wir im Bett liegen, bin ich froh, endlich mit Rudolf allein zu sein. Wir sind glücklich.

Bevor wir einschlafen, sagt Rudolf: »Wir sind nicht mehr auf der Verliererstraße. Du hast durchgehalten.«

»Hast du Angst gehabt, dass ich es nicht schaffe?«

»Du musstest erleben, wie dein Mann abgeführt wurde, und sie haben dir das Kind weggenommen. Für eine Mutter ist das ganz besonders schlimm.«

»Aber ich hatte den festen Willen, euch wiederzusehen.«

Am nächsten Morgen müssen wir noch einmal nach Gießen fahren und die restlichen Formalitäten erledigen. Im Auto frage ich Rudolf, ob er mir von Cottbus und Brandenburg erzählen möchte. »Oder magst du darüber noch nicht sprechen?« Rudolf hat damit keine Probleme.

In Cottbus arbeitete er in der Kameraproduktion. In diesem Gefängnis befanden sich besonders viele politische Inhaftierte, wodurch das Wachpersonal permanent überfordert war. Immer wieder musste das Rollkommando antreten, um Provokationen zu unterbinden. Der Gipfel war, als in der Silvesternacht 1977/1978 sämtliche politischen Gefangenen bei geöffnetem Fenster das »Deutschlandlied« über die Dächer von Cottbus sangen. Dies war letztlich der Anlass, die politischen Häftlinge auf mehrere Gefängnisse zu verteilen, Rudolf kam auf diese Weise nach Brandenburg.

In Brandenburg arbeitete er bei der Endkontrolle im Küchenbau. Vor allem hatte er die Aufgabe, Leimreste zu entfernen und Beschädigungen an den Außenwänden zu kitten. Aber es waren auch Plaste-Besteckkästen in die Schubladen einzupassen, und das klappte fast nie auf Anhieb. Die Besteckkästen wie angeordnet hinten abzufeilen, war bei einer Tagesnorm von sechzig Küchen nicht praktikabel. Was also tun? Rudolf löste dieses Problem durch eine verblüffend einfache und sehr zeitsparende Variante:

Er schlug die hinteren Ecken der Besteckkästen ab und die Schubladen ließen sich ohne Schwierigkeiten hin- und herbewegen. Zum Glück dachte keiner der Meister an eine Endkontrolle der Endkontrolle.

In diesem Gefängnis saß er in einer Zelle mit dreizehn Gefangenen, davon sieben LLer (Lebenslängliche). Wenn man etwas Falsches sagte, konnte es passieren, dass diese Typen sofort zuschlugen. Aber Rudolf hatte seinen Bodyguard: Hermann, fast zwei Meter groß, mit Muskeln wie Superman. Dieser hatte draußen mit einem »Stasifritzen«, der ihn mehrfach provozierte, eine kleine Auseinandersetzung, hinterher besaß der Mann ein paar Zähne weniger und Hermann eine Eintrittskarte in den Knast.

Als Rudolf einmal von einem Neonazi, mit dem er diskutieren wollte, beinahe zusammengeschlagen worden wäre, baute sich Hermann in voller Größe vor dem Kerl auf und sagte gefährlich leise:

»Wenn du was mit dem Graukopp zu verhandeln hast, dann wende dich an mich.« Seitdem war Ruhe im Schiff. Rudolf aber konnte Hermann auch helfen: Er gab Ratschläge für manches Gnadengesuch, und von jedem Paket, das er erhielt, bekam sein Bodyguard den Löwenanteil.

Diese Nazi-Schlägertypen, so erzählt Rudolf, sind im Brandenburger Knast ein großes Problem. Ich muss sofort an die finsteren Gestalten denken, die ich beim Transport nach Hoheneck gesehen hatte. Die Parole dieser Neonazis, die oftmals ihren ganzen Körper mit Hakenkreuzen und anderen nazistischen Symbolen tätowiert hatten, war ebenso einfach wie haarsträubend: Die Kommunisten sind das Schlimmste; Hitler war gegen die Kommunisten, also war er gut.

Hermann war der wichtigste Mann in der Küchenproduktion, weil er die schwersten Arbeiten verrichten konnte. Selbst die Aufseher hatten Angst vor ihm. Einmal riss er sogar einem »Erzieher« den Schlagstock aus der Hand und jagte ihn damit durch das Gefängnis. Auch besorgte er so genannte Piepser: Radios, nicht größer als eine Streichholzschachtel, mit denen man Westsender empfangen konnte.

Hermann war außerordentlich hilfsbereit und organisierte für seine Freunde Schuhe, Unterwäsche und anderes. Heimlich hatte er sogar eine elektrische Kochplatte gebastelt, auf der während der Arbeitszeit hinter den Maschinen Tee gekocht und Eier gebraten wurden.

Ich glaube, mich verhört zu haben: »Woher hatte er denn diese Dinge?«, frage ich.

»Alles geklaut.«

»Und die Aufseher haben nichts gemerkt?«

»Die mussten beide Augen zudrücken, weil auch sie unter Zwang standen, nämlich dem der Normerfüllung. Wenn Hermann nicht arbeitete, lief nichts, und die Aufseher bekamen mit dem Direktor Ärger. Der wiederum hatte für die Planerfüllung zu sorgen. So einfach war das. Wahrscheinlich gab es sogar Komplizen der Gefangenen unter den Aufsehern – ich hatte schon die Gans für Weihnachten 1978 bestellt, und wie sollte die denn sonst ins Gefängnis gelangen?«

»Diese Gans ist dir nun durch die Lappen gegangen, wie schade, dass du nicht mehr im Knast bist!«

Aber zu glauben ist das alles kaum.

Natürlich gab es auch in Brandenburg das obligatorische Stasizimmer. Rudolf, der sich große Sorgen um mich machte, meldete sich bei der Staatssicherheit mit dem Vorschlag, dass er meine Jahre mit absitzen wolle, wenn man seine kranke Frau dafür entlassen würde. Er wurde nicht vorgelassen, und der Gefängnispfarrer, den er deswegen ansprach, meinte, dass er wohl mit diesem Anliegen kein Glück haben würde. Wie auch immer, eine größere Liebeserklärung konnte mir mein Mann nicht machen.

»Haben sie dir damals gleich gesagt, wo Constanze ist?«, frage ich mit belegter Stimme.

Rudolf erzählt mir, dass die Stasi ihn in der U-Haft ebenfalls mit sofortiger Freilassung, Strafverschonung, einer Wohnung und Beförderung, vor allem aber mit dem Kind erpressen wollte. Und auch er hat erst beim »Sprecher« mit meinem Vater erfahren, dass die Kleine schon bei meinen Eltern war.

»Diese Schweine, diese ...« Ich muss meinen ganzen Zorn rauslassen und ergehe mich in den wüstesten Beschimpfungen.

Rudolf staunt: »Du hast ja eine Menge gelernt im Knast! Aber mal etwas ganz anderes, hast du mich in der U-Haft das Thema deines heißgeliebten Bach-Konzertes durch den Luftschlitz pfeifen hören?«

Schlagartig begreife ich. Wie hatte ich diesen Hinweis nur nicht verstehen können? Ich möchte an die Zeit der Einzelhaft jedoch nicht erinnert werden und gehe schnell zu einem anderen Thema über. »Kannst du dich noch an ›Apfelbäckchen‹ aus der U-Haft erinnern?«

»Meinst du den Bewacher mit dem freundlichen, runden Gesicht? Der wurde bei uns ›Meerschweinchen‹ genannt.«

»Ja, das ist bestimmt derselbe. Habt ihr damals auch so gutes Brot von ihm bekommen?«

»Ja, und er wollte unbedingt, dass wir mehr nehmen.«

Also war er nicht nur zu uns, sondern auch zu den Männern nett.

Die Fahrt nach Gießen vergeht wie im Flug, Helga, die die ganze Zeit über zugehört hatte, erzählt nun einiges aus ihren Anfängen in Westdeutschland. Sie hatte Glück und bekam sofort eine Stelle als Bibliothekarin.

Im Notaufnahmelager sind wir schneller fertig, als wir gedacht hatten. Am Nachmittag werden wir erneut »entlassen«, dieses Mal ohne Bewährung. Als sich Helga von uns verabschiedet,

261

um zurück nach Würzburg zu fahren, zeigt sie auf ihren Ford: »Mein neues Auto steht zu Hause schon vor der Tür. Den lasse ich hier stehen, der gehört jetzt euch.«

29. 09. 78, im Notaufnahmelager Gießen

19

Warten auf unsere Tochter

Wir bleiben zunächst bei meiner Schwiegermutter, deren hilfsbereite Nachbarin uns ihr Schlafzimmer zur Verfügung stellt. Wir können es bewohnen, solange wir wollen.

Da Rudolf viel unterwegs ist, um die zahllosen Behördengänge zu erledigen, wage ich meine ersten Ausflüge in unsere neue Welt allein. Das Laufen bereitet mir Mühe, ich bin immer auf der Suche nach einer Sitzgelegenheit. Meine Hände verstecke ich, sie sehen schlimm aus und fühlen sich auch so an. Seit einiger Zeit platzen die Fingerspitzen auf und es bilden sich tiefe Risse, die oft bluten. Wenn ich sitze, kann ich nur mit Mühe wieder aufstehen, und beim Treppensteigen muss Rudolf mich von hinten schieben, weil ich es allein nicht schaffe. Auch beim An- und Ausziehen hilft er mir, denn ich kann meine Arme nicht heben. Inzwischen gibt es kein Gelenk mehr, das nicht wehtut, sogar der Kiefer schmerzt. Mein Wärmehaushalt scheint ebenso gestört zu sein, ich friere eigentlich immer. Auch meine Regel ist noch nicht wiedergekommen, die Haare fallen in Büscheln aus. All das ist nicht neu, nur: Die Hoffnung, dass sich das alles schnell wieder gibt, jetzt, wo ich endlich »draußen« bin, kann ich – wenn ich ehrlich bin – nicht mehr aufrechterhalten.

Aber ich bin frei! Es ist ein tolles Gefühl, dass ich machen kann, was ich will. Hingehen kann, wohin ich will, ohne Bewacher im Rücken. Nachts schlafe ich jedoch schlecht und träume vom Gefängnis. Aber dafür ist das Aufwachen jedes Mal eine Erlösung.

Die kleine Stadt Kreuztal finde ich großartig: gepflegte Park-
anlagen, schöne Häuser, ein Einkaufscenter und alles ist ganz
sauber – so etwas habe ich noch nie gesehen. Neugierig gehe ich
in die Supermärkte und studiere die Preise. Manches ist unglaublich billig, anderes teurer als bei uns.

Bei uns? »Bei uns«, das ist jetzt »drüben«.

Preisunterschiede für ein und dasselbe Produkt bin ich nicht
gewöhnt. »Drüben« kostet ein bestimmter Artikel in jedem Geschäft in der ganzen DDR dasselbe. EVP: Endverbraucherpreis.

Oft gehe ich zum Kinderspielplatz und schaue den Mädchen
und Jungen beim Spielen zu. Constanze hat im Sandkasten
immer so gern Burgen gebaut und konnte virtuos auf den Klet-
tergeräten herumturnen. Wenn sie doch endlich da wäre.

Ein niedliches kleines Mädchen mit blonden Locken und
blauen Augen erinnert mich besonders an meine Tochter. Ich
frage die Mutter nach seinem Alter. Melanie wird morgen drei
Jahre alt, gibt sie mir zur Antwort. Ich erschrecke. Dann ist Constanze schon bald doppelt so alt. In meiner Erinnerung ist sie genauso klein wie Melanie.

Ein paar Tage später suche ich einen Arzt auf, der weist mich
sofort in das Siegener Kreiskrankenhaus ein. Obwohl auch hier
der Rheumatest negativ ausfällt, wird wieder Gelenkrheuma di-
agnostiziert und eine Goldsalztherapie eingeleitet. Außerdem ist
meine Schilddrüse nicht in Ordnung und muss, ebenso wie die
Hormonstörung, sofort behandelt werden.

In der Klinik bin ich bald eine »Berühmtheit«. Vor allem die jungen Schwestern und Pfleger sitzen oft an meinem Bett und fragen
mich, »wie es im Gefängnis war«. Das ist genau das, was ich vermeiden wollte. Ich erzähle so wenig wie möglich. Trotzdem kann
ich nachts nicht schlafen. Selbst die stärksten Mittel wirken nicht.

Die Oberschwester will nicht glauben, dass ich überhaupt kein
Auge zutun kann, und schaut in regelmäßigen Abständen nach

mir. Ihr medizinisches Weltbild ist erschüttert, als sie merkt, dass ich wirklich die ganze Nacht munter bin. Ab dem Moment habe ich einen Spitznamen: der Nachtwächter.

Nach zwei Monaten wissen auch die Siegener Ärzte nicht mehr weiter. Ich habe hohes Fieber, mehr als vierzig Grad, die Medikamente schlagen nicht im Geringsten an. So werde ich zwei Tage vor Weihnachten in die Rheumaklinik Bad Kreuznach verlegt, Rudolf begleitet mich.

Constanze ist immer noch nicht da. Die Bemühungen um ihre Entlassung aus der Staatsbürgerschaft der DDR laufen auf Hochtouren.

Ich werde von Tag zu Tag unruhiger. Was Rudolf mir erst sagt, als sie längst bei uns ist: dass mein Vater zum Rat des Bezirkes Leipzig bestellt und gefragt wurde, ob es nicht in seinem und im Interesse seiner Enkeltochter läge, wenn Constanze bei ihm in der DDR bleiben würde. Mein Vater musste natürlich antworten, dass die Erziehung in der sozialistischen DDR besser sei als im Westen, bestand aber darauf, dass ein Kind zu seinen Eltern gehöre. Auch meine Mutter gab zu Protokoll, dass es über ein Bleiben Constanzes in der DDR keine Diskussion geben könne.

Ich frage immer wieder, wann sie endlich kommt, und höre von Rudolf stets ein beruhigendes »bald«. Doch Woche um Woche vergeht, und es tut sich nichts. Wieder scheint es, als sei die DDR bei uns besonders unnachgiebig.

Endlich trifft die lang ersehnte Nachricht ein: Rechtsanwalt Dr. Ulbricht schreibt uns, dass Constanze am 2. März 1979 in die Bundesrepublik ausreisen darf. Nach zwei Jahren und elf Tagen Trennung werden wir sie wieder in die Arme schließen können. Ein tiefes Glücksgefühl durchströmt mich. Im nächsten Moment schrecke ich auf: Wie wird sie die Grenze passieren?

Wir dürfen sie nicht holen, da wir ein Einreiseverbot in die DDR haben. Meine Eltern dürfen sie nicht bringen, da sie Ausreiseverbot in den Westen haben. Aber ein Verwandter muss es sein. Helga und meine Schwiegermutter scheiden aus, man würde sie sofort verhaften. Tante Lisa liegt im Krankenhaus. So fährt eine hilfsbereite Tante, die ich kaum kenne, nach Leipzig.

Ich kann den 2. März kaum erwarten. Ich male mir immer wieder aus, wie Constanze lachend aus dem Zug steigt – direkt in meine Arme fällt – und sofort anfängt zu plappern. Ich werde sie festhalten und nie wieder loslassen.

Als der lang ersehnte Tag da ist, stehen wir morgens um halb fünf auf dem Bahnhof Essen-Altenessen, über eine Stunde vor Ankunft des Zuges aus Leipzig. Als dieser einfährt, suche ich jeden Waggon ab. Alle Türen öffnen sich, viele Menschen steigen aus, aber nirgendwo entdecke ich Constanze. Ich renne den ganzen Bahnsteig entlang und schaue in jedes Abteil. Nichts. Als der Schaffner das Abfahrtssignal gibt, werde ich hysterisch: Mein Kind muss in diesem Zug sein. Er darf nicht weiterfahren. Doch der freundliche Mann beruhigt mich: Einige Wagen wurden abgekoppelt, es habe auf der DDR-Seite »technische Schwierigkeiten« gegeben. Der Sozialismus lässt grüßen, denke ich erleichtert.

Stunden später fährt der Rest des Zuges ein. Wieder steigt keine Constanze aus. Ich raste vollkommen aus. Der verständnisvolle Schaffner sieht meine Verzweiflung und läuft mit uns von Abteil zu Abteil. Endlich finden wir sie, den Tränen nahe, weil die Tür klemmte und sie und die Tante nicht hinauskamen. Ich nehme Constanze in die Arme. Jetzt ist alles gut. Doch als Rudolf nach ihrem Koffer greift, fängt sie an zu weinen.

»Der fremde Mann nimmt mir meinen Koffer weg.«

Das Kind ist völlig verstört, die Tante auch. Die DDR hatte sich noch einmal von ihrer besten Seite gezeigt. Innerhalb von vierundzwanzig Stunden sollten die beiden das Land verlassen, mussten aber auf jeder Behörde stundenlang warten und dann fehlten noch dieses Papier und jener Stempel.

Wie sie es überhaupt geschafft hat, weiß unsere Verwandte selbst nicht. Nur eines weiß sie: »Nie wieder betrete ich die DDR.«

Constanze akzeptiert schnell, dass der fremde Mann ihr Vater ist, plappert wirklich bald darauf los. Sie erzählt stolz, dass es im Kindergarten für sie ein großes Abschiedsfest gegeben habe, mit ganz viel Kuchen und Limonade. Zum Abschluss bekam sie ein schönes Buch geschenkt, das sie uns gleich zeigen will, wenn wir zu Hause sind.

Aber erst einmal fahren wir in die Wohnung unserer Tante, ein gutes Frühstück ist jetzt genau das Richtige. Hungrig beißt Constanze in eines der großen, weißen Brötchen – und verzieht sogleich ihr Gesicht: »Das schmeckt ja gar nicht gut.« Alle lachen, aber ich kann sie verstehen. Auch ich mag die DDR-Brötchen lieber, jedenfalls, wenn sie frisch gebacken sind. Diese hier sind mir zu trocken, krümelig und luftig.

Doch die Kleine hat noch einen wirklichen Kummer: »Die haben mir meine Puppe kaputtgemacht!« Anklagend fördert sie aus einem Beutel zutage, was einmal Charlotte gewesen ist. Charlotte, die Stoffpuppe mit den langen, braunen, echten Haaren meiner Großmutter. Generationen haben sie frisiert und geliebt. Jetzt bietet sie einen traurigen Anblick: Einer der Grenzer hat ihr Kleid zerfetzt und sie dann von oben bis unten aufgeschnitten. Auf die Idee, in ihrem Bauch könne irgendetwas Staatsfeindliches verborgen sein, muss man erst mal kommen.

Ich tröste Constanze: »Sie kriegt ein schönes neues Kleid, und dann gehen wir mit ihr zum Puppendoktor.«

Immer wieder muss ich unsere Tochter anschauen. Sie sieht schon wieder anders aus als auf dem letzten Foto. Auffallend sind die großen blauen Augen mit den langen dichten Wimpern und der schön geschwungene Mund. Kein Babyspeck mehr, die Haare ein wenig heller, als ich aufgrund des letzten Fotos dachte. Sie ist ein lebhaftes Kind und stellt immerzu irgendwelche Fragen. Aber bald ist sie todmüde und verschläft die ganze Fahrt nach Kreuztal.

Erst einige Tage vor Constanzes Ankunft bin ich aus der Rheumaklinik Bad Kreuznach entlassen worden. Umfangreiche Spezialuntersuchungen waren gemacht und mein Blut in der ganzen Bundesrepublik herumgeschickt worden. Dabei stellte man fest, dass bestimmte Blutwerte deutlich erhöht sind, und es gab eine neue Diagnose: Dermatomyositis, eine mit Muskelschwäche einhergehende Muskelentzündung, die auch die Haut betrifft. Diese Krankheit aus dem rheumatischen Bereich ist genauso schwer heilbar wie die primär chronische Polyarthritis (PCP). Seitdem schlucke ich in rauen Mengen Cortison und Imurek. Letzteres Medikament setzt alle Abwehrreaktionen des Körpers herab. Das bedeutet, dass ich mich dauernd auf Tumoren untersuchen lassen muss und jeden Infekt aufschnappe, der in der Luft liegt.

Eines Tages nimmt der Chefarzt der Klinik, Professor Schilling, der sich rührend um mich kümmert, Rudolf beiseite: Man müsse befürchten, dass ich bald im Rollstuhl sitzen werde. Die Geige sollten wir verkaufen, denn es sei ausgeschlossen, dass ich einmal wieder Geige spielen könne.

Abgesehen davon, dass das Instrument ja noch in Leipzig liegt, denkt Rudolf nicht im Traum daran, sie zu veräußern. Er erzählt mir erst einmal nichts von diesem Gespräch, im Gegenteil: Er macht mir Mut und zweifelt keinen Augenblick daran, dass ich eines Tages wieder gesund werde. Und wirklich – entgegen allen ärztlichen Befürchtungen tritt nach einigen weiteren Monaten eine leichte Besserung meiner Beschwerden ein. Doch an Arbeiten ist im Augenblick nicht zu denken, und so werde ich mit siebenundzwanzig Jahren Erwerbsunfähigkeitsrentnerin auf Zeit.

Und noch etwas: Professor Schilling rät dringend von weiteren Kindern ab, da die schweren Medikamente die Keimzellen so schädigen könnten, dass wir mit behinderten Kindern rechnen müssten. Das trifft mich tief, ich will es nicht glauben. Auch ein Mediziner kann sich mal irren. Wir befragen andere Ärzte, doch die meisten sind ähnlicher Meinung. Einige denken, wenn wir nach Absetzen der Medikamente lange genug warten, könnten wir es vielleicht doch wagen. Dass es höchst riskant sei, sagen alle.

Immer wieder sprechen wir über diesen unerwarteten Schlag. Aber erstens ist an ein Absetzen der Medikamente in absehbarer Zeit nicht zu denken, und zweitens wollen wir kein neues Risiko eingehen. Und so müssen wir schweren Herzens akzeptieren, dass das Kapitel Kinder für uns abgeschlossen ist. Constanze wird ohne Geschwister aufwachsen müssen.

Constanze ist da! März 1979

Ich bin sehr traurig, aber nicht nur darüber. Es belastet mich auch, dass Constanze mit ihrer Mutter nicht herumtollen kann. Da waren die Großeltern in Leipzig besser. Ich denke an unseren

Besuch vor einiger Zeit im Freizeitpark Geiselwind bei Würzburg: Dort gab es Turngeräte, und ich musste zusehen, wie unsere alte Erna-Oma mit Constanze munter herumturnte.

Sicher ist es nicht leicht für ein Kind, eine kranke Mutter zu haben.

20

Aus dem Dunkel ins Licht

Rudolf hat sich bundesweit an vielen Musikhochschulen beworben, doch es gab keine entsprechende Vakanz. Aber eine Musikschulleiterstelle war frei, und zwar in Aachen. Der Stadtrat wählte ihn einstimmig zum neuen Leiter, und jetzt, ein halbes Jahr nach unserer Haftentlassung, tritt er die Stelle an. Und er hat noch mehr Glück: In Aachen gibt es eine Außenstelle der Kölner Musikhochschule, und es dauert nicht lange, bis er hier einen Lehrauftrag für das Künstlerische Hauptfach Klavier sowie Kammermusik und Klavierdidaktik erhält.

Als wir das erste Mal von Kreuztal nach Aachen fahren, machen wir in Köln Station. Dass ich einmal am Rhein stehen werde, das konnte ich mir früher genauso wenig ausmalen wie im Gefängnis zu landen. Auf einmal bin ich euphorisch und voller Hoffnung, dass ich die Krankheit doch noch in den Griff bekommen werde.

Die Aachener Stadtväter und -mütter helfen uns, wo sie nur können, ebenfalls neue Freunde, die wir hier schnell finden. Wir mieten ein kleines Apartment im sechsten Stock eines Neubaus mit Balkon und einem wunderschönen Blick auf die Stadt und die Berge. Constanze liebt den Aufzug und fährt mit Begeisterung hoch und runter. Aber leider ist unsere neue Wohnung leer und so mache ich mich auf, um zunächst ein paar Möbel zu kaufen. Unsere kleine Große ist in dieser Woche bei der Erna-Oma geblieben, wir haben noch kein Bett für sie und schlafen selbst auf einer Luftmatratze.

Als ich das erste Mal in meinem Leben in ein bundesrepublikanisches Möbelhaus komme, packt mich Verzweiflung ob der Riesenauswahl. Fluchtartig verlasse ich das Geschäft und irre ziellos durch die Stadt. Als ich am Abend völlig erschöpft zu Hause anlange, habe ich eine Wachstuchdecke und eine Leiter gekauft. Die Wachstuchdecke legen wir in Ermangelung eines Tisches auf den Fußboden, und eine Leiter kann man immer gebrauchen.

Auf Dauer aber ist das Apartment zu klein. Wir müssen eine größere Wohnung suchen. In einem Vorort von Aachen wird ein preiswertes Haus zur Miete angeboten. Wir schauen es uns an und sind begeistert. Zuletzt besichtigen wir den Keller. Plötzlich höre ich Constanze fragen: »Sahen die Gitter im Gefängnis eigentlich genauso aus?« Die Vermieterin versteinert. Wir verabschieden uns schnell. Wenig später finden wir eine passende Wohnung.

Uns fällt auf, dass nicht alle Leute mit unserer Vergangenheit umgehen können. Natürlich hört man, dass wir Sachsen sind, deshalb werden wir oft gefragt, wie wir denn hierher gekommen seien. Das Letzte, was ich möchte, ist, bedauert zu werden, doch manche Reaktionen sind schon bemerkenswert:

»Im Gefängnis waren Sie? Sie sehen gar nicht danach aus.«

Oder ich bekomme gesagt: »Was, im Gefängnis? Das muss ich unbedingt meinem Mann erzählen.« Die Dame hätte nicht entzückter sein können, wenn ich noch ein drittes Bein unter meinem Rock hervorgezaubert hätte. Eine Art Jahrmarktattraktion.

Und immer wieder wird uns die Frage gestellt, warum wir denn unbedingt aus der DDR wegwollten, es gäbe »drüben« doch auch sehr viel Gutes. Es ist nicht so einfach, eine Antwort zu geben. In einem Satz kann man das nicht erklären, und beim zweiten ist das Interesse der Fragenden oft schon wieder erloschen.

Nachdem wir uns einigermaßen eingerichtet haben, versuchen wir den politischen Häftlingen zu helfen, die noch in den DDR-Gefängnissen sitzen. Wir tun für sie, was Helga für uns getan hat, und schreiben in dieser Zeit viele Briefe an das Ministerium für Innerdeutsche Beziehungen und andere offizielle Stellen.

Wir beteiligen uns aber auch an Diskussionen, halten Vorträge, sammeln Geld für ehemalige politische Gefangene oder Dissidenten in verschiedenen Ländern des Ostblocks, formulieren Leserbriefe und schicken jede Menge Petitionen an Gorbatschow und die Lagerleiter sibirischer Gefängnisse. Wir wollen den Betroffenen helfen und die Menschen in der BRD aufmerksam machen, welches Unrecht beim »netten Nachbarn« geschieht.

Unsere Aktionen werden von vielen in unserer Umgebung als störend für die vielgepriesene Entspannungspolitik empfunden. Als Rudolf bei einer Veranstaltung auf die Menschenrechtsverletzungen in der Sowjetunion aufmerksam macht, wird er als »Kriegstreiber« beschimpft. Auch »Faschisten« sind wir schon genannt worden. Ich rege mich immer wieder so auf, dass ich mich gegen derartig infame Anschuldigungen nicht wehren kann. Irgendwann gehe ich nicht mehr zu diesen Veranstaltungen.

Warum sind die meisten Menschen hier entweder auf dem rechten oder dem linken Auge blind? Kann und muss man denn nicht gegen linke *und* rechte Extremisten und ihre Ideologien gleichermaßen protestieren? Sicher, im Augenblick brennt mir das Problem Menschenrechtsverletzungen im Osten besonders auf den Nägeln, aber ich möchte genauso gern gegen Neonazis auf die Straße gehen. Doch das kann ich nicht – dann wären meine Mitstreiter fast ausschließlich gleichzeitig meine politischen Gegner. Ich bin tief enttäuscht. So hatte ich mir das nicht vorgestellt.

Im August 1979 kommt Constanze in die Schule. Als ich auf der Schulanfangsfeier zwischen den anderen Eltern sitze und meine Tochter mit der Schultüte im Arm sehe, spüre ich große Dankbarkeit. Diese Schule ist keine sozialistische Schule. Die Kinder dürfen sagen, was sie denken, werden nicht zum Lügen, nicht zum Hassen und zum Kämpfen erzogen. Schon dafür hat sich alles gelohnt.

Constanze fühlt sich wohl in der Klasse und weiß sich durchzusetzen. Wegen ihrer unverkennbaren sächsischen Aussprache und weil sie kein »Öcher Platt« kann, wird sie manchmal gehänselt. Ihre Antwort: »Dafür kann ich aber Deutsches Demokratisches Platt.«

Was mich allerdings mit großer Sorge erfüllt, ist, dass sie panische Angst hat, wir könnten weggehen und nicht wiederkommen. Wir versuchen, ihr das Gefühl zu geben, wie wichtig sie für uns ist, aber es scheint uns nicht zu gelingen. Nicht immer können wir es vermeiden, abends wegzugehen, dann geben wir den Schlüssel der Nachbarin, die nach ihr schaut. Einmal ist Constanzes Angst so groß, dass wir vorzeitig zurückkommen müssen.

Im Sommer darauf treffen wir uns mit meiner Mutter in Budapest. Endlich sehen wir sie wieder, nach mehr als drei Jahren. Alle sind in Hochstimmung. Doch die schwere Zeit hat auch bei ihr Spuren hinterlassen. Was haben wir ihr alles zugemutet! Und sie steht da und lacht.

Meine Mutter erzählt uns, wie sie damals den Tag unserer Verhaftung erlebte. Sie und mein Vater saßen mittags im »Thüringer Rostbrätel« und warteten auf uns. Jedes Mal, wenn sich die Tür bewegte, schlug ihr Herz schneller. Wie hypnotisiert starrte sie auf den Eingang des verräucherten Lokals. Wir waren schon mehr als eine halbe Stunde zu spät, das sah uns nicht ähnlich.

Bei meinem Vater stieg der Blutdruck: »Ich habe diese Warterei satt, wir bestellen uns jetzt etwas.«

Sie wählten die Spezialität der Gaststätte: ein Schweinssteak mit viel Zwiebeln, Pommes frites und Salat. Es war wie immer sehr gut, aber heute schmeckte es ihnen nicht.

Nach dem Essen blieben sie noch eine Weile sitzen, in der Hoffnung, dass wir doch noch kämen, vielleicht mit der naheliegendsten Erklärung: »Wir hatten eine Autopanne.« Doch irgendwann mussten sie sich eingestehen, dass es aussichtslos war, und sie fuhren in unsere Wohnung in die Landsberger Straße. Vielleicht hatten wir, so dachten sie, die Verabredung einfach vergessen und saßen gemütlich beim Essen?

Doch dort war alles ruhig, und nichts deutete darauf hin, dass etwas Ungewöhnliches passiert sein könnte. Also fuhren sie nach Hause. Meine Mutter öffnete zuallererst ein Fenster, um das charakteristische Geräusch unseres alten Trabis sofort hören zu können, falls wir doch noch kämen. Ihre Besorgnis wuchs von Minute zu Minute: »Wenn sie nun einen Unfall hatten und im Krankenhaus liegen?«

»Wir können die großen Häuser in Leipzig ja mal anrufen«, antwortete mein Vater.

In welcher Klinik meine Mutter auch nachfragte, sie erhielt überall einen negativen Bescheid.

»Ich gehe noch einmal in die Landsberger Straße«, beschloss mein Vater. »Du bleibst besser hier, falls sie doch noch auftauchen.«

Schon von der Treppe aus sah er die große Plombe an der Tür. Die Wohnung war zwischenzeitlich versiegelt worden. Was hatte das zu bedeuten? Er klingelte bei der Nachbarin, die völlig aufgelöst war.

»Hier war vielleicht was los, die Stasi hat die Wohnung durchsucht, ich musste dabei sein. Sie haben mich ausgefragt, aber ich wusste ja nichts.« Die Nachbarin konnte sich gar nicht beruhigen.

Vater fiel es wie Schuppen von den Augen: Das kann nur Flucht bedeuten, überlegte er, sonst wären nicht alle drei verschwunden. Waren sie denn jetzt drüben oder...?

Nachdenklich ging mein Vater nach Hause. Er stellte sich vor, seine Tochter und sein Schwiegersohn würden von der Stasi vernommen, im Gefängnis sitzen. Falls es so war, wusste er, was auf ihn zukommen würde.

Am nächsten Vormittag bemerkte meine Mutter, wie ein Mann schnellen Schrittes auf ihr Wohnhaus zukam, ihrem Blickfeld entschwand und kurz darauf wieder wegging. Er hatte vorher irgendetwas in der Hand gehabt, jetzt nicht mehr. Sie lief zu den Briefkästen und sah, dass nur in einem etwas steckte: in ihrem. Es war eine Benachrichtigung vom Ministerium für Staatssicherheit, dass wir beide wegen des dringenden Verdachts auf eine Straftat festgenommen worden seien. Verzweifelt rief sie meinen Vater an. Dieser war nicht zu erreichen. Er hatte einen Anruf vom Staatsanwalt erhalten, dass er sich sofort bei ihm melden solle. Als er ihm gegenüberstand, sagte dieser: »Ihre Tochter und Ihr Schwiegersohn wurden an der Grenze gestellt, als sie versuchten, die DDR ungesetzlich zu verlassen.«

»Meine Tochter ist seit sieben Jahren aus dem Haus, ich weiß nichts davon.«

»Das ist jetzt nicht das Thema. Dazu werden Sie sowieso noch von der Staatssicherheit verhört. Ich übergebe Ihnen hier die Schlüssel zur Wohnung Ihrer Tochter und zum Briefkasten. Sie können dort schalten und walten, wie Sie wollen.« Der Staatsanwalt genoss es zu demonstrieren, wie demokratisch alles zuging.

Vater interessierte vor allem eins: »Wo ist das Kind? Etwa auch im Gefängnis?«

»Wir sind doch keine Ungeheuer und sperren kleine Kinder ein. Sie werden diesbezüglich noch benachrichtigt. Auf Wiedersehen.«

Als Vater wieder auf der Straße stand, drehten sich seine Gedanken im Kreis. Wo war Constanze? Wieso hatte der Staatsanwalt ihm die Schlüssel gegeben? Die würden doch sicher noch lange die Post kontrollieren. Aber natürlich hatte die Stasi Nachschlüssel. Und: Er würde die ganze Sache morgen im Betrieb melden und Stellung beziehen müssen, gegen die eigene Tochter und den Schwiegersohn.

Als er nach Hause kam, saß auf dem Sofa im Wohnzimmer eine ihm unbekannte Dame und redete auf meine Mutter ein. Die Frau war von der Jugendfürsorge und überbrachte die Nachricht, dass Constanze in Gera sei und die Großeltern sie morgen abholen könnten.

Als meine Eltern am 22. Februar im Heim erschienen, stand die Kleine traurig und allein in einer Ecke. Man hatte sie in ein viel zu großes Faschingskostüm gesteckt. Doch beim Anblick der Großeltern, die ihr auch ihre Lieblingspuppe Charlotte mitgebracht hatten, ging ein Strahlen über das verweinte Gesicht.

Wir sprechen auch darüber, dass meine Eltern sich haben scheiden lassen, noch in der Zeit, als Constanze bei ihnen lebte. Aber erst an dem Tag, als sie in den Westen übersiedeln durfte, zog mein Vater aus der gemeinsamen Wohnung aus. Seine Enkelin sollte von der Trennung nichts merken, nicht noch mehr Unruhe ertragen und verarbeiten müssen.

Meine Mutter erzählt außerdem noch eine besonders skurrile Geschichte. So hatte man in der Dresdener Hochschule das Gerücht in Umlauf gesetzt, Rudolf säße wegen Rauschgiftschmuggels im Gefängnis und ich sei noch zu Hause. Viele seiner Studenten riefen bei meinen Eltern an; eine Studentin kam sogar nach Leipzig, um die Sache zu klären.

Rudolf als Drogendealer – eine amüsante Vorstellung, an die allerdings zu keiner Zeit irgend jemand wirklich glaubte.

Als der Abschied naht, ist unsere gute Stimmung verflogen. Wir verabreden, dass wir in einigen Wochen den Antrag auf besuchsweise Einreise in die DDR stellen wollen. Wir fahren zurück mit schönen Erinnerungen an die gemeinsamen Tage, aber auch mit viel Traurigkeit. Aachen ist eine wunderbare Stadt, aber immer noch fremd für mich. Ich habe großes Heimweh, und oft ergreift eine tiefe Leere von mir Besitz.

Ein halbes Jahr später darf uns meine Mutter die Geige, den Flügel, Bücher und Noten schicken. Der Flügel ist ziemlich ramponiert, Rudolf hatte ihn vor unserer Flucht mit einer fadenscheinigen Begründung nach Dresden ins Studenteninternat schaffen lassen. Aber zumindest haben wir das Instrument wieder, einen neuen Flügel können wir uns so schnell nicht leisten.

Meine Geige. Ich nehme sie in die Hand. Fast vier Jahre habe ich nicht gespielt. Soll ich es versuchen? Ich setze sie an. Es tut weh, den Arm zu heben. Ich versuche, mit den Fingerspitzen die Saiten zu berühren. Nur die beiden höheren Saiten kann ich erreichen, die tieferen nicht. Dazu müsste ich meinen Arm viel weiter nach innen drehen können. Ich setze die Geige wieder ab. Das war's also. Der Arzt hatte Recht, das Kapitel ist abgeschlossen.

Doch ich komme nicht von ihr los. Meine Geige, das bedeutet unzählige Stunden harter Arbeit von früher Jugend an, das bedeutet aber auch wunderbare Momente völligen Einklangs mit mir selbst und dem Instrument, das bedeutet, mit anderen zusammen zu musizieren.

Ich nehme die Geige erneut in die Hand und probiere es noch einmal. Es geht genauso schlecht wie vorher, aber soll ich deswegen gleich resignieren? Ich bin noch nicht einmal dreißig und habe viel Zeit. Aufgeben kann ich später immer noch. Ich werde ganz von vorn anfangen müssen, aber lohnt sich dieser Einsatz nicht in jedem Fall? Ich bin davon überzeugt. Sonst werde ich womöglich mein ganzes Leben lang denken, dass ich es doch wenigstens hätte versuchen sollen. Und vielleicht ist das Geigespielen auch eine Physiotherapie für mich.

Täglich übe ich mehrmals in winzigen Einheiten; länger als eine Minute kann ich die Geige nicht halten. Langsam stellen sich minimale Fortschritte ein, auch wenn es noch ziemlich gewöhnungsbedürftig klingt und ich nur ganz leichte Stücke spielen kann.

Eine Einreiseerlaubnis in die DDR haben wir immer noch nicht erhalten, jetzt kümmert sich wieder das Innerdeutsche Ministerium um unsere Belange. Die DDR-Behörden ihrerseits weisen darauf hin, dass wir unerwünschte Personen und sie nicht erklärungspflichtig seien.

Deshalb fahren wir dieses Mal, 1982, in die Tschechoslowakei, um meine Mutter und Rudolfs Tochter Birgit mit ihrem Mann zu treffen. Birgit ist schwanger mit ihrem ersten Kind. Die Freude ist natürlich groß. Auch für sie war es eine Katastrophe, als ihr Vater plötzlich nicht mehr da war. Sie hängt an ihm, so wie früher. Obwohl sie ihn selten gesehen hat, ist es ein Unterschied, ob die Möglichkeit dazu besteht oder nicht. Ein wenig wehmütig betrachte ich ihren schönen dicken Bauch, ich hätte auch gern einen.

Constanze hat noch immer Angst, dass wir weggehen und nicht wieder auftauchen. Selbst wenn wir in den Keller gehen, überfällt sie eine große Furcht, dass wir nicht wiederkommen. Es tut weh, zu sehen, wie sie leidet. Die alten Schuldgefühle kommen wieder hoch. Es fällt mir schwer, daran zu denken, wie man mir das Kind weggenommen hat, erst recht aber, darüber zu sprechen – und das, obwohl seit der Verhaftung schon Jahre vergangen sind.

Wir unternehmen viel zusammen. Am Wochenende gehen wir oft in den Wald, um Tiere zu beobachten oder Pilze zu sammeln.

Und in unserer Nähe gibt es manches, was Kindern Spaß macht: eine Sommerbobbahn, einen Streichelzoo, das Phantasialand, Abenteuerspielplätze und vieles andere. Hier ist Constanze in ihrem Element.

Im November 1982 läuft meine Erwerbsunfähigkeitsrente aus, und ich beginne meine Unterrichtstätigkeit an der Musikschule mit sieben Schülern und viel Begeisterung. Ich schlucke noch immer Medikamente, mache Gymnastik, bade zweimal wöchentlich in Aachens heißen Quellen. Auch wenn ich noch große Einschränkungen hinnehmen muss, es geht körperlich aufwärts.

Kurz vor Weihnachten besucht uns mein Vater das erste Mal. Er ist nun Rentner und darf in den Westen reisen. Ich frage ihn nach den Schwierigkeiten, die er unsertwegen hatte, aber er ist in dieser Beziehung zurückhaltend und erzählt nur wenig. Viele Einzelheiten erfahre ich erst später von seiner jetzigen Frau. Ich freue mich für ihn, dass sein unbefriedigendes Arbeitsleben nun beendet ist.

Rudolf und ich beschließen eines Tages, uns mit einer Matinee in Bad Kreuznach bei Professor Schilling zu bedanken, der so viel für mich getan hat. Nach dem Konzert sagt er mit Tränen in den Augen: »Bedanken Sie sich bei einem anderen. Dass Sie wieder geigen können, ist ein Wunder.«

Äußerlich sieht man mir meine Krankheit kaum mehr an. Die Finger sind zwar noch dick und krumm, manchmal auch noch bläulich verfärbt, aber wer außer den Schülern schaut einem so genau auf die Hände? Und dass mein Gesicht noch immer durch das Cortison aufgeschwemmt ist, merken nur die, die mich von früher kennen.

Obwohl ich immer müde bin, schlafe ich schlecht und komme morgens einfach nicht aus dem Bett. Ich habe ein schlechtes Gewissen, da Rudolf meistens aufsteht und sich um Constanze kümmert. Er trägt die ganze Verantwortung für unsere Familie. Was bin ich denn für eine Mutter? Ich bin doch nur jemand, auf den man dauernd Rücksicht nehmen muss.

Wir bauen ein Haus, und für meine Mutter ist eine separate Einliegerwohnung eingeplant, die sie beziehen soll, sobald sie »mauermündig« ist. Unsere Sorge, Constanze könne in einem Haus noch mehr Angst haben, erweist sich als unbegründet, das Gegenteil ist der Fall.

Ich wundere mich darüber und frage sie:

»Hast du keine Angst, wenn du in dem großen Haus abends allein bleiben musst?«

»Nein, jetzt nicht mehr.«

»Warum *jetzt* nicht mehr?«

»Das Haus hat so viel Geld gekostet, jetzt bin ich ganz sicher, dass ihr nicht wieder weggeht. Außerdem liegt die Geige immer auf dem Flügel, ohne Geige gehst du doch nicht weg.«

»Glaubst du nicht, dass du uns viel wichtiger bist als so ein dummes Haus oder ein Stück Holz?«

»Hm, vielleicht, ja . . .«

Constanze sieht mich unschlüssig an und nickt dann, wenig überzeugt. Ich nehme sie in den Arm und sage ihr, dass wir sie sehr lieb haben. Sie ist noch zu jung, um zu verstehen, warum wir damals so unvermittelt verschwanden. Und die Trennung von den Großeltern war für sie genauso problematisch.

»Bei Oma und Opa war es doch schön, nicht wahr?«, frage ich.

»Ja, sehr, Oma hat sich viel Zeit für mich genommen.«

»Wie wäre es denn, wenn du sie ab und zu mal besuchst, zum Beispiel in den Osterferien? Ich habe eine Kollegin, die in dieser Zeit immer nach Leipzig fährt.«

Constanze strahlt, und ich freue mich, dass sie sich freut.

Unsere Tochter kommt auf ein katholisches Mädchengymnasium. Wir haben uns mit ihr zusammen viele Schulen angeschaut, und diese gefiel ihr am besten. Es ist eine Schule mit einer warmen und freundlichen Atmosphäre. In ihrem Alter bin ich in die 59. Polytechnische Oberschule gegangen und hatte alles noch vor mir: die sozialistische Produktion, die vormilitärische Ausbildung, Marxismus ohne Ende und Russisch als einzige Fremdsprache. Hier dagegen kann Constanze selbst bestimmen, mit welcher Fremdsprache sie anfangen möchte. Sie entscheidet sich für Latein, Englisch wird folgen, dann Französisch und viel später Italienisch. Ein Traum! Wieder einmal denke ich, dass unsere Entscheidung richtig war.

Eines Tages im Jahr 1987 – in Leipzig ist gerade Frühjahrsmesse – kommt ein Anruf aus dem Ministerium für Innerdeutsche Beziehungen. Eine freundliche Männerstimme erklärt mir, dass Erich Honecker in der Bundesrepublik erwartet wird und wir jetzt Chancen hätten, als Messegäste in die DDR einzureisen. Mein Herz setzt einen Augenblick lang aus. Habe ich richtig gehört? Es gibt einen einfachen Grund: Die Bundesregierung will Honecker vor laufenden Kameras eine Liste mit Namen von Bundesbürgern überreichen, denen entgegen allen innerdeutschen Vereinbarungen die besuchsweise Einreise in die DDR verweigert wurde, und das sei diesem sicher nicht sehr angenehm.

Rudolf und ich überlegen uns die Sache gründlich. Anrufen kann jeder. Wer sagt uns denn, dass die freundliche Männerstimme nicht einem Stasi-Mann gehört? Doch es spricht einiges dagegen: Erstens sind wir nur kleine Fische, man wird uns nicht zurücklocken, um uns zu verhaften. Zweitens möchte Honecker einen guten Eindruck in der Bundesrepublik machen, dieses Argument ist wirklich stichhaltig. Und drittens sind seit unserer Verhaftung zehn Jahre vergangen, und es heißt, dass Einreiseverbote in die DDR für Leute wie uns meist nicht länger als zehn

Jahre aufrechterhalten werden. Also: Diese einmalige Chance müssen wir nutzen.

Constanze will in dieser Zeit bei einer Freundin übernachten. Beim Abschied habe ich plötzlich das Gefühl, es ist für immer. Ich schelte mich selbst. Das ist völlig irrational, und ich weiß es.

Auf der ganzen Fahrt in Richtung Heimat sprechen Rudolf und ich kaum ein Wort. Es ist viel Betrieb an der Grenze, doch die Abfertigung der vor uns ankommenden Wagen funktioniert erstaunlich schnell. Ein Auto nach dem anderen wird durchgewinkt. Als wir vorfahren, verschwinden die Grenzer nach einem kurzen Blick auf unsere Ausweise im Kontrollhäuschen. Wir müssen zur Seite fahren und dort stehen bleiben.

Ohne Ausweise befinden wir uns auf DDR-Gebiet. Eine Stunde vergeht, und es ist immer noch nichts passiert. Ich werde nervös. Was, wenn sie uns wieder einsperren? Rudolf beruhigt mich: »Damals haben wir gegen DDR-Gesetze verstoßen, dieses Mal nicht. Wir sind sogar vom Ministerium für Innerdeutsche Beziehungen losgeschickt worden.«

Klar, aber die können alles, denke ich. Wieder packt mich panische Angst. Ich weiß, dass ich unangemessen reagiere, aber ich kann mich nicht dagegen wehren.

Rudolf packt unsere Verpflegung aus und beginnt zu essen, ich selbst bringe keinen Bissen hinunter. Aber irgendwie beruhigt mich seine Gelassenheit.

Endlich erscheint ein Offizier, in seiner Hand unsere Ausweise. »Führen Sie Waffen oder Harpunen mit sich?«

Ich sehe Rudolf an. Rudolf sieht mich an. In seinem Gesicht zuckt es verräterisch. Harpunen?! Ich fürchte plötzlich, dass Rudolf fragen könnte: »Liebling, haben wir heute eigentlich unsere Harpunen dabei?« Darauf könnte ich beispielsweise antworten: »Oje, die habe ich vergessen, Schatz. Kannst du mir noch mal verzeihen?«

Aber natürlich versichern wir ernsthaft, dass wir weder Waffen noch Harpunen bei uns haben. Wir dürfen schließlich weiterfahren, nicht ohne vorher den Zwangsumtausch zu tätigen.

Kontrolltürme, Wachen, dann das Niemandsland. Nicht zu sehen, aber immer gegenwärtig: der Schießbefehl, Minen, Selbstschussanlagen. Sehr grau kommen mir die Dörfer und Städte vor. Eisenach, Gotha, Erfurt, Weimar – und die ersten Hinweisschilder, auf denen Leipzig steht. Leipzig! Ist es denn zu glauben, dass ich nach Leipzig fahre?

Aus der Telefonzelle in Wideritzsch, in deren Nähe unsere Flucht am 19. Februar 1977 begann, rufen wir meine Mutter an.

»Sag mal, hast du schon Abendbrot gegessen? Nein? Dann leg doch bitte noch zwei Gedecke auf, wir sind in fünf Minuten da.«

Es ist so wunderbar, wieder zu Hause zu sein und zu sehen, wie meine Mutter sich freut.

Am nächsten Tag gehe ich durch die Straßen meiner Heimatstadt und sehe, wie heruntergekommen alles ist. Schmutz, Verwahrlosung, wo man hinschaut. Viele Häuser sind nicht mehr bewohnbar. Die Atmosphäre bedrückt mich. Ich fühle mich wieder wie ein DDR-Bürger, aber wie einer, der nicht mehr dazugehört.

Rudolf, meine Mutter und ich fahren auch nach Hoheneck. Ich will es unbedingt noch einmal sehen, dieses Mal von außen. Der Eingang ist schwer bewacht. Ich stehe vor dem großen grauen Eisentor, und auf einmal befinde ich mich außerhalb von Zeit und Raum. Ich sehe nur noch das Gefängnis, Zellen, Wachen, Mitgefangene – und bin auf einmal eine von ihnen. Ich spüre die Gefängnisatmosphäre und fühle mich schutzlos und allein, obwohl Rudolf neben mir steht. Mir ist, als würde die Gegenwart mit der Vergangenheit verschmelzen und mich ihr wieder ausliefern. Doch nach einer Weile finde ich in die Wirklichkeit zurück. In diesem Augenblick will ich nur noch nach Hause, nach Hause in meine neue Heimat: Aachen.

Wieder in der Bundesrepublik, kann ich kaum noch schlafen. Zunächst ignoriere ich das. So etwas kommt bei mir seit der Haft immer mal vor, und nach ein paar Wochen ist es meistens vorbei.

Diesmal nicht. Ich bin abends total erschöpft und schlafe sofort ein, aber nach ein, zwei Stunden wache ich auf, und das war es dann für diese Nacht. Mein Hausarzt versucht alles, aber nichts hilft. Er schickt mich zu einem Spezialisten, denn inzwischen ist ein Vierteljahr vergangen, und ich bin am Ende.

Der Psychiater spricht von »verdeckten Depressionen« und verordnet mir Antidepressiva. Depressionen? Wenn ich die letzten Jahre Revue passieren lasse, fällt mir auf, wie sehr ich mich verändert habe. In meinem »ersten Leben«, vor der Haft, war ich selbstbewusster, weniger ängstlich und viel seltener niedergeschlagen. Meine jetzige psychische Verfassung hatte ich immer mit meinen physischen Handicaps in Verbindung gebracht. Der Befund »verdeckte Depressionen« ist ein ganz neuer Gesichtspunkt für mich. Was ist die Ursache für diese Krankheit? Kommt sie davon, dass ich nicht mehr so gut geigen kann wie früher, oder ist die unverarbeitete Vergangenheit schuld? An unsere Fluchtnacht beispielsweise kann ich noch immer nicht ohne Beklemmungen denken und schon gar nicht darüber sprechen. Vielleicht liegt es aber auch daran, dass ich vor kurzem versucht habe, die Ereignisse aufzuschreiben, um nichts zu vergessen. Das ist zwar ein spannender Bericht geworden, aber das Schreiben hat mich mehr mitgenommen, als ich zugebe.

Mit der Diagnose »Depressionen« kann ich noch nicht umgehen. Ich möchte nicht, dass dies publik wird. Wer zum Psychiater geht, ist doch für die meisten Menschen verrückt, und ehrlich gesagt habe auch ich früher so gedacht. Nein, das geht niemanden etwas an.

Im Frühjahr 1989 darf meine Mutter übersiedeln, sie ist im vergangenen Jahr sechzig Jahre alt geworden. Jetzt kann ich ihr endlich einen kleinen Teil von dem vergelten, was sie für uns getan hat. Constanze ist überglücklich, denn sie hängt sehr an der Oma. Aber im Sommer packt sie erst einmal ihre Sachen und geht – nun in der 11. Klasse – für ein halbes Jahr nach Amerika.

In der DDR passieren unglaubliche Sachen. Es gibt Demonstrationen, und kaum jemand wird dafür eingesperrt. Immer mehr Menschen gehen auf die Straße, trotzdem bleiben die sowjetischen Panzer in den Kasernen. Viele DDR-Bürger sind nicht mehr zur Wahl gegangen – und bleiben unbehelligt.

Dann überstürzen sich die Ereignisse. Die Welt hält den Atem an und blickt ganz besonders auf Leipzig, mein Leipzig. Und plötzlich fällt die Mauer, so unvorhergesehen, wie sie errichtet wurde.

Die DDR gibt es nicht mehr, nur wenig später brechen auch die anderen »Bruderstaaten« zusammen. Ein schrecklicher Traum ist ausgeträumt und der »siegreiche Sozialismus« auf der Strecke geblieben. Viele seiner Opfer allerdings auch.

Manche von ihnen verkraften das Geschehen nicht, besonders diejenigen, die erst vor kurzem freigekauft wurden. Ihre Frage steht auch für uns im Raum: Hat sich das alles gelohnt? Haben wir nicht einen zu hohen Preis für die Freiheit bezahlt, eine Freiheit, die nun über Nacht Allgemeingut geworden ist? Die Entscheidung, die wir damals trafen, hat nicht nur unser, sondern auch Birgits, Constanzes und das Leben meiner Eltern radikal verändert. Jetzt aber, zwölf Jahre später, haben sich alle unsere damaligen Probleme in Luft aufgelöst.

Andererseits: Wer konnte noch vor einem halben Jahr ahnen, was geschehen würde, geschweige denn vor zwölf Jahren? Und selbst wenn: Diese zwölf Jahre mussten auch erst einmal durchlebt werden.

Ein Jahr später fahren wir nach Cottbus. Auch Rudolf möchte sein Gefängnis noch einmal sehen. Wir sitzen dem neuen Direktor gegenüber, einem »Wessi«. Der Gefängnisleiter erzählt uns, dass viele ehemalige Gefangene sich aufregen, weil einige von den alten Aufsehern noch im Dienst sind. Aber Rudolf bestätigt ihm, dass nicht jeder Bewacher die Gefangenen schikaniert hat. Soll denn jetzt schon wieder ausgegrenzt werden? Nur weil jemand bei der Polizei war und im Strafvollzug gearbeitet hat – vielleicht sogar arbeiten musste –, ist er doch nicht a priori schlecht. Dass allerdings wirklich brutale Aufseher nicht belangt worden sind oder nur sehr milde Urteile erhalten haben, ist für uns schwer nachvollziehbar. Ich denke beispielsweise an »RT« (Roter Terror, wie er genannt wurde), der in Cottbus geprügelt, getreten und vielen Gefangenen gesundheitliche Schäden zugefügt hat. Er bekam dafür zweieinhalb Jahre, ein Jahr weniger als Rudolf. Aber es ist für eine Demokratie sehr schwierig, die Verbrechen einer Diktatur rechtsstaatlich aufzuarbeiten. Das hatten wir ja schon einmal.

Die Zellen können wir nicht besichtigen, die sind komplett belegt. Jedoch nur mit der Hälfte der zu DDR-Zeiten üblichen Gefangenenzahl. Alles, was wir sehen können, ist hell, freundlich und vor allem sauber. Es gibt überall im Haus Blumen, Bilder an den Wänden und Fernsehapparate. Am meisten staunen wir über die Aufenthaltsräume, den Sportplatz und das Fitness-Center.

1993. Ich übe noch immer sehr viel Geige. Dreizehn Jahre, nachdem ich das Instrument das erste Mal wieder in die Hand nahm, ziehe ich nüchtern Bilanz: Ich habe jede freie Minute trainiert und auch wirklich Fortschritte erzielt, ich bin Mitglied des Aachener Kammerorchesters, habe oft in Lehrerkonzerten mitgewirkt und mit Rudolf Duo-Abende, sogar im Baltikum, gegeben. Dennoch muss ich feststellen, dass ein beträchtliches geigerisches

Defizit geblieben und mein Geigenspiel dadurch sehr verkrampft ist. Das belastet, und selbst Erfolge erfreuen mich nicht wirklich. Es ist und bleibt alles grau. Sind das die Depressionen?

Alles, was mich ausmachte, ist weg: Verstand, Wünsche, Sehnsüchte, Träume, irgendwelche Ziele. Das bin nicht mehr ich. Mein Selbstwertgefühl ist inzwischen gleich null.

Eines Tages wache ich auf und höre Töne im Ohr. Ich habe einen Tinnitus. Alle Infusionen nützen nichts, organische Ursachen gibt es nicht. Also muss ich mich mit den Ohrgeräuschen arrangieren. Im linken Ohr höre ich einen ziemlich sauberen D-Dur-Dreiklang, rechts zischt es wie ein Dampfkessel. Manchmal, wenn um mich herum absolute Ruhe herrscht, kommt noch ein Ton dazu, der klingt wie eine Stimmgabel. Er beginnt leise, schwillt an, wird richtig laut und vergeht wieder. Wenigstens passt er ganz gut dazu, es ist ein h.

Im Laufe der Untersuchungen muss ich wieder zu einem Neurologen gehen, der gleichzeitig Psychiater ist. Er kann nicht verstehen, dass ich nur ein paar Tropfen gegen die Depressionen nehme. Seitdem werde ich intensiv behandelt, von Lichttherapie über Schlafentzug bis hin zur Psychotherapie. Meine Mutter und Rudolf unterstützen mich, wo sie nur können, Constanze hat gerade mit dem Studium begonnen.

Rudolf ist im Sommer mit Erreichen der Altersgrenze pensioniert worden. Sechzehn Jahre konnte er als Musikschulleiter arbeiten, ohne Maulkorb, Rotlichtbestrahlungen und Parteilehrjahr, weitere acht Jahre an der Hochschule werden noch folgen. Die Aufbausituation mit einer kranken Frau war für ihn nicht leicht, aber er findet, dass es sich auch für ihn gelohnt hat.

In Magdeburg liegen unsere Stasiakten, 1997 fahren wir das erste Mal dorthin. Wir fanden fast nichts, was wir nicht schon vermutet oder gewusst hätten. Die Akte ist dick, aber manches fehlt noch immer, vor allem das, was mit meiner Krankheit zusammenhängt. Es gibt nur einen einzigen Krankenbericht, nach dem es mir hätte prima gehen müssen. Nur schade, dass ich davon nichts gemerkt habe.

Ich lese die Vernehmungsprotokolle, sehe meine Verbrecherfotos, die Hand- und Fingerabdrücke, sitze wieder in der Zelle und spüre, wie ich beobachtet werde. Ich denke an unseren Prozess, an Rudolf und an Constanze. Es scheint mir, als wäre das alles gerade erst gestern gewesen.

Interessant ist nur, dass zunächst drei Jahre Haft für Rudolf und zweieinhalb für mich vorgesehen waren. Dann wurde das geändert – mit einem Bleistiftstrich, der uns ein halbes Jahr länger einbrachte. Man machte sich nicht einmal die Mühe, einen neuen Bogen auszufüllen.

Und auch nach der Haft tauchen wir in den Stasi-Unterlagen noch auf. Unsere Namen scheinen auf einer Eingangsliste Auslandspost zu stehen, denn es ist festgehalten, dass wir aus der Tschechoslowakei Post erhielten. Auch, dass Rudolf Musikschulleiter in Aachen ist. Welch ein Aufwand!

In letzter Zeit liege ich halbe Tage im Bett und stehe erst auf, wenn es unbedingt sein muss. Wenn ich zum Unterricht fahre, streikt mein Magen. Jetzt bringt Rudolf mich in die Schule und holt mich abends wieder ab. Eines Tages geht es nicht mehr. Nun werde ich zum zweiten Mal Erwerbsunfähigkeitsrentnerin, diesmal für fünf Jahre. Ich bin jetzt fünfundvierzig Jahre alt.

Meine Geige, die ich früher Prinzessin nannte, kann ich nicht mehr leiden. Ich lege sie auf den Flügel und nach einem Jahr in den Kasten. Ich will sie nicht mehr sehen.

Meine Familie und meine Freunde sind großartig. Ich höre von anderen psychisch Kranken, dass ihre Ehen zerbrochen und Freundschaften auseinander gegangen sind sind. Aber ich habe Glück. Alle sind unglaublich verständnisvoll, und äußerlich ist alles wie früher.

Aber die alte Eva, die gibt es nicht mehr. Übrig geblieben ist nur ein Zombie, der aussieht wie ich, eine Belastung für alle, die ich liebe. Mein Leben ist vorbei. Ich frage mich, warum ich eigentlich noch da bin.

2006. Ich sitze am PC und feile an meinem neuesten Stück. Es ist ein Thema mit sechs Variationen für Geige und Klavier und soll das Abschlussstück im zweiten Band meiner Violinschule werden. Die meisten Stücke dafür habe ich selbst geschrieben. Neben mir liegt die Geige, damit ich neue Ideen immer gleich ausprobieren kann.

In ein paar Tagen beginnen die Sommerferien, und es kommen vermehrt Anfragen, ob ich noch einen Platz in meiner Klasse frei hätte. Ich habe im Augenblick dreiundzwanzig Schüler im Alter von vier bis achtzehn Jahren. Ich unterrichte wahnsinnig gern und arbeite vom frühen Morgen bis zum späten Abend, um meine Schüler und die Geigenschule unter einen Hut zu bringen.

Oft frage ich mich, ob wirklich ich das bin, die hier agiert. Oder ist es nur ein schöner Traum? Das ganz sicher, aber er hat einen großen Vorteil: Er ist wahr.

Depressionen sind heilbar. Sicher, die Ärzte wissen das, aber schwer Depressive glauben fast nie daran. Auch ich war fest davon überzeugt, dass ich nie wieder gesund werde, bei jeder anderen Krankheit kann man kämpfen, bei dieser nicht.

Es war ein langer Weg aus der Dunkelheit. Wann genau die Besserung einsetzte, vermag ich nicht zu sagen, sie begann genauso allmählich wie das Abgleiten in die Depression. Nach drei Jahren hatte mich Constanze wieder an die Geige gelockt: Sie wolle noch einmal Unterricht bei mir haben. Ich mochte zwar nicht, holte für sie aber das Instrument doch aus dem Kasten und war überrascht: So entspannt hatte ich noch nie Geige gespielt!

Danach ging es gesundheitlich steil bergauf. Constanze hatte sehr bald keine Zeit mehr für das Geigen, was mich in meinem Verdacht bestärkt, dass sie mir vor allem helfen wollte.

Heute noch fällt es mir schwer zu realisieren, dass das kleine Mädchen von damals und die junge Frau von heute dieselben sind. Ich durchlebe den Abschied an der Grenze wieder und wieder, und noch immer tut es weh. Mir ist inzwischen auch klar geworden, dass es nicht nur der Schock der Trennung von uns war, den Constanze bewältigen musste: Auch die Übersiedlung und der Anfang in einer für sie doch ziemlich andersartigen Welt nach zwei Jahren der Geborgenheit bei den Großeltern sind schwer gewesen. Dazu kam die Angst, dass wir wieder gehen könnten, einfach so verschwinden wie damals. Und ich konnte ihr wenig helfen, erwachsen zu werden...

Doch die Geschichte hat ein Happyend. Constanze nutzte die großen Möglichkeiten, die sich ihr boten: Sie schloss ihr Studium der Anglistik, Germanistik und Volkswirtschaft mit der Promotion in Anglistik ab. Während dieser Zeit bekam sie ein Stipendium nach Exeter und arbeitete ein halbes Jahr auf Sizilien, danach einige Monate in New York. Später lebte sie noch einmal zwei Jahre als Literaturübersetzerin in Palermo, bevor sie nach Deutschland zurückkam. Diese und viele andere Freiheiten – für Constanze glücklicherweise eine Selbstverständlichkeit – hatte ich mir immer für sie erträumt. Und ich bin sehr froh, dass sie das heute genauso sieht.

Mit unseren Haftkameraden treffen wir uns noch immer regelmäßig. Sie sind aus unserem Leben nicht mehr wegzudenken, und die Freundschaft mit ihnen gehört mit zum Wertvollsten, was wir besitzen. An der Costa Brava war übrigens noch keiner von uns.

Stollberg 1997, 20 Jahre nach der Verhaftung, v. l. n. r.: Brigitta Peschel, Eva-Maria Neumann, Karin Sorger, Regina Eulenberger (Eule). Im Hintergrund das Gefängnis Hoheneck

Warum ich dieses Buch schrieb

Ich habe dieses Buch ganz bestimmt nicht aus dem Grund geschrieben, um mit der DDR und ihren Erfüllungsgehilfen abzurechnen. Doch Zukunft kann nur gelingen, wenn wir die Geschichte unseres Landes kennen, und dazu gehört auch die Geschichte der DDR.

Nach der Wende kamen Fakten ans Licht der Öffentlichkeit, die viele im Westen nicht für möglich gehalten hätten. Es wurde so viel darüber berichtet, dass mancher Zeitgenosse es nicht mehr hören konnte. Doch dann setzte die Gegenreaktion ein. Mehr und mehr entstand vor unseren Augen das schon in den siebziger und achtziger Jahren von zahlreichen Medien propagierte Bild einer Spreewälder-Gurken-DDR, die zwar provinziell und muffig, aber doch ganz gemütlich war: Die Hausgemeinschaften feierten fröhliche Hausfeste und pflegten zusammen ihre Vorgärten. Arbeitskollektive unternahmen unvergessliche Ausflüge, am 1. Mai und am 7. Oktober, dem Gründungstag der DDR, wurde gemeinsam demonstriert, und alle hatten sich so lieb. Arbeiter schrieben Gedichte, es gab ausreichend Kindergarten- und Krippenplätze, Frauen waren absolut gleichberechtigt, die Mieten billig, die Kartoffeln und das Gesundheitswesen auch. Trabi und Ampelmännchen wurden Kultobjekte, und »Ultimative Ostshows«, in denen etwa das »schönste Gesicht der DDR« über einem FDJ-Hemd strahlte, suggerierten eine heile Welt, eben die Welt der DDR.

Diese Shows verschwanden zwar bald wieder, aber das Bild einer weichgespülten DDR hat sich in vielen Köpfen festgesetzt.

Dazu kommt, dass ehemalige Mitarbeiter der Staatssicherheit wieder von sich reden machen. Sie treten aggressiv auf und bezeichnen sich als »Opfer der bundesrepublikanischen Gesellschaft«. Nachdem sie sich juristisch zumeist nicht verantworten mussten, wollen sie nun politisch rehabilitiert werden und kämpfen um noch höhere Pensionen.

Im März 2006 erschienen zweihundert ehemalige MfS-Mitarbeiter, unter ihnen hochrangige Exoffiziere wie Mielkes letzter Stellvertreter, Werner Großmann, zu einer Veranstaltung in der Stasi-Opfer-Gedenkstätte Berlin-Hohenschönhausen. Sie beschimpften die Gedenkstätte als »Gruselkabinett« und griffen die Stasi-Opfer verbal aufs Heftigste an. Bei den anwesenden ehemaligen Häftlingen kochten Emotionen hoch: Angst, Unverständnis, Wut. Viele von ihnen konnten das nicht aushalten und verließen den Saal.

Der ebenfalls anwesende Senator für Wissenschaft, Forschung und Kultur, Dr. Thomas Flierl, PDS, ließ die Herren nicht nur gewähren, sondern empfahl sie als »Zeitzeugen«, mit denen man den Dialog suchen müsse. Seine Partei – die Nachfolgepartei der SED – ist inzwischen nicht nur gesellschaftsfähig geworden, sondern hat beachtliche Wahlerfolge bis hin zur Regierungsübernahme auf Landesebene aufzuweisen. Und das, obwohl – oder gerade weil? – ihr erklärtes Ziel nach wie vor nicht eine soziale, sondern eine sozialistische Gesellschaft ist.

Diese Entwicklung macht mir Angst, und das ist einer der Gründe, warum ich öffentlich über unsere Erfahrungen in der DDR und vor allem im Gefängnis berichte.

Ein anderer: Ich wollte am Beispiel meiner Familie zeigen, welchen geringen Stellenwert der einzelne Mensch in den beiden deutschen Diktaturen des vergangenen Jahrhunderts besaß.

Mein Großvater hatte sich entschlossen, mit seiner Familie in Nazideutschland zu bleiben. Das kostete ihn das Leben und meinen Vater Freiheit und Gesundheit. Wir trafen 1976 die Entscheidung, die DDR zu verlassen. Das Leben hat es uns nicht gekostet, aber die Folgen waren gravierend und reichen bis in unsere Tage.

»Ich will Zeugnis ablegen«, heißt es bei Victor Klemperer. Und wer könnte das besser als unmittelbar Betroffene? Ich möchte kein Mitleid erregen – viele Menschen haben Ähnliches oder Schlimmeres als ich erlebt –, sondern mich treibt die Sorge um, dass wir unsere Freiheit auf dem Markt der Möglichkeiten verramschen und damit wieder verspielen könnten. Freiheit ist ein viel zu kostbares Gut, als dass es sich nicht lohnte, dafür zu kämpfen.

Anhang

Entlassungsschein

Name NEUMANN

Vorname Eva-Marie

geb. am 1. 12. 1951 in Leipzig

wurde am 26. 9. 1978 nach der BRD entlassen.

Er/Sie befand sich seit _____
in Untersuchungshaft/im Strafvollzug.

(Dienstsiegel)   Unterschrift

Entlassungsschein

Name NEUMANN

Vorname Rudolf

geb. am 3. 6. 1930 in Weißenfels

wurde am 26. 9. 1978 nach der BRD entlassen.

Er/Sie befand sich seit _____
in Untersuchungshaft/im Strafvollzug.

(Dienstsiegel)   Unterschrift

URKUNDE

Rudolf Neumann

geboren am 3. 6. 1930   in   Weißenfels

wohnhaft in Leipzig, Landsberger Str. 50 B

wird gemäß § 10 des Gesetzes vom 20. Februar 1967 über die Staatsbürgerschaft der Deutschen Demokratischen Republik (GBl. I S. 3) aus der Staatsbürgerschaft der Deutschen Demokratischen Republik entlassen. Die Entlassung erstreckt sich auf folgende kraft elterlichen Erziehungsrechts vertretene Kinder:

–

geboren am   in

–

geboren am   in

–

geboren am   in

Die Entlassung aus der Staatsbürgerschaft der Deutschen Demokratischen Republik wird gemäß § 15 Abs. 3 des Staatsbürgerschaftsgesetzes mit der Aushändigung dieser Urkunde wirksam.

Berlin

den 19. 9. 1978

Ausgehändigt am 26. 9. 78

Oben: Urkunde zur Entlassung aus der Staatsbürgerschaft der DDR

Linke Seite: Entlassungsscheine aus dem Gefängnis

URKUNDE

Eva-Maria Neumann geb. Reichenheim

geboren am 1. 12. 1951 in Leipzig

wohnhaft in Leipzig, Landsberger Str. 50 B

wird gemäß § 10 des Gesetzes vom 20. Februar 1967 über die Staatsbürgerschaft der Deutschen Demokratischen Republik (GBl. I S. 3) aus der Staatsbürgerschaft der Deutschen Demokratischen Republik entlassen. Die Entlassung erstreckt sich auf folgende kraft elterlichen Erziehungsrechts vertretene Kinder:

geboren am in

geboren am in

geboren am in

Die Entlassung aus der Staatsbürgerschaft der Deutschen Demokratischen Republik wird gemäß § 15 Abs. 3 des Staatsbürgerschaftsgesetzes mit der Aushändigung dieser Urkunde wirksam.

Berlin

den 19. 9. 1978

Ausgehändigt am 26. 9. 78

Urkunde zur Entlassung aus der Staatsbürgerschaft der DDR

Verwendete Literatur

Ansorg, Leonore: Politische Häftlinge im Strafvollzug der DDR: Die Strafvollzugsanstalt Brandenburg. Metropol, Berlin 2005

Bastian, Uwe und Hildigund Neubert: Schamlos ausgebeutet. Das System der Haftzwangsarbeit politischer Gefangener des SED-Staates. Bürgerbüro e.V. zur Aufarbeitung von Folgeschäden der SED-Diktatur, Berlin 2003

Bertram, Andreas und Jens Planer-Friedrich, Regine Sarstedt: Wein mit zu viel Wermut. Die soziale, individuelle und wirtschaftliche Situation der ehemaligen Antragssteller auf Ausreise aus der DDR und die Frage ihrer Identität. Bürgerbüro e.V. zur Aufarbeitung von Folgeschäden der SED-Diktatur, Berlin 2003

Klemperer, Victor: Ich will Zeugnis ablegen bis zum Letzten. Tagebücher 1933–1945. Aufbau-Verlag, Berlin 1995

Marx, Karl und Friedrich Engels: Historisch-kritische Gesamtausgabe. Bd. 4. Berlin 1992

Oehme, Ralph und Karl-Heinz Schmidt-Lauzemis: Ich war kein Held. Leben in der DDR. Protokolle. Morgenbuch Verlag, Berlin 1993

Pingel-Schliemann, Sandra: Zersetzen. Strategien einer Diktatur. Robert-Havemann-Ges., Berlin 2004

Raschka, Johannes: Zwischen Überwachung und Repression. Politische Verfolgung in der DDR 1971–1989. Leske + Budrich Verlag, Opladen 2001

Rüther, Günther (Hrsg.): Alltag in der DDR. Begleitband zur gleichnamigen Ausstellung. Eine Veröffentlichung des Instituts für Politische Bildung der Konrad-Adenauer-Stiftung, Melle 1998

Sikorski, Werner und Rainer Laabs: Checkpoint Charlie und die

Mauer. Ein geteiltes Volk wehrt sich. Ullstein Verlag, Berlin 2004

Solschenizyn, Alexander: Der Archipel Gulag. Rowohlt, Reinbek 2003

Vergittertes Schloss. Hoheneck im Wandel der Zeit. Stollberg im Erzgebirge 2003

Zweig, Stefan: Die Welt von Gestern. Erinnerungen eines Europäers. S. Fischer, Frankfurt am Main 1970

Danksagung

Ganz besonders danke ich Rudolf, weil er mich zu diesem Buch ermuntert, an dessen Entstehung großen Anteil genommen und mich allezeit klaglos ertragen hat.

Dank an meine Mutter, die mir während der Arbeit half, die Widrigkeiten des alltäglichen Lebens in den Griff zu bekommen und die Stressfaktoren auf ein erträgliches Maß zu reduzieren.

Auch Helga stand mir immer mit Rat und Tat zur Seite, hat fleißig gelesen und manchen guten Hinweis gegeben. Dafür danke ich ihr.

Und natürlich danke ich Constanze, die immer an mein Buch geglaubt hat und sich darauf einließ, Vergangenes wieder hervorzuholen und es zu verarbeiten.

Dank unseren Haftkameraden, denen ich zugemutet habe, gemeinsam Erlebtes noch einmal zu durchleiden, und die mir wertvolle Tipps gegeben haben.

Dank auch allen meinen Freunden aus der alten und der neuen Heimat, die mich auf meinem langen Weg begleitet haben.

Und nicht zuletzt danke ich meiner Co-Autorin Regina Carstensen für ihre wertvollen Regieanweisungen, ihr Gespür für formale Dynamik und ihre Hilfe, das Wichtige vom Unwichtigen zu unterscheiden.

Die Namen von Karin, Regina und Lutz wurden mit ihrem Einverständnis nicht geändert, auch Elkes Name ist unverändert. Die Namen der anderen Haftkameradinnen und -kameraden sind fiktiv; ihre Schicksale habe ich etwas verfremdet, ohne den Wahrheitsgehalt zu verfälschen.

Peter Ensikat
Populäre DDR-Irrtümer

Ein Lexikon von A-Z. 240 Seiten.
Piper Taschenbuch

Der große Kabarettist Peter Ensikat über »seine« DDR: Scharfsinnig und heiter zugleich demaskiert er die hartnäckigsten Klischees und komischen Irrtümer – von »A« wie Arbeiter- und Bauernstaat bis »Z« wie Zensur.

»Peter Ensikat sieht man nicht nur auf der Bühne gern; man liest ihn auch gern. Er ist ein sarkastisches Sandmännchen für Ost- und Westbürger.«
Heribert Prantl, Süddeutsche Zeitung

Das
DDR-Sammelsurium

Herausgegeben von Franziska Kleiner. 192 Seiten mit zahlreichen Abbildungen. Piper Taschenbuch

Hätten Sie (noch) gewusst, was für Zigarettenmarken man in der DDR kaufen konnte? Oder wann die erste Broiler-Gaststätte eröffnet wurde? Wie die Gebote der Jungpioniere lauteten? Welcher Orden wofür verliehen wurde? In dieser wunderbar absurden Sammlung finden Sie all das und noch viel mehr – jede Menge erstaunliche Fakten, überraschende Erkenntnisse und nutzloses Wissen über die Deutsche Demokratische Republik.

»Dieses Büchlein übertrifft alle bisherigen Sammelsurien. So viele bizarre Fakten über die DDR finden sich nirgendwo sonst. Amüsante und absurde Andenkenstücke.«
Sächsische Zeitung